AF636696

EDDY MARRON

Die Rhythmik-Lehre

Ein musikalisches Arbeitsbuch
für Instrumentalisten, Sänger und Tänzer
in Klassik, Rock, Pop und Jazz

Co-Autor Frank Haunschild

Alle Rechte vorbehalten
Copyright 1990 by:

AMA-Verlag
Postfach 1168
50301 Brühl
Germany

Überarbeitete Auflage 1991
Grafik: Manfred Drechsel
Computergrafik: Frank Haunschild
Schriftsatz: René Teichgräber
Fotografie: Christian Smits, Con Donders, Suzy Coppens
Notenbeispiele und polyrhythmische Zeichnungen: Eddy Marron
Strukturierung: Frank Haunschild
Druck: www.esser-druck.de

Gesamtleitung: Detlef Kessler

Printed in Germany · ISMN M-700136-60-4 · ISBN 978-3-927190-01-6

Inhaltsverzeichnis

Vorwort 5

I. Teil: Die rhythmischen Grundlagen 7

1. Kapitel:
Die rhythmischen Grundbegriffe 9

Metrum, Puls und Rhythmik 9
Der Takt 9
Die Notenwerte 11
Die Dreiteilung von Notenwerten (Triolen) 12
Von den Duolen zu den Novemolen 13
Die Pausenzeichen 14
Der Punkt 15
Der Haltebogen 17
Der Vier-Viertel-Takt 18
Andere Taktarten 18
Betonte und unbetonte Taktzeiten 18
Synkopen 19
Beat und Offbeat 19
Time und Mikrotime 20
Timing, Timefeeling und Groove 20
Phrasierungs- und Artikulationszeichen 22
Die dynamischen Bezeichnungen 23
Allgemein-musikalische Bezeichnungen 23
Rhythmische Sonderzeichen 26

2. Kapitel:
Das Metronom 27

Metronom und Drumcomputer 27
Die Arbeit mit dem Metronom 29
Das Erlangen der rhythmischen Selbständigkeit 30

3. Kapitel:
Das kleine Einmaleins der Rhythmik 33

Das Zählen 33
Das Vorzählen 35
Die Sektionen beim Üben mit dem Metronom 36

II. Teil: Binär und Ternär 37

4. Kapitel:
Die Pyramide 39

Vorübungen 39
Das Zählen der Pyramide 42
Die Pyramide in der Horizontalen 43
Die Pyramide in der Vertikalen 44

5. Kapitel:
Die zwei Haupt-Unterteilungsarten 47

Die binäre Unterteilung 47
Die ternäre Unterteilung 47
Das Bestimmen der richtigen Unterteilung 49
Aufgaben zu Kapitel 5 51

6. Kapitel:
Binär 53

Das Metronom auf Zwei und Vier 54
Die Füße auf Eins und Drei 56
Die Füße auf Zwei und Vier 57
Das Metronom auf " + " 57
Das Metronom auf " e " 59
Viertel, Achtel und Sechzehntel mit 16tel-Zwischenkontrolle 61
Koordinationsübungen mit Wechselschlag im binären Mikrotime 62
Binäre Akzentverschiebungen 63
Die binären Unterteilungsmöglichkeiten einer Viertelnote 67
Die 8 binären Standard-Figuren und ihre Varianten 69
Rhythmische Übungen mit binärer Unterteilung 72

7. Kapitel:
Ternär 79

Das Metronom auf dem 3. Triolenachtel 79
Das ternäre Zählen 80
Koordinationsübungen mit ternärem Mikrotime 81
Ternäre Akzentverschiebungen 82
Die ternären Unterteilungsmöglichkeiten einer Viertelnote 86
Die 3 ternären Standard-Figuren und ihre Varianten 89
Rhythmische Übungen mit ternärer Unterteilung 92
Binäre Standardfiguren mit Dreier-Unterteilungen 97
Viertel-Zwischenkontrolle (das Metronom auf Zwei und Vier) 98
Die Annäherung zwischen binärer und ternärer Phrasierung 100
Mischformen binärer und ternärer Unterteilung 101
Die vorgezogene Eins 108

8. Kapitel:
Doubletime und Halftime 111

Doubletime-Feel und Halftime-Feel 111
Binäre und ternäre Unterteilung von Doubletime und Halftime 112
Binäres Doubletime und Halftime 113
Ternäres Doubletime und Halftime 114
Binäres und ternäres Mikrotime bei Doubletime und Halftime 116
Die Verdoppelung und Halbierung des harmonischen Rhythmus 118

III. Teil: Die Polyrhythmik 121

Rhythmische Sonderzeichen 122

9. Kapitel:
Polyrhythmen und Verschiebungen 123

Überlagerungen 123
Rhythmische Modulation 123
Metrische Modulation 124
Drei gegen Zwei 127
Zwei gegen Drei 129
Komplementär-Polyrhythmen 130
Sechs gegen Vier und Vier gegen Sechs 132
Akzentverschiebungen mit überlagerten Rhythmen 133
Die Anwendung polyrhythmischer Figuren in anderen Metren 138
Vier gegen Drei 140
Drei gegen Vier 142
Fünf gegen Zwei 144
Zwei gegen Fünf 146
Sieben gegen Zwei und Zwei gegen Sieben 147
Neun gegen Zwei und Zwei gegen Neun 148
Fünf gegen Drei und Drei gegen Fünf 149
Fünf gegen Vier und Vier gegen Fünf 150
Sieben gegen Drei und Drei gegen Sieben 151
Sieben gegen Vier und Vier gegen Sieben 152
Neun gegen Vier und Vier gegen Neun 153
Dreidimensionale Polyrhythmik 154

Anhang:
Aus der rhythmischen Praxis von Jazz, Rock und Pop 155

Verzeichnis der Beispiele 158

Index 160

Vorwort

Musik besteht aus den folgenden vier Hauptparametern: **Melodie, Harmonie, Rhythmus** und **Klang**. Es versteht sich von selbst, daß sich diese vier musikalischen Parameter in einem ausgewogenen Verhältnis zueinander befinden müssen, wenn die Musik sich zu ihrer größtmöglichen künstlerischen Reife entfalten soll. Viele Musiker verwenden einen großen Teil ihrer Energie auf die Erzeugung eines guten Klangs und auf die Vervollkommnung ihrer harmonischen und melodischen Kenntnisse, wobei sie ihre Entwicklung im rhythmischen Bereich vernachlässigen.

Das weite Feld der Rhythmik wurde in der ansonsten hochentwickelten Musikpädagogik lange Zeit stiefkindlich behandelt. Dadurch ist bis heute noch die Meinung weit verbreitet, daß man "Rhythmus hat, oder eben nicht." Durch meine langjährige pädagogische Arbeit im rhythmischen Bereich bin ich jedoch zu der Überzeugung gelangt, daß man sich sowohl durch die Auseinandersetzung mit der Rhythmik im allgemeinen, als auch durch das Umsetzen dieser Erkenntnisse in die Praxis, ebenso weiterentwickeln kann, wie zum Beispiel auf instrumentaltechnischem oder harmonischem Gebiet.

Es ist ein Urbedürfnis des Menschen, sich durch das Medium des Rhythmus mit anderen Menschen kommunikativ zu vereinen. Das Empfinden von Rhythmen ist ein wesentlicher Bestandteil der menschlichen Wahrnehmung. Jeder Mensch trägt dieses rhythmische Empfinden wie einen Keimling in sich, auch wenn dieses **rhythmische Urwissen** sich im Laufe von Jahrhunderten der Zivilisation bei vielen Menschen wieder zurückgebildet hat. Bei Naturvölkern kann man diese natürliche rhythmische Begabung auch heute noch beobachten. Durch kontinuierliches Arbeiten an der eigenen rhythmischen Entwicklung ist es jedoch möglich, dieses verlorengegangene rhythmische Urwissen wieder zu entdecken.

Das Ziel dieser Rhythmiklehre ist es, das rhythmische Bewußtsein des Lesers zu erweitern. Dieses Buch erschließt sich einem jedoch erst, wenn man sich ans Üben macht: es ist ein Übungs- und Arbeitsbuch, nicht unbedingt ein Lesebuch. Es ist in drei Teile gegliedert. Im ersten Teil werden die Grundlagen vermittelt, die für das allgemeine Verständnis rhythmischer Zusammenhänge benötigt werden, wie z.B. die Notenschrift, die Taktarten, das Mikrotime, die Arbeit mit dem Metronom, das Zählen und dergleichen. Der zweite Teil behandelt ausführlich die binären und ternären Haupt-Unterteilungsarten von Rhythmen. Hierbei werden die wichtigsten Einsatzmöglichkeiten des Metronoms ebenso behandelt wie alle binären und ternären rhythmischen Standard-Figuren, die ein sicheres Vom-Blatt-Spiel ermöglichen. Im 8. Kapitel werden die verschiedenen binären und ternären Doubletime- und Halftime-Ebenen vorgestellt, die vor allem in der improvisatorischen Praxis von Rock, Pop und Jazz Verwendung finden. Der dritte Teil dieser Schule ist schließlich der Polyrhythmik gewidmet.

Zu jedem wichtigen Sachverhalt sind eine Reihe von Beispielen aufgeführt, die meist nach dem betreffenden Absatz abgedruckt sind. Ab dem zweiten Kapitel sind sie mit durchlaufenden Buchstaben versehen. Zusätzlich sind wichtige Begriffe bei ihrem ersten Auftauchen in Fettschrift geschrieben, um ein schnelleres Finden beim Überfliegen zu gewährleisten. Am Ende dieses Buchs befindet sich ein alphabetischer Index der wichtigsten rhythmischen Fachbegriffe. Die Seitenzahlen geben an, wo der jeweilige Begriff im Text auftaucht. Die fettgedruckten Seitenzahlen zeigen dabei die Stelle an, an der der jeweilige Fachbegriff definiert wird.

Diese Schule baut auf der Erkenntnis auf, daß man nur dann erfolgreich an seiner eigenen Rhythmik arbeiten kann, wenn man die Möglichkeit hat, sich selbst zu kontrollieren. Aus meiner Erfahrung heraus ist dies am besten mit Hilfe eines Metronoms als Zwischenkontrolle zu erreichen. Wenn man die in dieser Schule enthaltenen Übungen wie beschrieben ausführen kann, hat man mit Sicherheit sein rhythmisches Gefühl enorm verbessern können. Es ist dann nicht mehr unbedingt erforderlich, immer mit einem Metronom zu üben. Das Ziel ist es also, sich solange mit Hilfe der Zwischenkontrolle zur rhythmischen Sicherheit und Selbständigkeit zu erziehen, bis man auf das Metronom verzichten kann.

Bevor ich damit beginne, alle Menschen zu erwähnen, die mir bei meiner eigenen musikalischen Entwicklung und bei der Arbeit an diesem Buch geholfen haben, möchte ich meinem Freund und Co-Autoren Frank Haunschild für seine Unterstützung danken. Ohne seine Hilfe wäre dieses Buch niemals entstanden. Er stellte den Kontakt zum AMA-Verlag her, bediente den Computer, machte das Lektorat und war für die Strukturierung und den Aufbau dieses Buches verantwortlich. Durch die Arbeit an diesem Buch sind wir über unsere gemeinsamen Aktivitäten an der Musikhochschule Köln hinaus zu einem guten Team zusammengewachsen. Ich hoffe, diese inspirierende Zusammenarbeit auch über die nächsten Jahre fortsetzen zu können.

Meine Begegnung mit Peter Giger und unsere siebenjährige Zusammenarbeit im Trio mit Günter Lenz, Reinhard Karwatky und Reinhard Glöder hat den Grundstein für meine eigene rhythmische Entwicklung gelegt. Von Peter Giger habe ich so viel gelernt, daß es mir möglich wurde, meine rhythmische und musikalische Entwicklung selbständig voranzutreiben. Dafür möchte ich ihm an dieser Stelle danken. In diesem Zusammenhang möchte ich aber auch Helmut Graßmeier, Jochen Brauer und Adelhard Roidinger erwähnen.

Bei der Arbeit an diesem Buch haben mich auch die folgenden Menschen ermutigt und unterstützt und mir dadurch geholfen, dieses Werk zu vollenden: Madeleine Marron-Hugen, Marco Marron, Sabine Haunschild, Con Donders, Wouter Turkenburg, Christian Smits, René Teichgräber, Detlef Kessler, Manfred Drechsel und Jiggs Whigham. Ihnen allen gebührt mein herzlicher Dank.

Wer zu lesen versteht, besitzt den Zugang zum Wissen anderer Menschen. Ich hoffe, dem Leser mit diesem Buch eine Hilfe geben zu können, um seine Selbstverwirklichung durch die Kunst des Musizierens zu erreichen, und dadurch ein glückliches und erfolgreiches Leben zu führen.

Arnheim, im Herbst 1989

I. Teil

Die rhythmischen Grundlagen

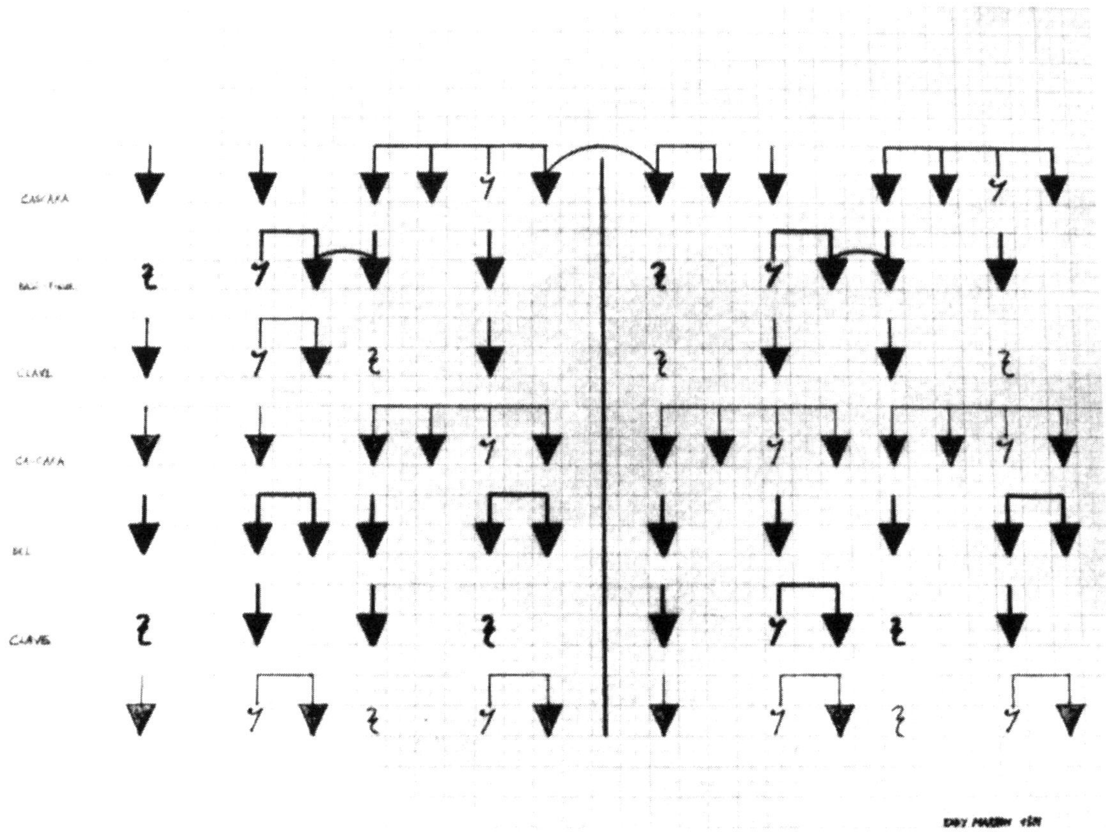
CASCARA
CLAVE
CLAVE

1. Kapitel

Die rhythmischen Grundbegriffe

Metrum, Puls und Rhythmik

Das **Metrum** ist der rhythmische Grundschlag. Die **Rhythmik** muß sich immer in einem bestimmten Verhältnis zum Metrum befinden. Dieses Verhältnis kann fast nach Belieben festgelegt werden. Die Wahl einer bestimmten rhythmischen Einteilung des Metrums hat in etwa denselben prägenden Einfluß auf ein Musikstück wie beispielsweise die Wahl einer oder mehrerer Tonarten. Ebenso wie verschiedene Tonarten können auch verschiedene Rhythmen nebeneinander oder sogar übereinander Verwendung finden.

Der Körper des Menschen eignet sich gut als Beispiel zur Veranschaulichung von Metrum und Rhythmik. Der Herzschlag eines Menschen (und somit der **Puls**) sind mit dem Metrum (dem rhythmischen Grundschlag) vergleichbar. In diesem Beispiel ist die Rhythmik mit den Körperbewegungen (Gestik und Stimme) gleichzusetzen. Wenn der Pulsschlag des Kreislaufs und die Körperbewegungen eines Menschen in Harmonie und Einklang zueinander stehen, ist dies mit einem Musikstück vergleichbar, dessen Metrum und Rhythmik miteinander harmonieren.

Der Takt

Ein Takt ist eine Maßeinheit der rhythmischen und somit auch zeitlichen Einteilung von Musik. Er wird durch **Taktstriche** begrenzt. Jedem Takt wird eine grundlegende Maßeinheit zugeordnet. Dies können sowohl halbe Noten als auch Viertel- oder Achtelnoten sein. Die **Taktart** wird durch zwei übereinanderstehende Zahlen gekennzeichnet, die genau wie in der Mathematik als Zähler und Nenner fungieren. Man unterscheidet also den **Taktnenner** und den **Taktzähler**. Die Maßeinheit (der Taktnenner) erscheint als untere Zahl. Die Anzahl dieser Maßeinheiten pro Takt wird durch die obere Zahl (den Taktzähler) bestimmt. Als Beispiele seien hier der Vier-Viertel-Takt, der Zwei-Halbe-Takt, der Sechs-Achtel- Takt, der Zwölf-Achtel-Takt, der Drei-Viertel-Takt und der Fünf-Viertel- Takt genannt.

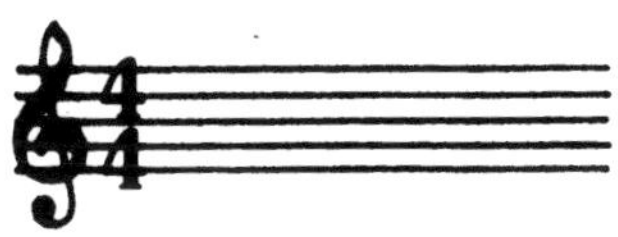

entspricht

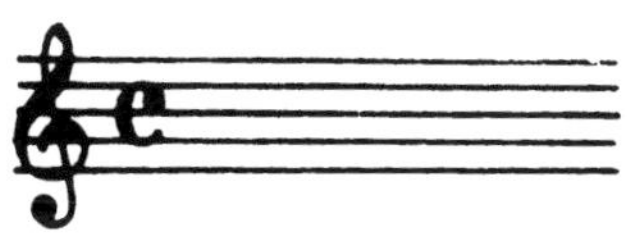

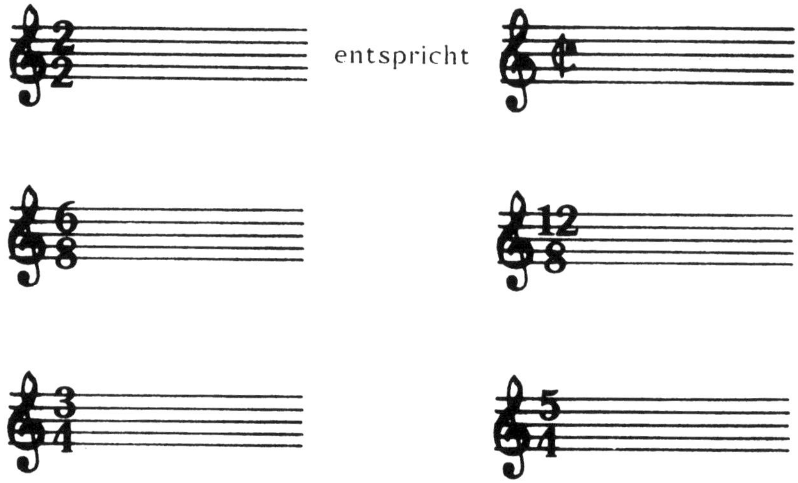

Es gibt verschiedene Arten von Taktstrichen, die alle eine besondere Bedeutung haben. Ein Takt wird durch zwei einfache Taktstriche begrenzt. Ein Doppelstrich markiert das Ende eines Formteils, ein fetter Doppelstrich das Ende eines Musikstücks. Wenn gewisse Formteile wiederholt werden sollen, umrahmt man sie mit fetten Doppelstrichen, die mit Doppelpunkten versehen sind. Bei der Wiederholung von Formteilen kann man durch Klammern, die durchnumeriert werden müssen, bei jeder Wiederholung einen anderen Schluß verwenden. Man bezeichnet sie mit "erste Klammer", "zweite Klammer" usw.

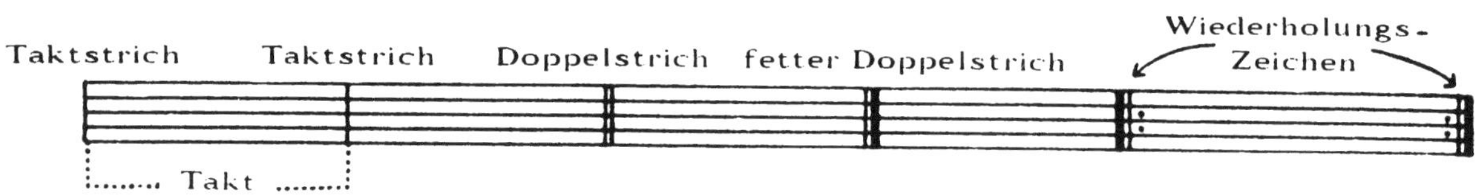

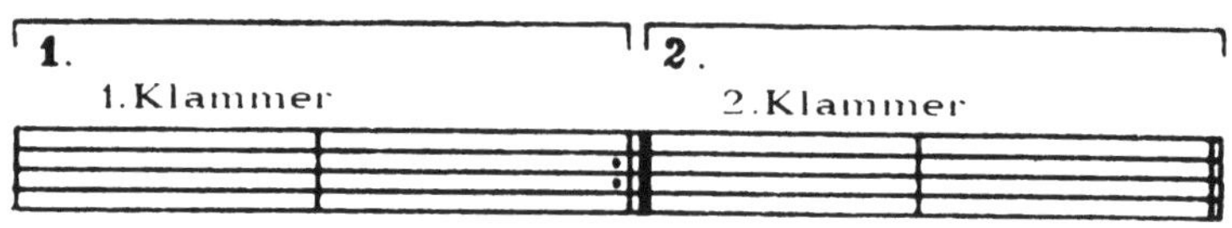

Die Notenwerte

Bei der Vorstellung der verschiedenen **Notenwerte** beginnen wir bei der **ganzen Note**, die als offener Kreis dargestellt wird, und einen Vier-Viertel-Takt vollständig ausfüllt. Dies wird einfach durch den nächsten Taktstrich deutlich gemacht.

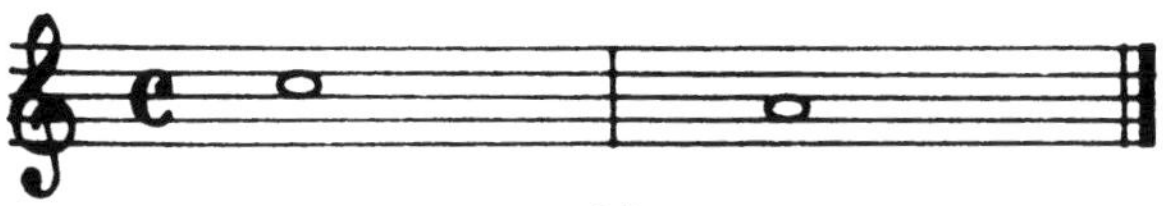

ganze Noten

Diese ganze Note kann nun in zwei **halbe Noten** aufgeteilt werden, die im Unterschied zur ganzen Note mit einem **Notenhals** versehen werden. Zwei halbe Noten füllen einen Vier-Viertel Takt aus.

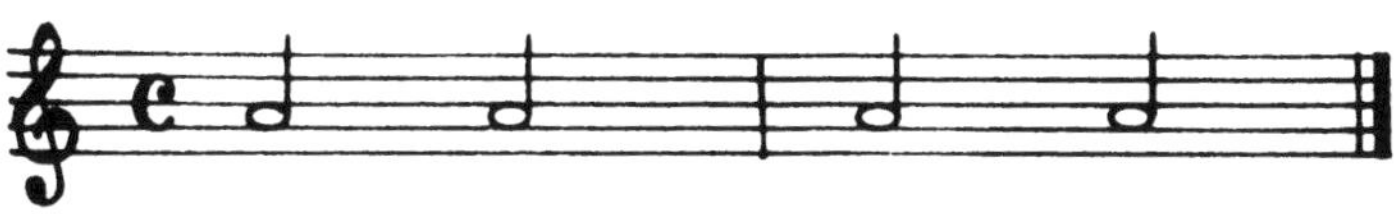

halbe Noten

Diese halben Noten können wiederum in zwei **Viertelnoten** unterteilt werden, die einen ausgefüllten **Notenkopf** besitzen. Eine Viertel-Note entspricht einem Schlag. Ein Vier-Viertel Takt hat also vier Schläge.

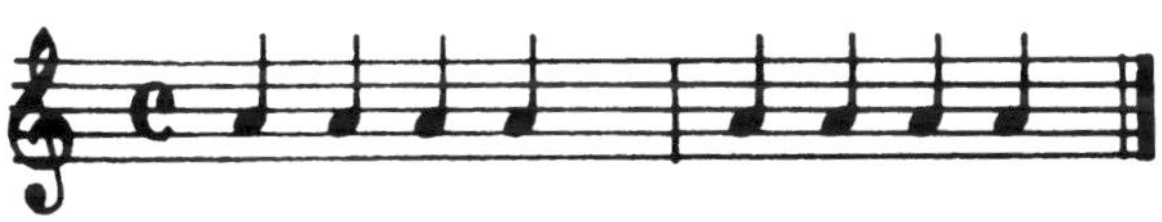

Viertelnoten

Will man diese Viertelnoten noch weiter unterteilen, so müssen an die Notenhälse **Fähnchen** angehängt werden. Bei **Achtelnoten** ist es ein Fähnchen, bei **Sechzehntelnoten** sind es zwei, bei **Zweiunddreißigstelnoten** sind es drei, bei **Vierundsechzigsteln** sind es dann schon vier usw.

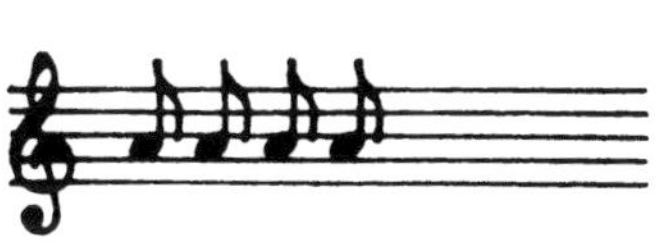

Achtel

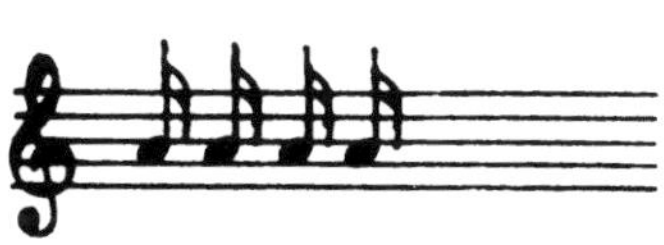

Sechzehntel

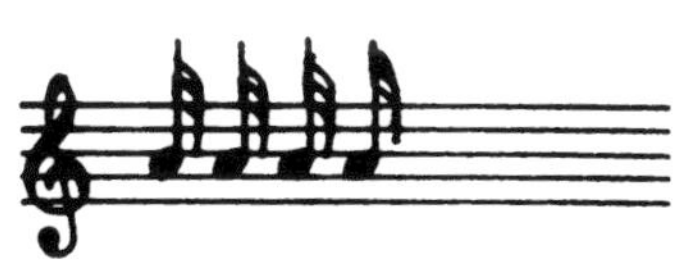

Zweiunddreißigstel

Wenn mehrere dieser mit Fähnchen versehenen Noten hintereinander vorkommen, können diese Fähnchen (aus Gründen der besseren Übersicht) zu einem **Notenbalken** zusammengefaßt werden.

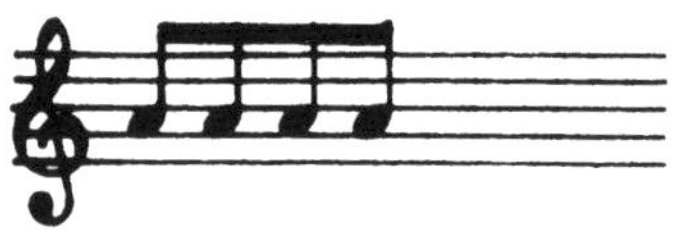
Achtel

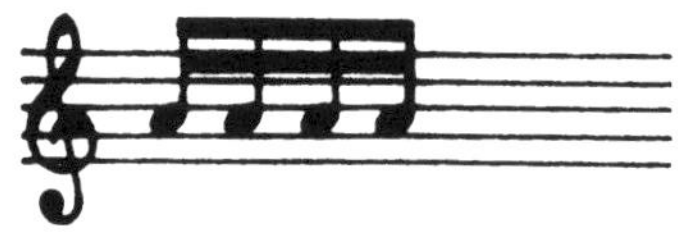
Sechzehntel

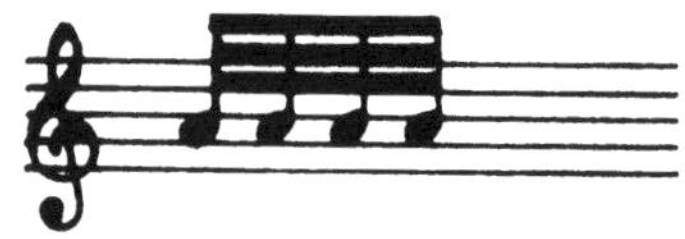
Zweiunddreißigstel

Die Dreiteilung von Notenwerten (Triolen)

Gleichberechtigt neben der oben bereits angesprochenen **Zweiteilung** von Notenwerten steht die **Dreiteilung** von Notenwerten. Dies geschieht mit Hilfe von **Triolen**. Hierbei werden drei Noten der nächstkleineren rhythmischen Notengattung zu einer Einheit zusammengefaßt. Bei einer **Vierteltriole** geschieht dies mit Hilfe einer eckigen Klammer und der Zahl 3. Bei **Achtel-**, **Sechzehntel-** und **Zweiundreißigsteltriolen** verwendet man dagegen eine runde Klammer mit der Zahl 3. Zwei Sechzehnteltriolen bzw. zwei Zweiunddreißigsteltriolen können zu einer Sechzehntelsextole bzw. zu einer Zweiunddreißigstelsextole zusammengefaßt werden.

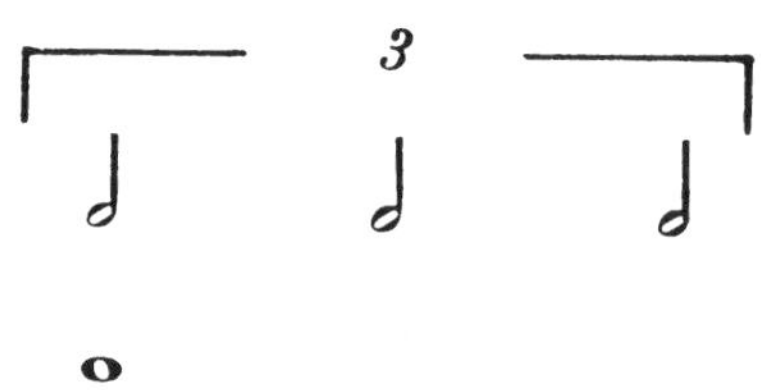
Halbetriolen

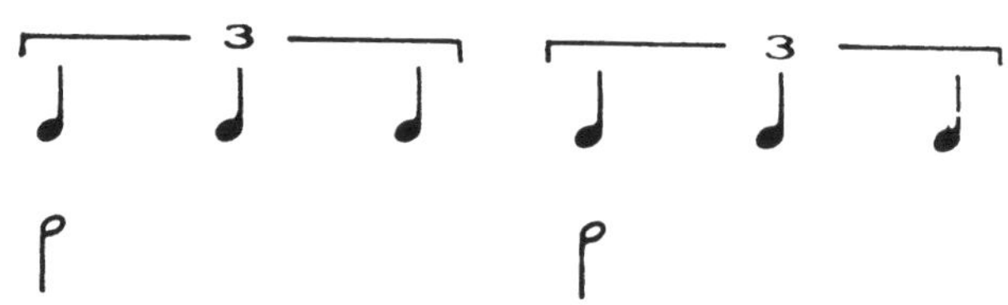
Vierteltriolen

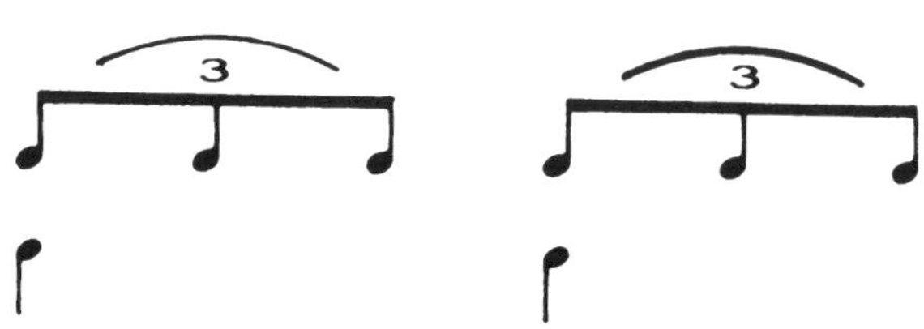
Achteltriolen

Sechzehntel-triolen

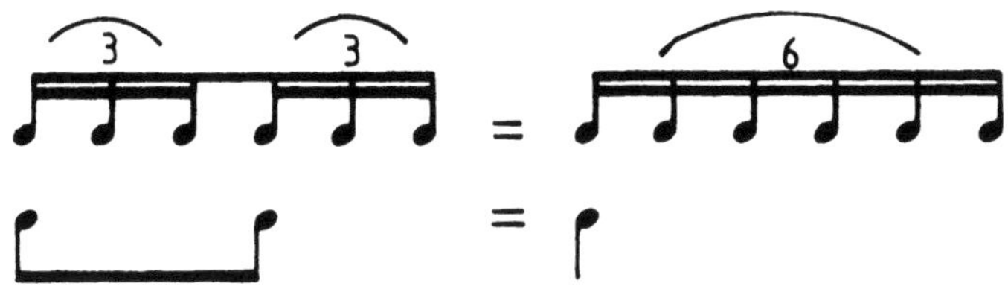

Sechzehntel-sextole

Zweiunddreißigstel-triolen

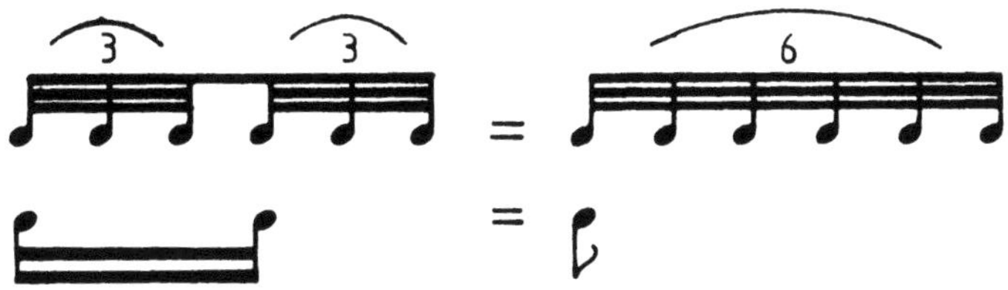

Zweiunddreißigstel-sextole

Die Vierteltriole entspricht ihrer Länge nach also dem Wert einer halben Note, die Achteltriole entspricht dem Wert einer Viertelnote, die Sechzehnteltriole dem Wert einer Achtelnote und die Zweiunddreißigsteltriole dem Wert einer Sechzehntelnote. Die betreffenden Noten werden jeweils in drei gleichlange Noten eingeteilt. Die einzelnen Noten einer Vierteltriole werden als Triolenviertel bezeichnet. Entsprechend werden die einzelnen Noten einer Achteltriole als Triolenachtel, die einzelnen Noten einer Sechzehnteltriole als Triolensechzehntel, und die einzelnen Noten einer Zweiunddreißigsteltriole als Triolenzweiunddreißigstel bezeichnet.

Von den Duolen zu den Novemolen

Neben den oben beschriebenen Triolen kommen auch andere Formen der Zusammenfassung mehrerer gleichlanger Notenwerte unter eckigen oder runden Klammern vor. Hierbei werden ebenfalls mehrere Noten der nächstkleineren rhythmischen Notengattung zusammengefaßt. Die korrekte rhythmische Ausführung dieser Figuren wird durch das Studium der verschiedenen polyrhythmischen Übungen in Kapitel 9 *(S. 125 ff)* möglich.

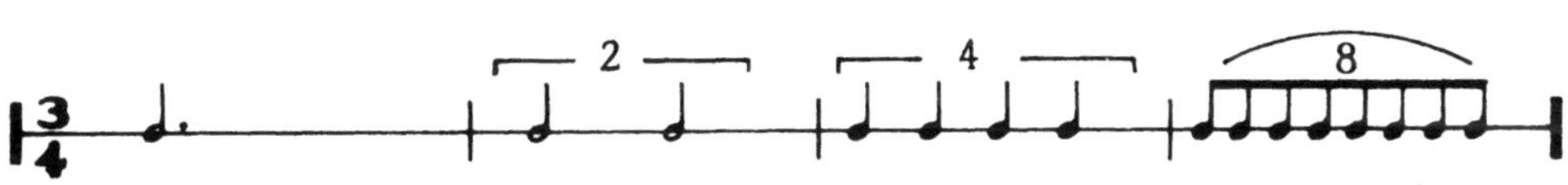

Halbe-Duole Viertel-Quartole Achtel-Oktole

Sechzehntel-
Quintolen

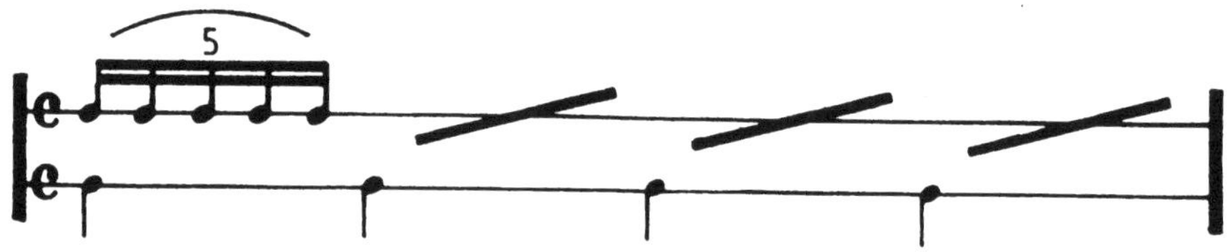

Sechzehntel-
Septolen

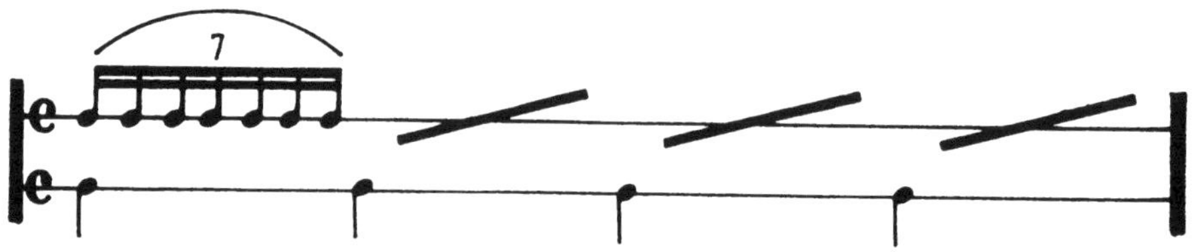

Sechzehntel-
Novemolen

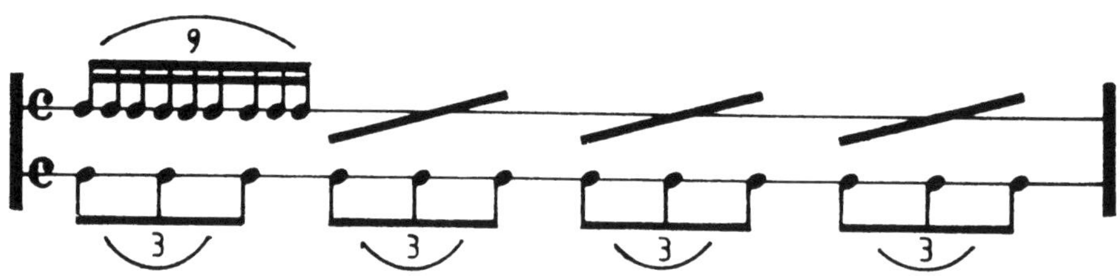

Die Pausenzeichen

Zu jedem der oben angesprochenen Notenwerte gibt es entsprechende **Pausenzeichen**. Die **ganze Pause** entspricht also der ganzen Note. Sie wird als horizontales Rechteck dargestellt, und hängt an der vierten Notenlinie von unten im dritten Zwischenraum des fünflinigen Notensystems.

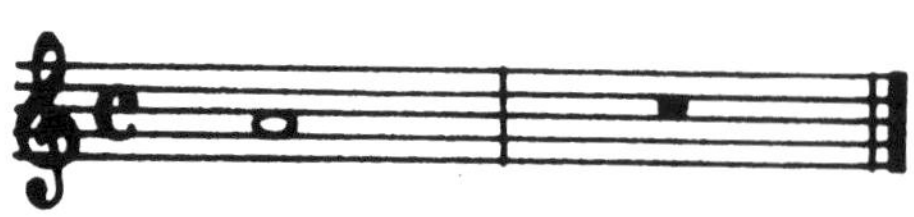

Für die Darstellung der **halben Pause** verwendet man dasselbe horizontale Rechteck; es liegt jedoch auf der dritten Notenlinie von unten. Die ganze und halbe Pause werden oft miteinander verwechselt. Am besten merkt man sich, daß die ganze Pause hängt, während die halbe Pause liegt.

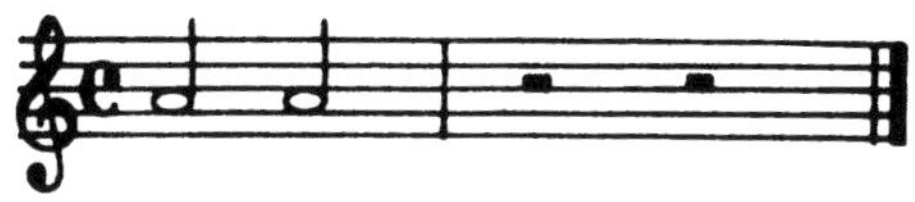

Die **Viertelpause** wird durch einen geschwungenen vertikalen Pinselstrich dargestellt.

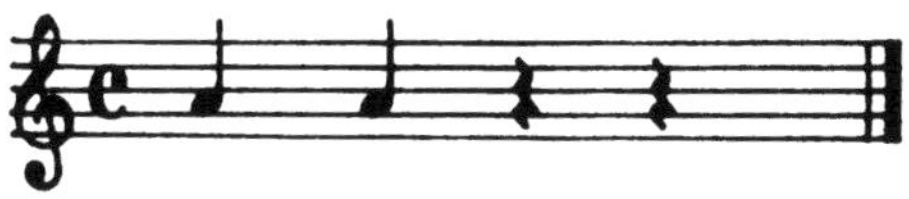

Die **Achtelpause** wird durch einen Schrägstrich mit einem oben links angehängten Punkt dargestellt. Bei der **Sechzehntelpause** werden zwei dieser Punkte angehängt, bei der **Zweiunddreißigstelpause** drei usw.

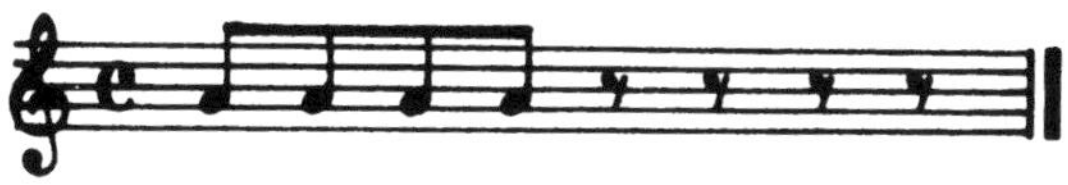

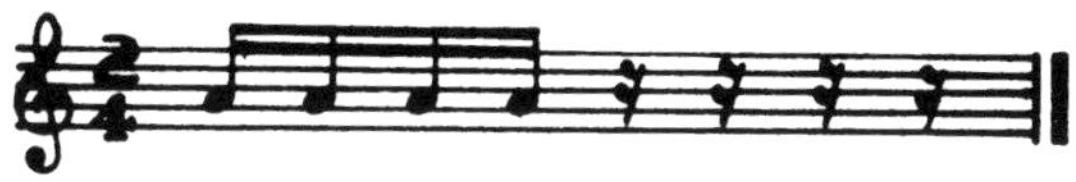

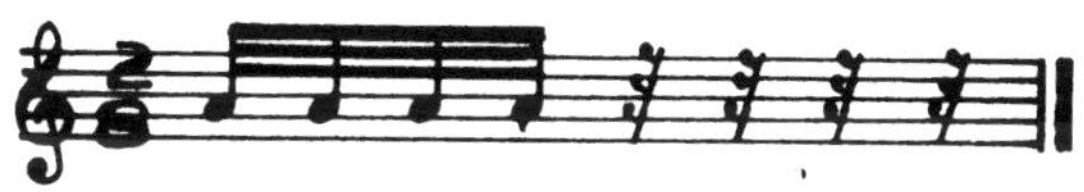

Der Punkt

In Zusammenhang mit den Noten- und Pausenwerten gibt es noch eine Besonderheit, die beim Lesen und Schreiben den Überblick über die rhythmische Einteilung erleichtert. Um hierbei zu Zwischenwerten kommen zu können, hat man den **Punkt** hinter einer Note oder einer Pause eingeführt. Dieser Punkt verlängert die Note oder Pause um jeweils die Hälfte ihres ursprünglichen Werts.

Wenn man beispielsweise eine mit einem Punkt versehene halbe Note oder Pause verstehen möchte, kann man sich zur Veranschaulichung folgende Überlegung machen: eine halbe Note entspricht dem Wert von zwei zusammengefügten Viertelnoten. Durch den Punkt wird sie um die Hälfte ihres Wertes verlängert und besteht somit quasi aus drei zusammengefügten Viertelnoten. Dies gilt natürlich auch entsprechend für die punktierte halbe Pause. Eine **punktierte Viertelnote** oder **-pause** entspricht demnach dem Wert von drei zusammengefügten Achtelnoten; eine **punktierte Achtelnote** oder **-pause** entsprechend dem Wert von drei zusammengefügten Sechzehnteln usw.

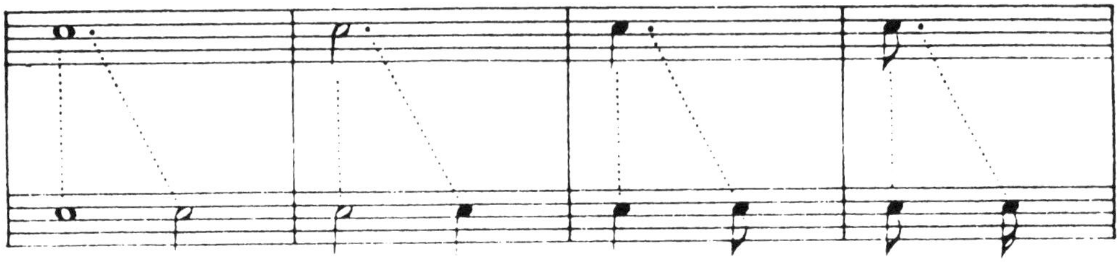

entspricht

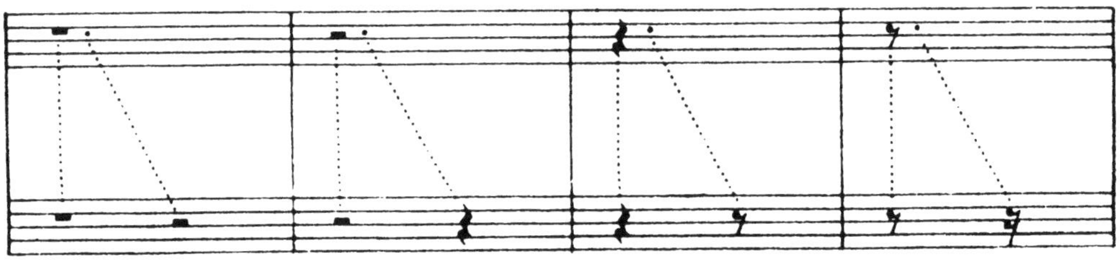

entspricht

Zwei Punkte hinter einer Note oder Pause verlängern diese um 3/4 ihres ursprünglichen Werts. Man spricht von **doppelt punktierten** Noten oder Pausen.

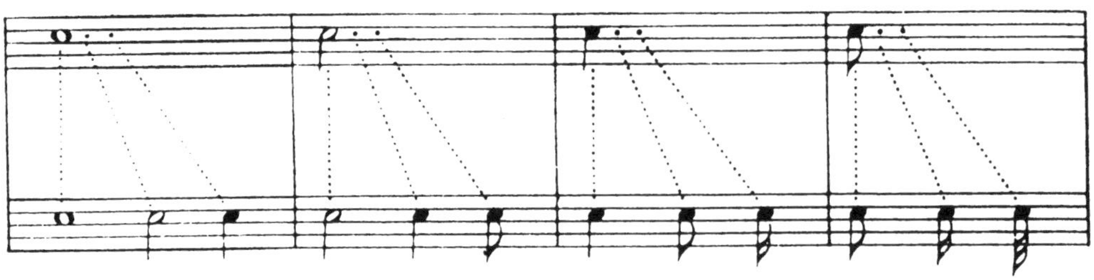

entspricht

entspricht 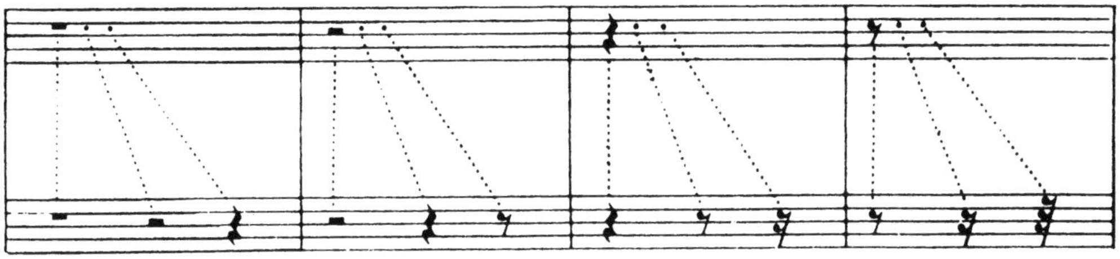

Der Haltebogen

Der **Haltebogen** wurde ursprünglich eingeführt, um Notenwerte über einen Taktstrich hinweg verlängern zu können. Heutzutage wird der Haltebogen jedoch eher wie eine Art musikalisches Pluszeichen verstanden. Die Werte von Noten, die mit einem Haltebogen miteinander verbunden sind, werden einfach addiert. Dies kann auch innerhalb eines Takts geschehen.

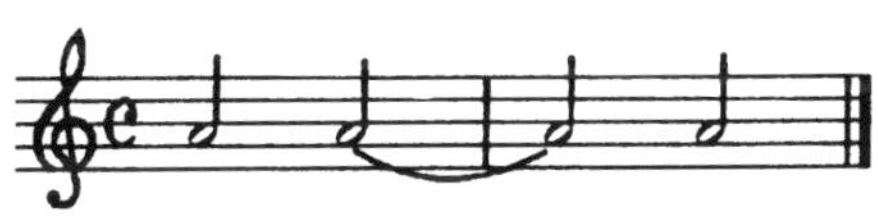

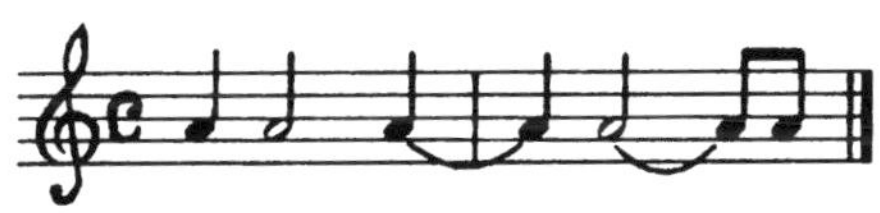

Der Haltebogen sollte nicht mit dem **Bindebogen (oder Legatobogen)** verwechselt werden, der das Zusammenfließen einer Folge von Tönen (Phrase) signalisieren soll, sodaß die Töne gebunden (legato) erklingen. Der Haltebogen existiert im Gegensatz zum Bindebogen nur zwischen Noten gleicher Tonhöhe.

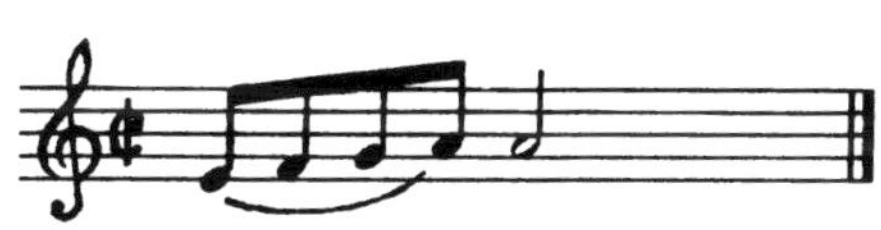

Legatobogen

Der Vier-Viertel-Takt

Die mit am häufigsten vorkommende Taktart ist der **Vier-Viertel-Takt**. Er enthält - wie sein Name schon sagt - vier Viertelnoten. Die Viertelnote ist also im Vier-Viertel-Takt die maßgebende Zähleinheit. Eine solche Zählzeit wird auch als **Schlag** bezeichnet. Ein 4/4-Takt hat also vier Schläge.

1 2 3 4

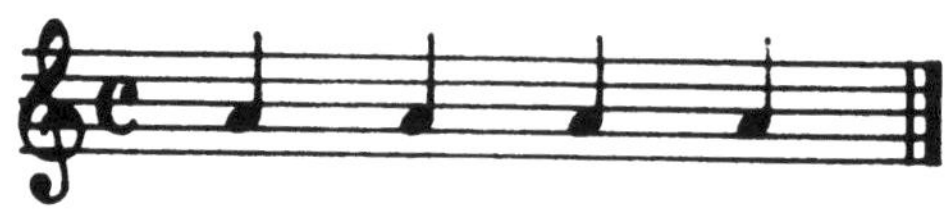

Andere Taktarten

Es gibt grundsätzlich zwei verschiedene Hauptgruppen von Taktarten, nämlich die **geraden** und die **ungeraden** Taktarten. Hierbei richtet man sich allein nach der oberen der beiden Zahlen, dem Taktzähler. Die Gruppe der geraden Taktarten beinhaltet demnach alle Taktarten mit den Zählern 2, 4, 6, 8, 10, 12 usw. Die Gruppe der ungeraden Taktarten enthält die Taktarten mit den Zählern 3, 5, 7, 9, 11, 13, 15 usw.

Betonte und unbetonte Taktzeiten

Die verschiedenen Zählzeiten eines Takts werden nicht alle gleich stark betont. Vielmehr unterscheidet man zwischen **schweren (s), weniger schweren (ws)** und **leichten (l)** Taktzeiten. Die Zählzeit "Eins" ist prinzipiell eine schwere Taktzeit. In einem Vier-Viertel-Takt ist die Zählzeit "Drei" weniger schwer. Die Eins wird also in einem 4/4-Takt stärker betont als die Drei. Hieraus ergibt sich logischerweise, daß die Zwei und die Vier leichte Taktzeiten sind.

Diese Betonungsverhältnisse können aber (nach Absprache) auch anders festgelegt werden. Beispielsweise können die Zwei und die Vier zu schweren Taktzeiten bestimmt werden. Hierdurch verlagern sich die rhythmischen Schwerpunkte und die so gespielte Komposition erhält einen völlig neuen Charakter. Im folgenden sollen kurz die klassischen Betonungsverhältnisse der häufigsten Taktarten aufgeführt werden.

s ws

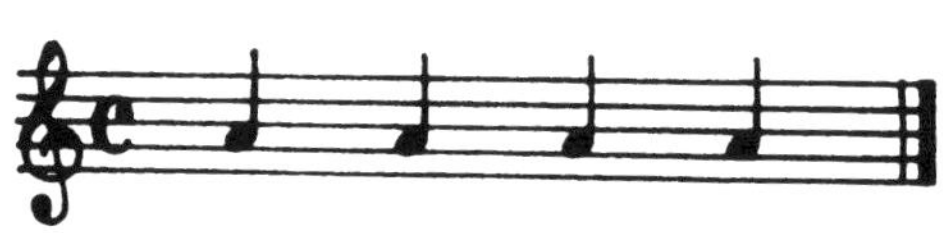

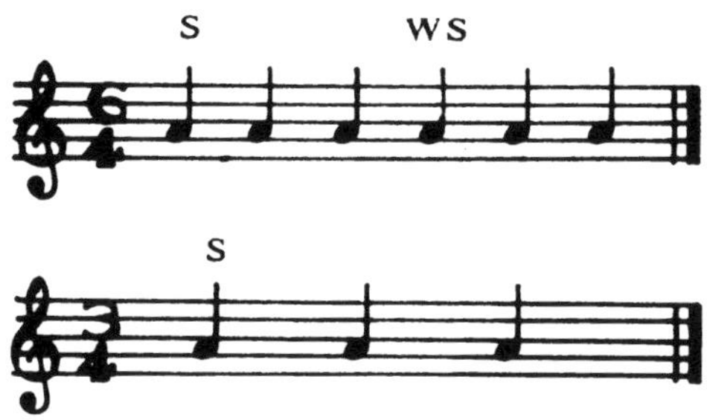

Synkopen

Noten, die sich entgegen den vorgegebenen Taktschwerpunkten bewegen, nennt man Synkopen. Man spricht also von Synkopen, wenn Noten auf eine unbetonte Taktzeit fallen und mit einer folgenden schweren Taktzeit verbunden werden. Man spricht auch dann von einer Synkope, wenn auf der nächsten schweren (bzw. betonten) Taktzeit eine Pause steht.

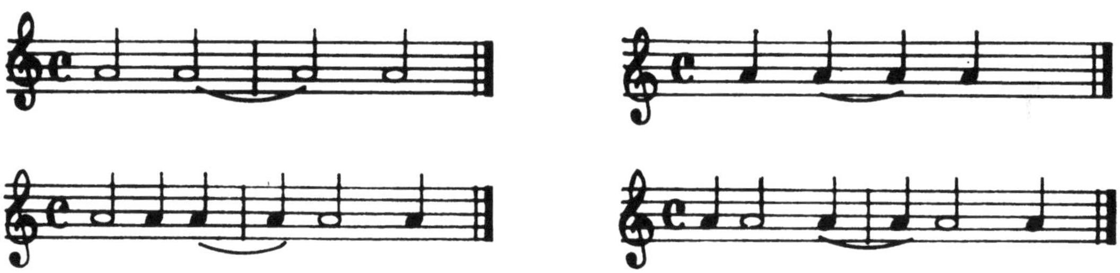

Beat und Offbeat

Die englischen Begriffe **"beat"** (deutsch: Schlag) und **"offbeat"** (deutsch: Zwischenschlag) werden verwendet, um Noten (bzw. Töne) zu bezeichnen, die sich auf oder zwischen den Zählzeiten befinden.

Beat

Offbeat

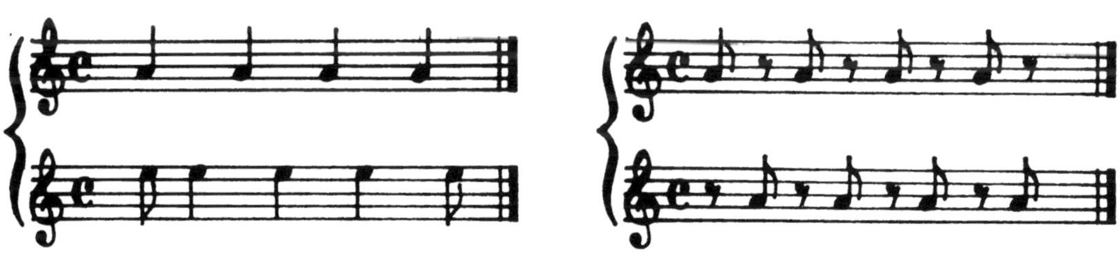

Time und Mikrotime

Der Begriff "**Time**" (engl.: Zeit) steht in der Rhythmik für eine bestimmte Anzahl von Schlägen innerhalb eines festgelegten zeitlichen Abschnitts. Ein solcher zeitlicher Abschnitt kann zum Beispiel ein 4/4- Takt sein, der pro Takt vier Schläge aufzuweisen hat. Durch die Wahl des **Tempos** wird die Dauer eines Takts bestimmt. Das Tempo wird in Schlägen pro Minute (engl.: beats per minute) gemessen. In dem folgenden Beispiel mit dem Tempo: ♩ = 120 hat ein Takt die Dauer von 2 Sekunden *(für weitere Tempobezeichnungen siehe S. 31).*

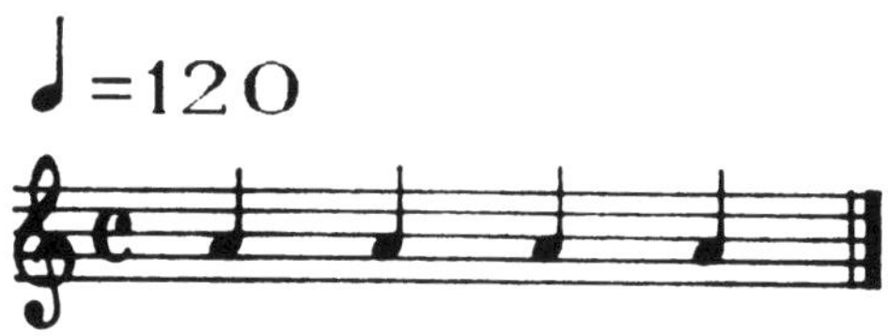

Der Begriff des **Mikrotime** wird verwendet, um eine Einteilung eines einzelnen Schlages in kleinere Zeitabschnitte zu beschreiben. Der einzelne Schlag kann also in zwei, drei, vier oder mehr Abschnitte unterteilt werden. Wird ein Schlag z.B. in vier gleichlange Abschnitte unterteilt, spricht man von einem "Sechzehntel-Mikrotime". Die Wahl eines bestimmten Mikrotime ist maßgebend für die gesamte rhythmische Auffassung bei der Aufführung eines Musikstücks.

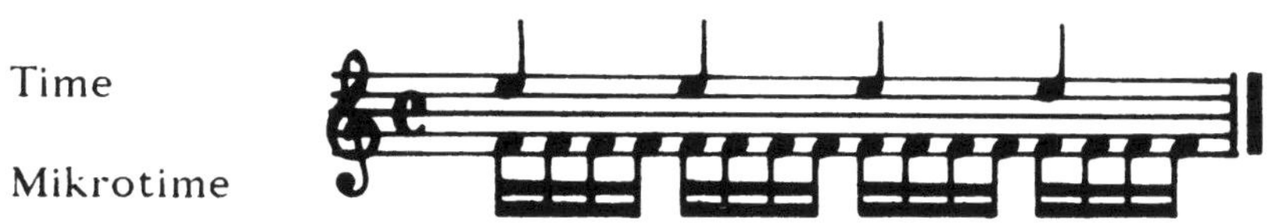

Timing, Timefeeling und Groove

Ist ein Musiker in der Lage, seine Töne im zeitlichen Ablauf (Time) präzise zu plazieren, kann man von einem guten **Timing** sprechen. Als Beispiel denke man an einen Drumcomputer, der in der Lage ist, einprogrammierte rhythmische Sequenzen perfekt wiederzugeben. Wie jedoch jeder, der bereits Erfahrung mit Drumcomputern gesammelt hat, weiß, können solche von Drumcomputern wiedergegebenen rhythmischen Sequenzen steril klingen. Diese Sterilität kann nur durch ein gutes **Timefeeling** ausgeglichen werden.

Timefeeling entsteht durch die rhythmischen Komponenten Time, Timing, Metrum und Rhythmik. Darüberhinaus sind natürlich auch andere Komponenten für das Erlangen eines guten Timefeelings erforderlich, wie z.B. Dynamik, Klang (Sound) oder eine gute Instrumentaltechnik. Hier sollen jedoch nur die rhythmisch relevanten Komponenten behandelt werden.

Das Metrum befindet sich immer in einem bestimmtem Verhältnis zur Time. Fühlt man beispielsweise das Metrum übereinstimmend mit der Time in einem 4/4-Takt, hat man vier rhythmische Orientierungspunkte pro Takt. Das Metrum (bzw. die Orientierungspunkte, die man fühlt) kann aber sowohl in der halben als auch in der doppelten Schwingung der Time gefühlt werden, wodurch man zu zwei bzw. zu acht Orientierungspunkten pro Takt kommt. Man spricht in diesem Fall von **Halftime-Feel** bzw. von **Doubletime-Feel** *(siehe S. 111)*. Diese durch das jeweils gefühlte Metrum bestimmten Orientierungspunkte im zeitlichen Ablauf müssen so sicher wie möglich beherrscht werden, um ein gutes Timefeeling zu ermöglichen.

Jedes Timefeeling wird an diesen Orientierungspunkten gemessen. Je sicherer man diese Punkte fühlt, umso mehr ist man in der Lage, diese Orientierungspunkte auf seine eigene Art und Weise zu umspielen. Das sichere Spiel auf den Punkt kann durch das Umspielen des Punkts ergänzt werden. Die Kombination des "auf-den-Punkt-Spielens" mit Umspielungen der Orientierungspunkte wird **"individuelles Timefeeling"** genannt. Die meisten Musiker neigen dazu, diese Orientierungspunkte zu früh zu fühlen. Dadurch fehlt den auf diese Weise gespielten Phrasen und Rhythmen die innere Ruhe, die jeder mit einem guten Timefeeling gespielten Tonfolge innewohnt.

Es gibt prinzipiell drei verschiedene Arten, sich an diesen rhythmischen Orientierungspunkten zu orientieren. Die erste ist das oben bereits beschriebene "auf-den-Punkt-spielen". Hierfür hat sich auch die Bezeichnung **"auf dem Beat"** durchgesetzt. Die zweite Art ist das Spielen vor den rhythmischen Orientierungspunkten, für welche der Begriff **"vor dem Beat"** verwendet wird. Im Englischen existiert dafür die Bezeichnung **"on top"** (obendrauf). Die dritte Art ist das Spielen nach den rhythmischen Orientierungspunkten mit den Bezeichnungen **"hinter dem Beat"** bzw. englisch **"laid back"** (zurückgelehnt).

Mit dem Begriff **"groove"** (engl.: Rille) umschreibt man den beim Musizieren angestrebten Idealfall, in dem sich alle beteiligten Musiker in derselben rhythmischen Schwingung (bzw. in derselben Rille) befinden. Wenn dies gegeben ist, wird es möglich, die totale musikalische Kommunikation zu erreichen. Deshalb wird das Wort Groove auch oft im Sinne von "Stimmung" oder "Gefühl" verwendet. Wenn man in der Stimmung ist, bzw. ein gutes Gefühl hat, ist man "in der Groove" und kann mit anderen, die ebenfalls "in der Groove" sind, musikalisch (und nicht nur musikalisch) kommunizieren.

Phrasierungs- und Artikulationszeichen

Um Noten unabhängig von der rhythmischen Notation in ihrer Länge und auch hinsichtlich ihrer Betonung und Lautstärke voneinander unterscheiden zu können, gibt es einige **Phrasierungs- und Artikulationszeichen**, die sich meist oberhalb des Notensystems über der betreffenden Note befinden. Die wichtigsten dieser Zeichen sollen hier aufgeführt werden.

A

•	kurz	(staccato)
–	lang	(legato)
ʌ	kurz und betont	(Staccato-Akzent)
>	lang und betont	(Legato-Akzent)

Unter **Phrasierung** versteht man die Verwendung unterschiedlicher Lautstärken (**Dynamik**), Tonlängen (**Artikulation**) und Betonungen (**Akzente**). Unter Dynamik versteht man einerseits die unterschiedliche Lautstärke verschiedener Formteile innerhalb einer Komposition, und andererseits die Verwendung unterschiedlicher Lautstärken innerhalb einer einzigen Phrase oder Melodie jedes einzelnen ausführenden Musikers.

Durch die Verwendung von **Artikulation** kann dieselbe Tonfolge in der **Tonlänge** völlig unterschiedlich interpretiert werden. Ein Ton kann in voller Länge seines Zeitwerts angehalten oder auch abgekürzt werden. Man unterscheidet generell zwischen **legato** und **staccato**. Legato steht für eine gebundene Spielweise, bei der die einzelnen Töne nahtlos aneinandergereiht werden. Unter staccato versteht man eine kurze, gestoßene Spielweise, bei der zwischen den einzelnen Tönen Pausen entstehen, die jedoch nicht notiert werden müssen. Zwischen legato und staccato sind jedoch auch viele Abstufungen (wie z.B. **portato**) möglich.

Die dynamischen Bezeichnungen

Die folgenden dynamischen Bezeichnungen geben an, wie die betreffenden Stellen eines Notentexts gespielt werden müssen.

B

mp	mezzopiano	etwas leise
p	piano	leise
pp	pianissimo	sehr leise
ppp	"	so leise wie möglich
mf	mezzoforte	mittelstark
f	forte	stark
ff	fortissimo	sehr stark
fff	"	so stark wie möglich
sfz	sforzato	mit plötzlicher Betonung
fp	fortepiano	laut, dann plötzlich leise
cresc.	crescendo	stärker (lauter) werdend
decresc.	decrescendo	schwächer (leiser) werdend

Allgemein-musikalische Bezeichnungen

𝄐	Fermate	Die Fermate ist ein Haltezeichen bzw. ein Ruhepunkt und bedeutet, daß die betreffende Note oder Pause, über der eine Fermate steht, nach Belieben des Spielers (oder des Dirigenten) ausgehalten bzw. verlängert werden soll.
𝄋	Segno	Das Segno (ital.: Zeichen) ist eine Marke, die man an einer beliebigen Stelle in den Notentext setzen kann. Meist wird sie zur Wiederholung bestimmter Teile verwendet.

𝄌	Kopf	Das erste Kopf- oder Codazeichen ist ebenfalls eine Marke, von der aus man zum zweiten Kopfzeichen gehen muß, ohne die dazwischenliegenden Takte zu spielen. Es gibt also immer zwei Kopfzeichen.
FINE	Fine	Das Zeichen Fine steht für den Schluß eines Musikstücks.
D.C.	Da Capo	Da Capo heißt: vom Anfang des Stücks wiederholen
D.C. al 𝄌		Vom Anfang des Stücks bis zum Kopfzeichen wiederholen: vom ersten Kopfzeichen direkt zum zweiten Kopfzeichen springen.
D.C. al fine		Vom Anfang des Stücks bis zum Zeichen " Fine ".
D.S.	Dal Segno	Vom Dal- Segno- Zeichen an wiederholen.
D.S. al 𝄌		Vom Dal-Segno-Zeichen zum Kopf: vom ersten zum zweiten Kopfzeichen springen.
D.S. al fine		Vom Dal-Segno–Zeichen bis zum Schluß.
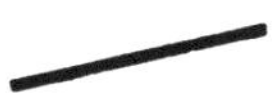	Viertel-Wdh.	Dieses Zeichen steht für die Wiederholung dessen, was auf der vorangegangenen vollen Zählzeit gespielt wurde.
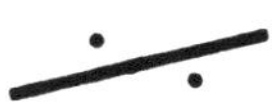	Takt-Wdh.	Dieses Zeichen steht für die Wiederholung des zuletzt gespielten Takts.

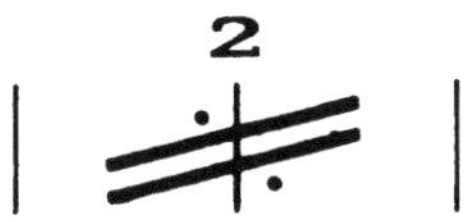	2-Takte-Wdh.	Hier sollen die beiden voran-gegangenen Takte wiederholt werden.
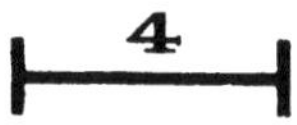	Takt-Pause	Die Zahl bestimmt die Anzahl der Takte, in denen man Pause hat.
G.P.	Generalpause	Dieses Zeichen steht für die Generalpause (Pause für alle Musiker).
N.C.	no chord	Dieses Zeichen wird geschrieben, wenn an einer bestimmten Stelle im Notentext kein Akkord erklingen soll.
accel.	accelerando	schneller werdend
alla breve		international gültige Bezeichnung für die halbe Note als Zählzeit *(siehe auch 2/2- Takt)*.
break		(engl.: Bruch) steht für eine Unterbrechung des rhythmischen Flußes .
fill in		bedeutet, daß die (oft durch einen Break) entstehende Pause gefüllt werden soll.
ostinato		steht für eine immer wieder-kehrende rhythmische Figur
rall.	rallentando	langsamer werdend
Riff		ein Riff ist eine immer wieder-kehrende (ostinate) Melodie, die auch als Begleitfigur dienen kann.
rit.	ritardando	verzögernd
rub.	rubato	ohne genaue Zeiteinteilung nach eigenem Gefühl zu spielen

Rhythmische Sonderzeichen

In dieser Schule finden die folgenden rhythmischen Sonderzeichen Verwendung. Sie geben bei den körperbezogenen rhythmischen Koordinationsübungen die jeweils gemeinten Körperteile wie Hände, Füße oder Stimme an. Weitere rhythmische Sonderzeichen stehen für das Metronom, die ternäre Mikrotime- Unterteilung und für die Umdeutung des Mikrotime in der Polyrhythmik zur Verfügung.

Metronom

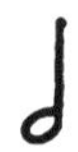

Stimme und Mikrotime

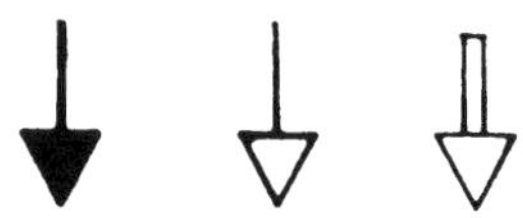

Hände

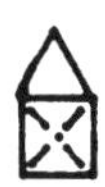

Füße

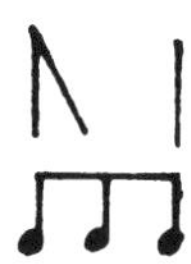

ternäre Achtel-Unterteilung

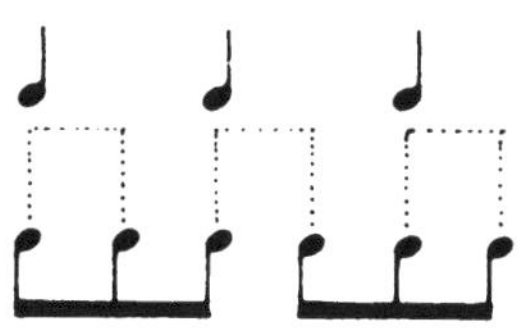

Umdeutung des Mikrotime
(in der Polyrhythmik)

2. Kapitel

Das Metronom

Es liegt auf der Hand, daß man für die Arbeit im rhythmischen Bereich ebenso auf Hilfsmittel angewiesen ist, wie beim Studium der harmonischen und melodischen Zusammenhänge, wo ein Akkordinstrument (wie z.B. Klavier, Gitarre oder Vibraphon) zum alltäglichen Arbeitsinstrument gehört. In der Rhythmik verwendet man seit 1816 (Mälzel-Metronom) zur Selbstkontrolle ein Metronom.

Metronom und Drumcomputer

Es gibt drei verschiedene Bauweisen für ein Metronom: das **mechanische** und das **elektrische** Metronom, sowie das **elektronische Quartz-Metronom**. Für die Arbeit mit dieser Schule möchte ich das letztgenannte wegen seiner Genauigkeit empfehlen.

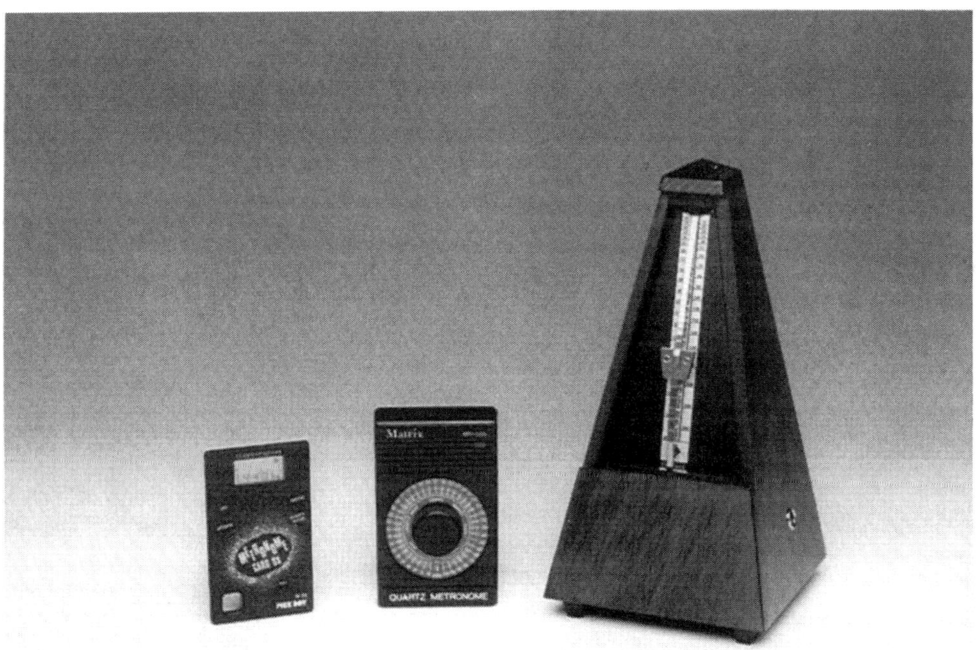

Der **Drumcomputer** ist als rhythmisches Hilfsmittel ebenfalls hervorragend geeignet. Gegenüber dem Metronom hat der Drumcomputer den großen Vorteil, daß es mit seiner Hilfe möglich ist, eigene rhythmische Sequenzen einzuprogrammieren und abzurufen. Dennoch empfehle ich aus pädagogischen Gründen die Anschaffung eines Metronoms – selbst dann, wenn man bereits im Besitz eines Drumcomputers sein sollte. Im Idealfall sollten einem beide Geräte zur Verfügung stehen.

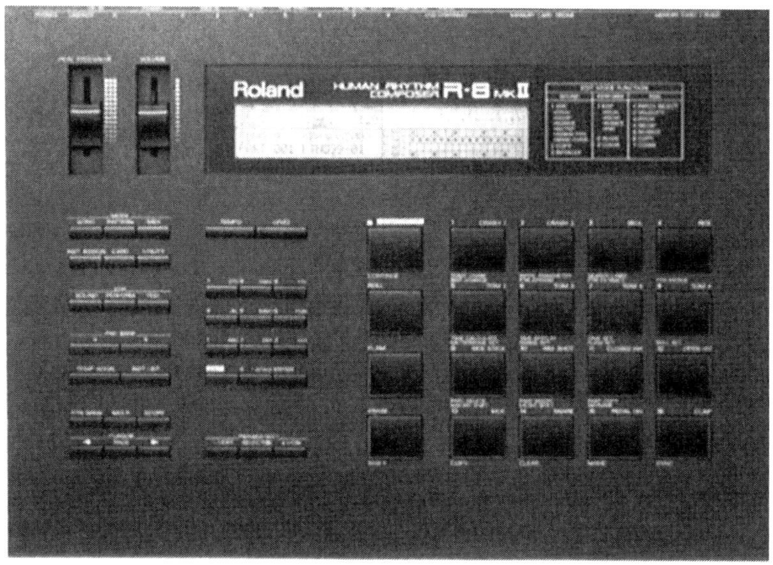

Die meisten Drumcomputer verfügen über ein Eingabefenster, von dem man die wichtigsten Informationen beim Programmieren und Abrufen von Rhythmen ablesen kann. Über die reine Tempoangabe hinaus ist es z.B. möglich, sich einen beliebigen Takt eines bestimmten Rhythmus im Notenbild anzuschauen oder dergleichen. Einzelheiten sind den Bedienungsanleitungen der einzelnen Drumcomputer zu entnehmen.

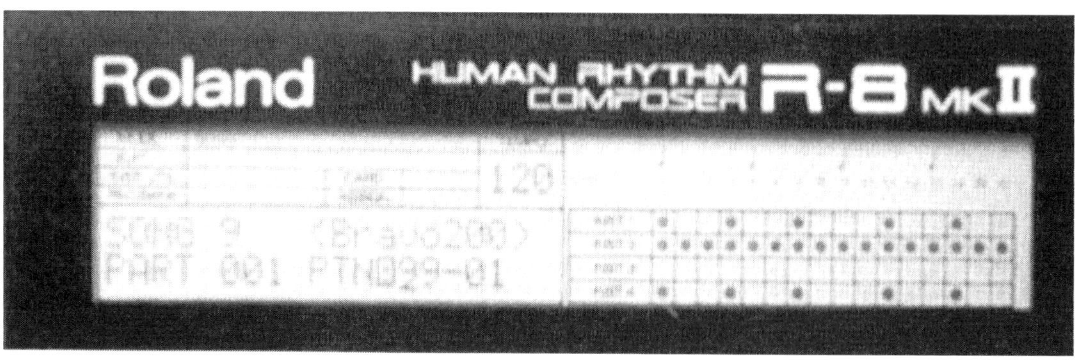

Die Arbeit mit dem Metronom

Traditionellerweise wird das Metronom zur Feststellung oder zur Festlegung des Tempos eines Musikstücks verwendet. Hierbei wird die Tempoangabe (z.B. andante. presto oder: ♩ = 78 , etc.) auf der Skala des Metronoms eingestellt, um mit dem Gehör die zeitliche Schwingung aufzunehmen und auf das Instrument zu übertragen. Die folgende Tabelle gibt über die klassischen Tempobezeichnungen Aufschluß. Die Tempoangaben verstehen sich als ungefähre Richtlinie.

D

Die klassischen Tempo-Bezeichnungen		
largo	sehr langsam	40 - 60
larghetto	"	60 - 66
adagio	langsam	66 - 76
andante	gehend	76 - 100
andantino	"	100 - 108
moderato	mäßig	108 - 120
allegretto	mäßig schnell	120 - 132
allegro	lebhaft	132 - 168
presto	schnell	168 - 200
prestissimo	sehr schnell	ab 200

Über das Festlegen eines bestimmten Tempos hinaus gibt es jedoch beinahe uneingeschränkte Verwendungsmöglichkeiten. Die folgende Graphik zeigt vier einfache Einsatzmöglichkeiten des Metronoms.

E1

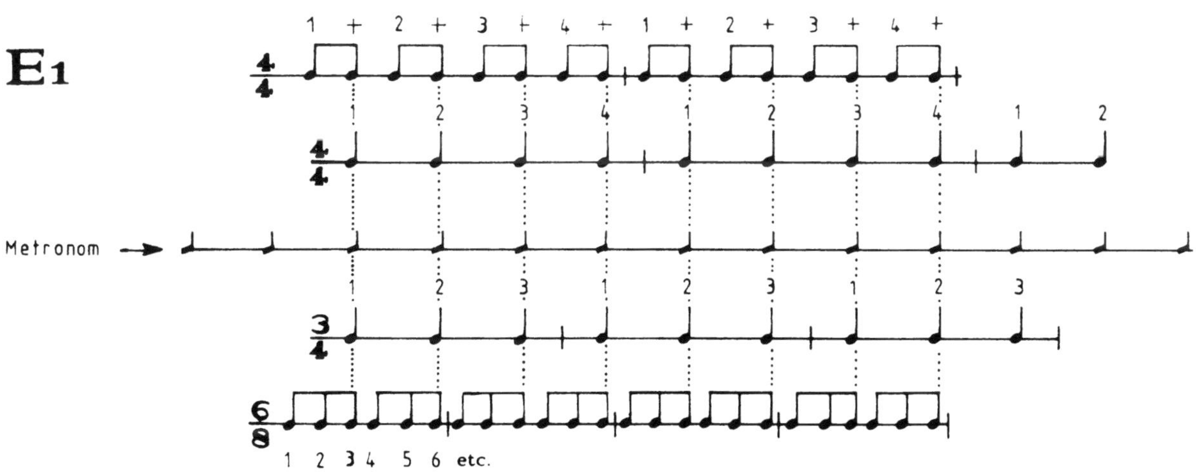

Wie man aus obenstehendem Beispiel ersehen kann, ist es unter anderem möglich, das Metronom zwischen den Viertelnoten eines 4/4-Takts auf den Offbeats schlagen zu lassen. In der zweiten Zeile sehen wir ein Anwendungsbeispiel mit den Metronomschlägen auf jeder Viertelnote. Dasselbe ist in der Zeile darunter in einem 3/4-Takt zu sehen. In einem 6/8-Takt kann man das Metronom auf die 3. und 6. Achtelnote einstellen. In den folgenden Kapiteln wird Schritt für Schritt eine genaue Anleitung zu den verschiedenen Möglichkeiten der Anwendung des Metronoms gegeben.

Das Erlangen der rhythmischen Selbständigkeit

Das Metronom wird also nicht nur zur Festlegung eines bestimmten Tempos verwendet, sondern auch, um gewisse Punkte innerhalb eines zeitlichen Ablaufs festzulegen, damit man sich beim Üben daran orientieren kann. Wie wir oben bereits erfahren haben, können diese Punkte von jedem Musiker bei jedem Stück immer wieder neu festgelegt werden.

Viele Musiker haben die Erfahrung gemacht, daß ihre Melodien, Harmonien und Rhythmen an Überzeugungskraft verlieren, wenn sie diese rhythmisch nicht richtig plazieren können. Dadurch wird deren Aussagekraft entscheidend abgeschwächt. Das Ziel einer guten rhythmischen Ausbildung ist es, einen musikalischen Beitrag <u>alleine</u> (ohne Begleitung, Orchester, Band etc.) so vorzutragen, daß die Wirkung der vorgetragenen Musik durch die rhythmische Selbständigkeit des Ausführenden an Überzeugungskraft gewinnt.

Der erste Schritt zum Erlangen der rhythmischen Selbständigkeit ist es, sich mit dem Einsatz des Metronoms als **Zwischenkontrolle** vertraut zu machen. Zwischenkontrolle bedeutet, daß das Ticken des Metronoms nicht unbedingt mit <u>allen</u> Zählzeiten eines Takts übereinstimmen muß. Bei einem 4/4-Takt kann man beispielsweise so verfahren, daß man das Metronom auf das halbe Tempo des Stücks einstellt und sich das Ticken als 2. und 4. Viertel des 4/4-Takts vorstellt.

E2

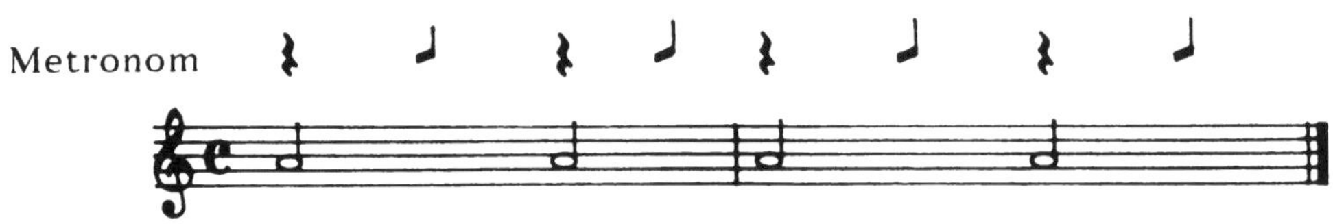

Bei dieser neuen Methode ist man gezwungen, anhand des nicht auf allen Zählzeiten tickenden Metronoms die fehlenden Zählzeiten <u>selbst</u> zu empfinden und zu spielen. Diese neue Art des Übens befreit von der Bevormundung des Metronoms und führt bei konsequenter Anwendung zur rhythmischen Selbständigkeit.

Es ist sicherlich nützlich, sich das Ticken des Metronoms zunächst einmal als eine Folge von Viertelnoten bzw. Schlägen vorzustellen, um sich auf diese Weise ein vorläufiges Bild zu machen. Die Viertelnoten bzw. die vollen Zählzeiten eines Taktes fallen in diesem Fall genau mit den Schlägen des Metronoms zusammen. Das Metronom nimmt einem damit die Arbeit des Zählens ab, welches z.B. beim erstmaligen Durchspielen unbekannter Passagen hilfreich sein kann. Es ist sicherlich empfehlenswert, hin und wieder Akkordfolgen, Melodien, Tonleitern oder Rhythmen zu einem auf diese Weise eingestellten Metronom zu üben. Man sollte sich jedoch nicht der Illusion hingeben, daß man auf diese Weise sein rhythmisches Gefühl nachhaltig verbessern könnte.

Wenn man sich immer auf das Metronom verläßt, indem man es auf alle vollen Zählzeiten einstellt, läßt sich logischerweise mit der Zeit eine gewisse Abhängigkeit von dieser Arbeitsweise erkennen. Übt man längere Zeit ausschließlich auf diese Art und Weise, birgt dies die Gefahr in sich, daß man sich vom Metronom bevormunden läßt und sich somit selbst zur rhythmischen Unselbständigkeit erzieht. Dies kann durch die neue Arbeitsweise mit dem Metronom als Zwischenkontrolle vermieden werden.

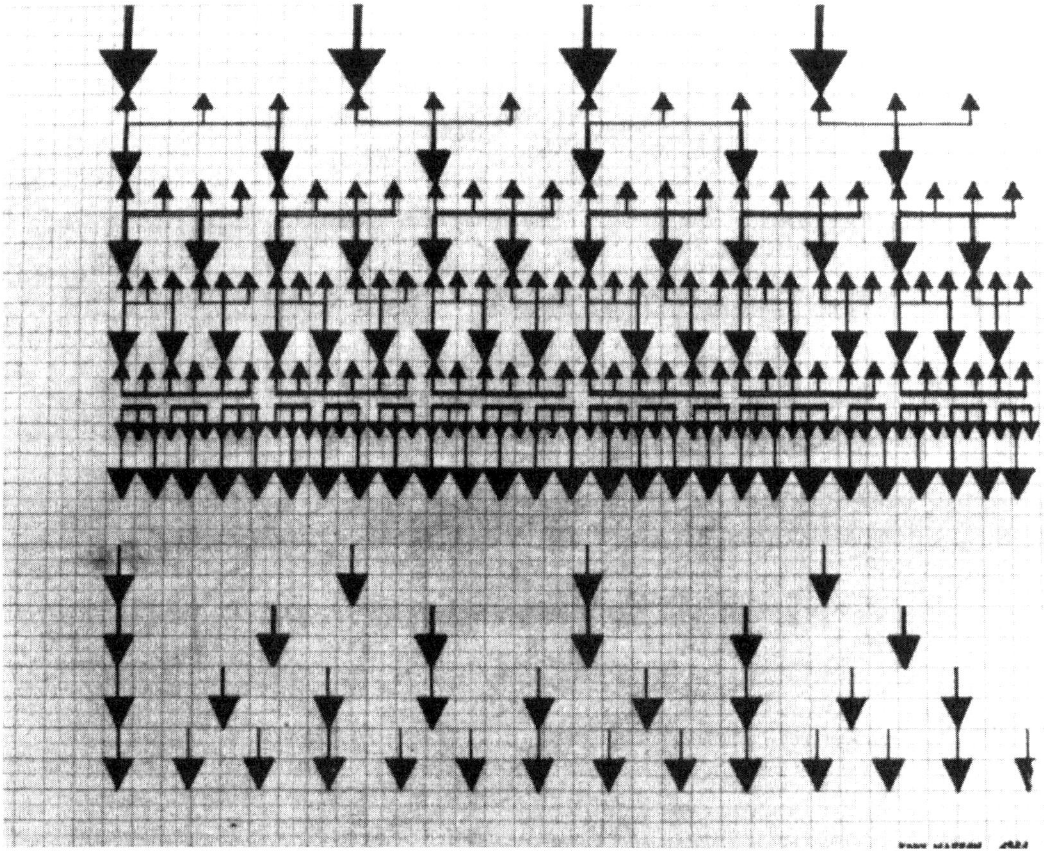

3. Kapitel

Das kleine Einmaleins der Rhythmik

Das Zählen

Jeder Mensch kann je nach seiner Veranlagung Rhythmen mehr oder weniger gut nachvollziehen, innerlich fühlen und selbst ausführen. Dieses von Natur aus vorhandene rhythmische Gefühl kann man zu einer kontrollierten und sicheren Anwendung führen, indem man sich der Methode des lauten Zählens bedient. Das laute Zählen steht als rhythmisches Hilfsmittel gleichberechtigt neben dem Metronom, den Händen und den Füßen. Die Stimme wird bei den rhythmischen Übungen in diesem Buch wie ein Musikinstrument eingesetzt.

Beim Zählen sollte man unbedingt darauf achten, laut und deutlich zu sprechen. Gleichzeitig sollte man versuchen, so gleichmäßig und gebunden wie möglich zu zählen. Dies ist nicht immer so ohne weiteres zu bewerkstelligen, weshalb im folgenden eine kurze Anleitung für das richtige Zählen gegeben werden soll.

1. Man sollte sich in einer aufrechten, aufmerksamen Haltung hinsetzen oder -stellen.

2. Eine gleichmäßige Atmung ist beim Zählen von großer Wichtigkeit. Wenn man die Luft anhält oder nicht regelmäßig atmet, beschleunigt sich der Herzschlag automatisch, um den Körper besser mit Sauerstoff zu versorgen. Es ist unmöglich, einen Zählrhythmus konstant zu halten, wenn sich der Herzschlag beschleunigt und sich dadurch der Körper verkrampft. Weil man kontinuierlich durchzählen muß, ist man gezwungen, auch beim Einatmen zählen zu lernen. Dies läßt sich nach einigen Versuchen leicht bewerkstelligen.

3. Man sollte sich immer um eine gebundene und möglichst gleichmäßige Sprechweise bemühen (legato). Einer der am häufigsten gemachten Fehler ist das zu kurze, abgehackte Zählen.

4. Man sollte beim Zählen immer dasselbe Vokabular benutzen. Die Viertelnoten werden durch Zahlen ausgedrückt, die die jeweilige Zählzeit angeben. Achtelnoten, die sich zwischen diesen Zählzeiten befinden, werden als "und" (+) gesprochen. Das zweite Triolenachtel wird ebenfalls als "und" gezählt, wohingegen das dritte Triolenachtel als "die" (d) gesprochen wird. Bei Sechzehnteln wird die dritte Sechzehntelnote auch als "und" bezeichnet, die zweite und vierte Sechzehntel als "e".

F1

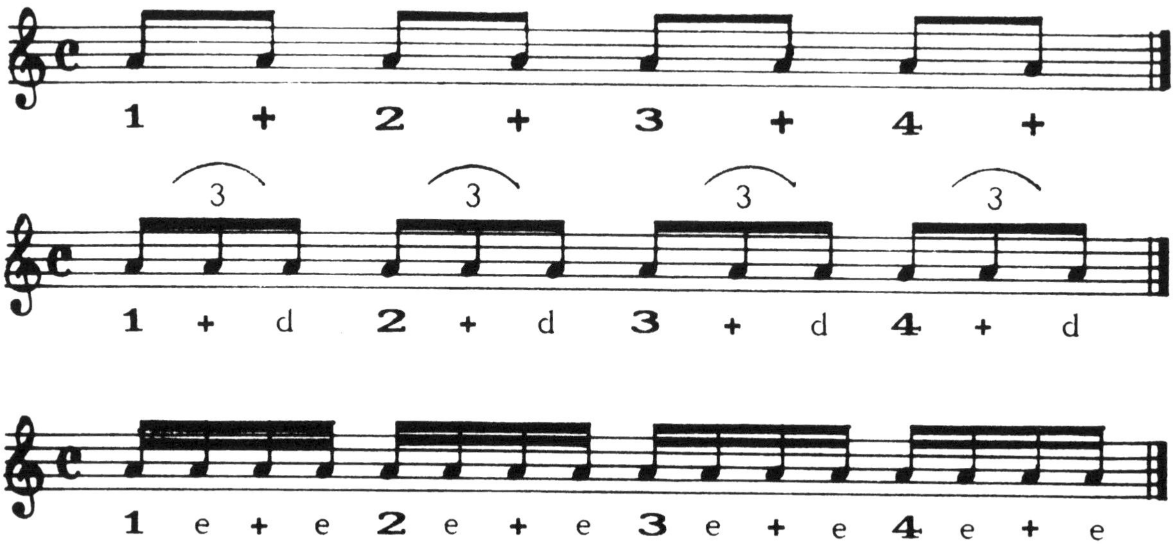

Die genaue Aussprache des Zähl-Vokabulars im obenstehenden Beispiel:

F2

1 + 2 + 3 + 4 + =

Eins-und-Zwei-und-Drei-und-Vier-und

1 + d 2 + d 3 + d 4 + d =

Eins-und-die-Zwei-und-die-Drei-und-die-Vier-und-die

1 e + e 2 e + e 3 e + e 4 e + e =

Ei-ne-un-de-Zwei-je-un-de-Drei-je-un-de-Vie-re-un-de

Das Vorzählen

Das Vorzählen oder Anzählen eines Musikstücks erfüllt im allgemeinen zwei wichtige Funktionen: zum einen dient es der Festlegung eines bestimmten Tempos und versetzt alle beteiligten Musiker in die gleiche rhythmische Schwingung. Zum anderen wird der genaue Zeitpunkt des Einsatzes festgelegt. Das Ziel des Vorzählens ist es, daß das betreffende Musikstück möglichst von Anfang an die volle musikalische Intensität erreicht und keine rhythmischen Schwankungen entstehen. Es folgen einige Grundregeln, deren Beachtung das Vorzählen wesentlich erleichtert.

1. Bevor man ein Stück anzählt, sollte man sich der Aufmerksamkeit aller beteiligten Musiker vergewissern.

2. Man sollte sich genau auf das geeignete Tempo konzentrieren. Dies kann z.B. mit Hilfe eines vorher auf der Skala des Metronoms abgelesenen Tempos geschehen. Andernfalls stellt man sich das Thema oder eine besondere Passage des Stückes im Geiste vor, singt vielleicht ein paar Takte und zählt dann dieses Tempo an.

3. Es ist zu empfehlen, immer mindestens zwei Takte vorzuzählen, damit sich alle besser auf das jeweilige Tempo einstellen können. Diese Empfehlung gilt auch, wenn man alleine für sich übt.

Im folgenden soll erklärt werden, wie man einen 4/4- und einen 3/4- Takt in einem mittleren Tempo anzählt. Man zählt in beiden Fällen am besten vier Takte vor. Beim 4/4-Takt zählt man in den ersten beiden Takten jeweils eine ganze Note, im dritten Takt zwei halbe Noten und im vierten Takt vier Viertelnoten vor. Es ist zu empfehlen, mit den Fingern dazu auf die Taktzeiten Zwei und Vier (oder Eins und Drei) zu schnippen, um das Anzählen für die Mitmusiker deutlicher zu machen (*siehe Beispiel E2 , S. 32 und Übung 6, S. 55*).

G1

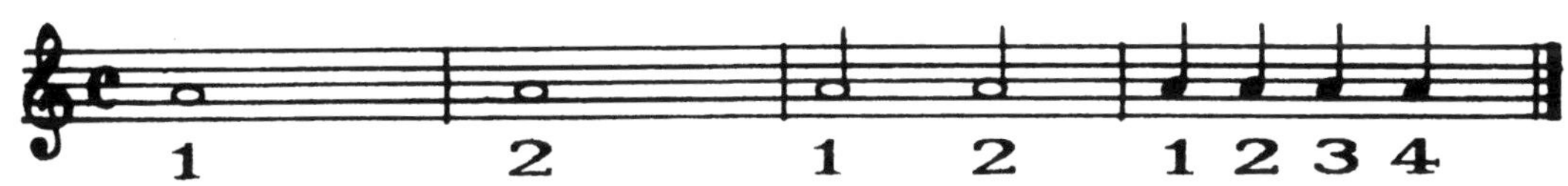

Beim 3/4-Takt steht in den ersten beiden Takten jeweils eine punktierte halbe Note, im dritten und vierten Takt sind es jeweils drei Viertelnoten.

G2

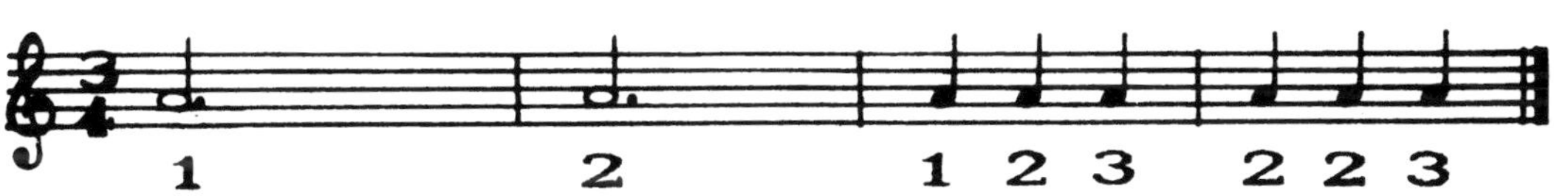

Die Sektionen beim Üben mit dem Metronom

Für alle in dieser Schule vorkommenden rhythmischen Übungen wird grundsätzlich ein Metronom als Instrument zur Selbstkontrolle verwendet. Das bedeutet, daß man bei allen Übungen nicht nur seine Stimme oder seine Hände und Füße einsetzen, sondern auch gleichzeitig auf das Ticken des Metronoms hören muß. Darüberhinaus müssen die rhythmischen Körperbewegungen und die Stimme mit dem Ticken des Metronoms koordiniert werden und somit ein **rhythmisches Gesamt-Klangbild** ergeben.

Um all diesen Anforderungen gerecht werden zu können, teilt man sich die rhythmischen Übungen am besten in verschiedene Sektionen ein. Diese Sektionen können dann getrennt voneinander geübt werden. Außerdem können die verschiedenen Sektionen beliebig miteinander kombiniert werden, bevor man in der Lage ist, sämtliche Sektionen gleichzeitig ausführen zu können. Es gibt fünf Grundsektionen, an die sich - je nach Aufbau der verschiedenen rhythmischen Übungen - weitere Sektionen anfügen lassen.

Die 5 Grund-Sektionen sind:

H

1. Auf das Metronom hören
2. Hörbar zählen
3. Die Füße
4. Die rechte Hand
5. Die linke Hand

Alle rhythmischen Übungen in dieser Schule sollen zunächst mit Hilfe eines Metronoms, der Stimme, den Füßen und den Händen geübt werden, bevor man darangehen kann, die auf diese Weise erlernten rhythmischen Fähigkeiten auf sein Instrument zu übertragen. Für viele bedeutet es eine Überforderung, sich gleichzeitig mit den ohnehin auf dem jeweiligen Instrument auftauchenden Schwierigkeiten auf die genaue Ausführung der Rhythmik zu konzentrieren. Wenn man diese rhythmischen Übungen mit Hilfe des eigenen Körpers buchstäblich "fühlen" lernt, kann dieses erlernte rhythmische Gefühl später wesentlich leichter auf das jeweilige Instrument übertragen werden.

II. Teil

Binär und Ternär

4. Kapitel

Die Pyramide

Die Pyramide ist eine rhythmische Übung, mit deren Hilfe die gebräuchlichsten Unterteilungsmöglichkeiten einer Viertelnote und deren Zählweise veranschaulicht und geübt werden können. Von einer Zeile zur nächsten (von oben nach unten) geschieht im Prinzip nichts anderes als eine Verkleinerung der rhythmischen Werteinheiten, in die man eine Viertelnote unterteilen kann. Von unten nach oben haben wir es demnach mit einer Vergrößerung dieser rhythmischen Werteinheiten zu tun. Man lernt durch das Üben der Pyramide den Wechsel von einer rhythmischen Ebene zur nächstgrößeren bzw. nächstkleineren Ebene. Das nennt man **rhythmische Modulation** (siehe auch S. 123 f.).

Vorübungen

Die folgenden Vorübungen sollen die recht schwierigen Übungen der Pyramide schrittweise vorbereiten. Hierzu stellt man das Metronom auf das Tempo 40 (= 40 Schläge pro Minute) ein. Die Metronomschläge fallen mit den Taktzeiten Zwei und Vier unseres Vier-Viertel-Takts zusammen. Als nächstes zählt man die vier Viertelnoten laut mit. Nun klatscht man auf der Taktzeit Eins in die Hände. Damit klatscht man ganze Noten in einem Vier-Viertel-Takt.

Vorübung 1 (Tempo 40):

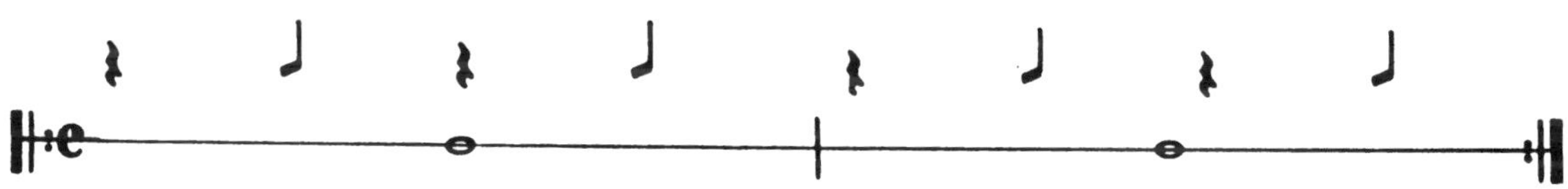

Bei der folgenden Vorübung klatscht man halbe Noten auf den Taktzeiten Eins und Drei.

Vorübung 2 (Tempo 40):

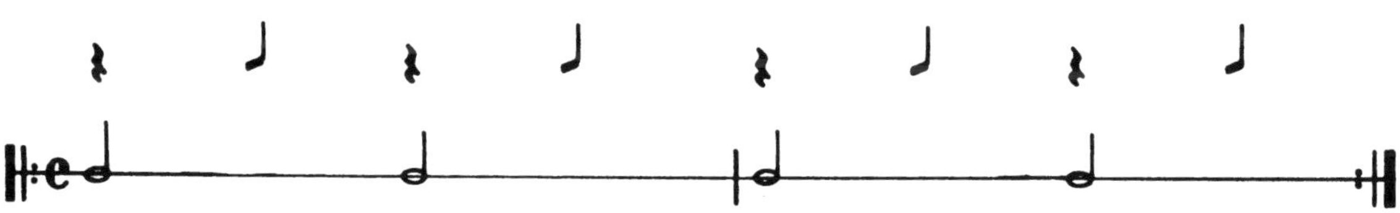

Nun klatscht und zählt man der Reihe nach zunächst Viertelnoten auf den Taktzeiten Eins, Zwei, Drei und Vier. Anschließend klatscht und zählt man Achtelnoten, Achteltriolen und Sechzehntelnoten. Das Zählvokabular für diese Vorübungen findet man auf der Seite 34.

Vorübung 3 (Tempo 40):

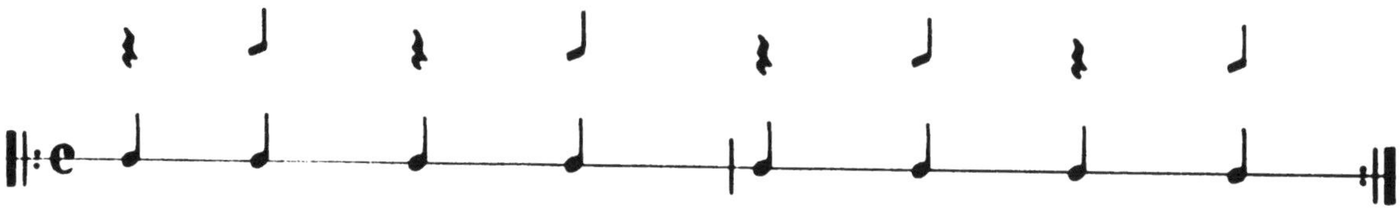

Vorübung 4 (Tempo 40):

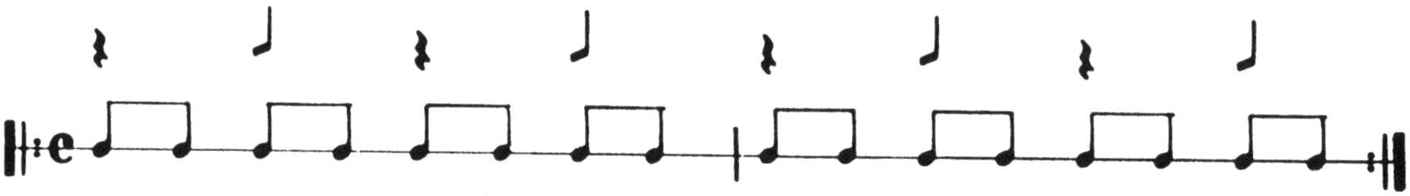

Vorübung 5 (Tempo 40):

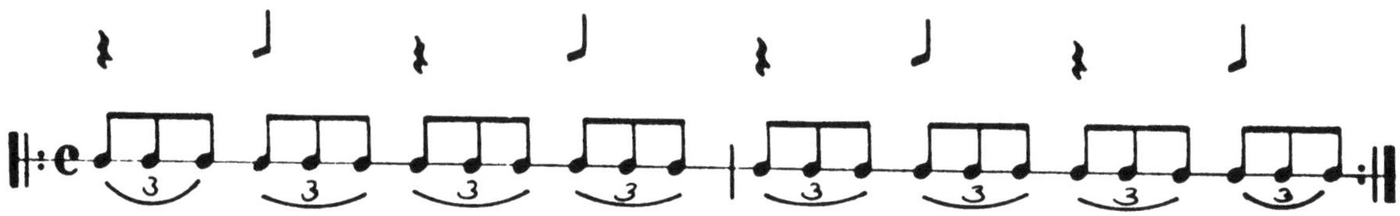

Vorübung 6 (Tempo 40):

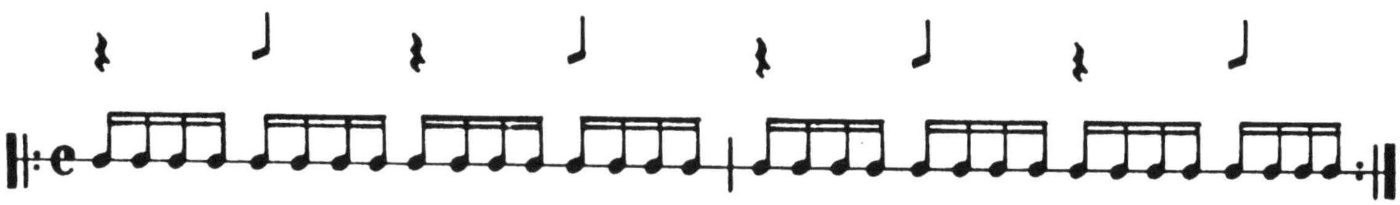

Bei den folgenden 5 Vorübungen (Vorübung 7 bis 10) stellt man das Metronom auf das Tempo 60 ein. Die Metronomschläge entsprechen den Taktzeiten Zwei und Vier. Nun zählt man die vier Zählzeiten eines Vier-Viertel-Takts laut mit. Der Notentext der einzelnen Vorübungen soll nun mit den Händen geklatscht werden. In Vorübung 11 wird das Metronom auf das Tempo 140 eingestellt.(Die Vorübungen 7 bis 11 entsprechen den Beispielen für Synkopen und den Beispielen für Beat und Offbeat auf Seite 19).

Vorübung 7 (Tempo 60):

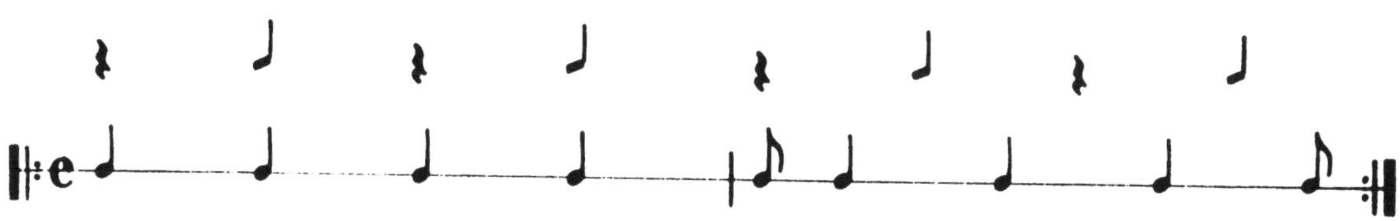

Vorübung 8 (Tempo 60):

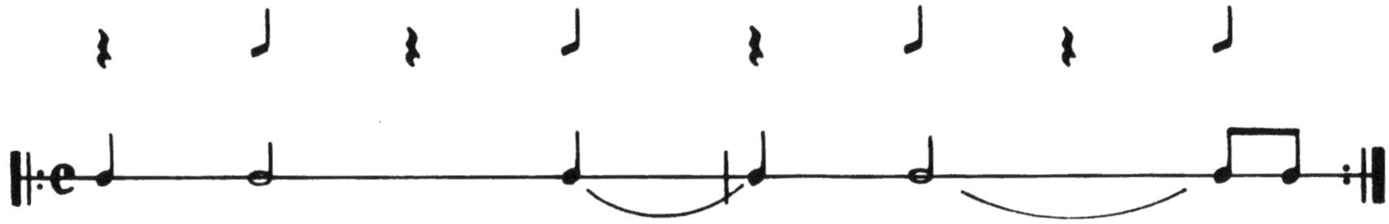

Vorübung 9 (Tempo 60):

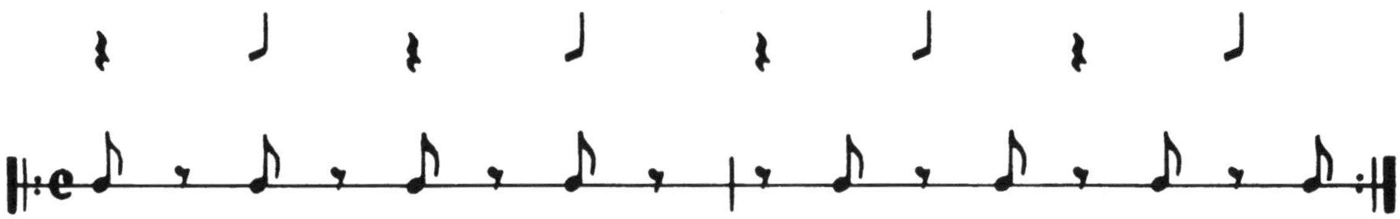

Vorübung 10 (Tempo 60):

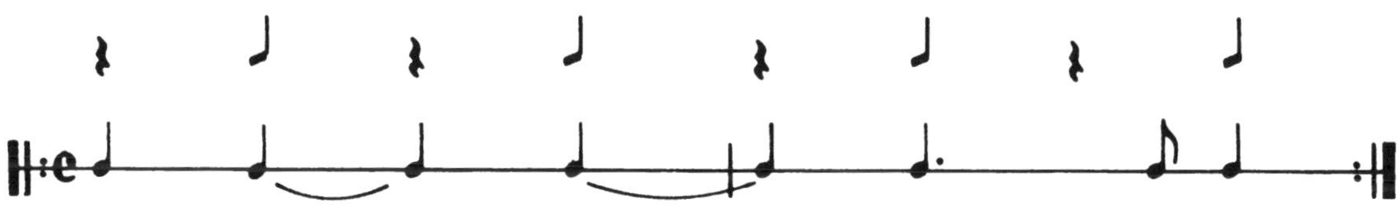

Vorübung 11 (Tempo 140):

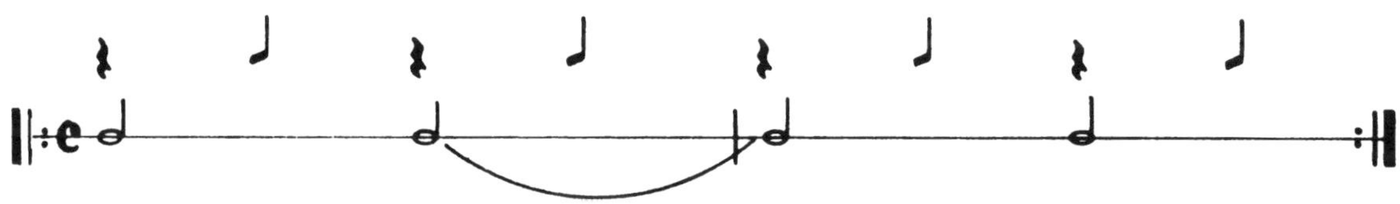

<u>Hinweis</u>:

Dieser folgende Hinweis gilt für diejenigen, die mit den folgenden Übungen 1 bis 5 (die Pyramide) Schwierigkeiten haben.

Bevor man mit dem Zählen der Pyramide beginnt, sollte man die Übungen 6 bis 29 (Seite 55 bis 67) und die Übungen 55 bis 66 (Seite 81 bis 86) vorziehen. Man kann im Anschluß an diese Übungen wieder zu den Übungen mit der Pyramide zurückkommen, da diese eben genannten Übungen auch als Vorbereitungsübungen für die Pyramide angesehen werden können.

Das Zählen der Pyramide

Bei den Übungen mit der Pyramide schlägt das Metronom auf jedem Viertel. Man stellt das Tempo 50 (= 50 Schläge pro Minute) ein. Als nächstes zählt man die Viertelnoten dazu. Hierbei sollte man unbedingt darauf achten, den Klick des Metronoms akustisch zu erfassen. Man ist geneigt, die visuellen Hilfen des Metronoms (hin- und herschwingende Pendel, blinkende Lämpchen etc.) einzusetzen, um die Zeit besser zu erfassen und einteilen zu können. Dies ist jedoch nur mit Hilfe der Ohren genau durchzuführen. Ich empfehle deshalb, das Metronom im Zweifelsfall umzudrehen oder zuzudecken. Meist erzielt man bessere rhythmische Ergebnisse, wenn man sich nur auf seine Ohren konzentriert.

Als nächstes versucht man nun, schrittweise die stufenweise Verkleinerung der Unterteilungen der Viertelnote durchzuzählen. Die Zählsilben für die ersten vier Zeilen dieser Übung stehen in *Beispiel F2 auf Seite 36*. Die Zählsilben Eins, Zwei, Drei und Vier fallen immer mit dem Klick des Metronoms zusammen.

Die zweiten vier Zeilen dieser Übung (von den Quintolen bis zu den Zweiunddreißigsteln) erfordern eine andere Art des Zählens. Hierbei werden die Unterteilungen der Viertelnote einfach durchgezählt. Man bedient sich dabei der folgenden Zählsilben: Eins, Zwei, Drei, Vier, Fünf, Sechs, Siem (für Sieben) und Acht. Als Beispiel folgen die Zählsilben für einen 4/4-Takt mit Septolen.

I

Eins-zwei-drei-vier-fünf-sechs-siem
Zwei-zwei-drei-vier-fünf-sechs-siem
Drei-zwei-drei-vier-fünf-sechs-siem
Vier-zwei-drei-vier-fünf-sechs-siem

Die Übung sollte im Endeffekt so ausgeführt werden, daß man jede rhythmische Ebene zwei Takte lang durchzählt, bevor man zur nächsten Ebene übergeht. Bei Erreichen der Zweiunddreißigstel kehrt man – ohne das Zählen zu unterbrechen – schrittweise zum Ausgangspunkt zurück.

1 Tempo 44 bis 50

Viertel

Achtel

Triolen

Sechzehntel

Quintolen

Sextolen

Septolen

Zweiunddreißigstel

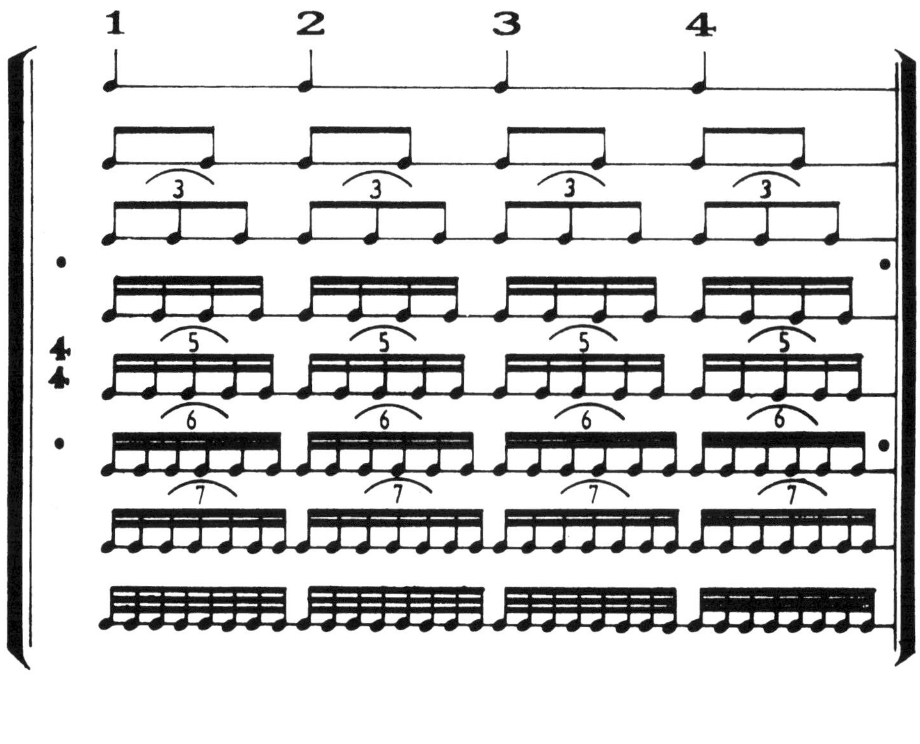

Die Pyramide in der Horizontalen

Zusätzlich zum Metronom und der Stimme (Sektionen 1 und 2) setzen wir jetzt auch die Füße und die Hände ein (Sektionen 3 bis 5). Für diese Übung sollte man sich am besten auf einen Stuhl setzen.

1. Wir stellen das Metronom auf das Tempo 50 ein. Wir hören nun das Ticken und wissen, daß dieses Ticken mit den vier Zähleinheiten eines 4/4-Takts übereinstimmt.

2. Als nächstes zählen wir die 4 Viertelnoten laut mit.

3. Nun kommen die Füße an die Reihe. Am einfachsten ist es, mit beiden Füßen gleichzeitig auf den Fußboden zu treten. Hierzu hebt man die Fußspitze an und läßt sie hörbar herunterfallen. Die Füße, die Stimme und das Metronom erklingen also genau gleichzeitig (unisono).

4. Die rechte Hand erklingt zusammen mit den anderen drei Sektionen auf den Viertelnoten. Hierzu schlägt man sich am besten aus dem Handgelenk heraus leicht auf den rechten Oberschenkel.

5. Um die linke Hand einsetzen zu können, gehen wir zur nächsten rhythmischen Ebene, den Achtelnoten, über. Von dieser Ebene an bewegen wir die Hände im Wechselschlag, also immer genau abwechselnd. Die rechte Hand schlägt auf den Zählzeiten, die linke auf den dazwischenliegenden Achteln, also auf der "und" (+).

6. Die nächste rhythmische Ebene der Pyramide sind die Achteltriolen. Sie werden ebenfalls im Wechselschlag geschlagen, was zur Folge hat, daß bei jeder vollen Zählzeit (Eins, Zwei, Drei und Vier) jeweils eine andere Hand an der Reihe ist. Dies sollte genau beachtet werden. Dasselbe gilt im übrigen für alle ungeraden Unterteilungen der Viertelnote.

7. Die Sechzehntel werden im Wechselschlag geschlagen. Man sollte beim Erreichen dieser rhythmischen Ebene zunächst wieder nahtlos zur ersten rhythmischen Ebene der Viertelnoten zurückkehren können, bevor man sich dem zweiten Teil der Pyramide zuwendet.

8. Die zweite Hälfte der Pyramide beginnt mit den Quintolen. Diese müssen beherrscht werden, bevor man zu den nächsten rhythmischen Ebenen übergeht. Auch die zweite Hälfte der Pyramide sollte separat geübt werden.

9. Wenn man alle acht Ebenen geübt hat, sollte man in der Lage sein, die Pyramide Ebene für Ebene taktweise in der Horizontalen durchzuspielen. Beim Erreichen der Zweiunddreißigstel kehrt man nahtlos zum Ausgangspunkt zurück.

2

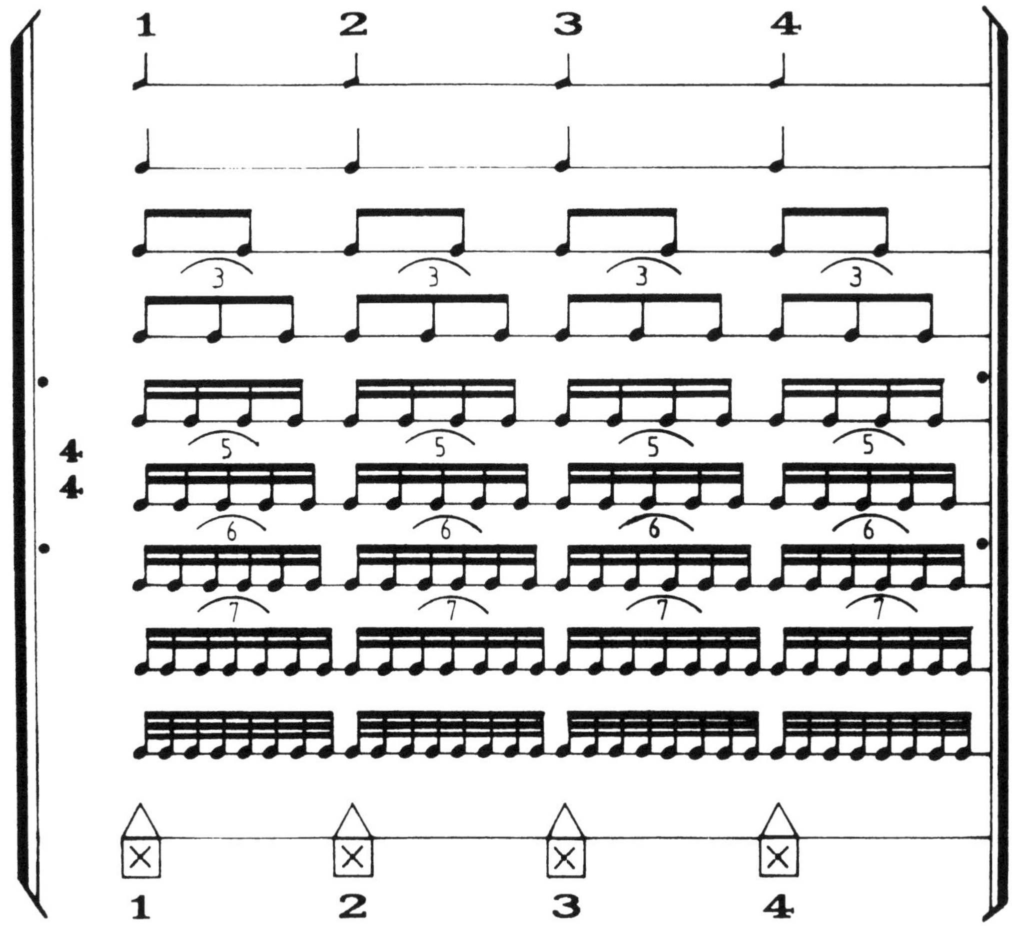

Die Pyramide in der Vertikalen

Wenn man die Pyramide in der Vertikalen übt, erhält man auf jeder vollen Zählzeit in einem 4/4-Takt eine neue rhythmische Ebene. Diese Übungen dienen der Vorbereitung auf das sichere rhythmische Vom-Blatt- Spiel. Wie bei der Pyramide in der Horizontalen teilen wir diese Übung mit der Pyramide in der Vertikalen in zwei Hälften ein.

Wir üben zunächst in Übung 3, die ersten vier rhythmischen Ebenen innerhalb eines Takts auszuführen. Diese ersten vier Unterteilungsmöglichkeiten einer Viertelnote werden im zweiten Takt dieser Übung rückwärts durchgespielt. In Übung 4 wird dasselbe von den Quintolen zu den Zweiunddreißigsteln und zurück geübt, bevor man in Übung 5 alle 8 Ebenen hintereinander ausführen lernt. Man sollte auch in der Lage sein, jede Zeile dieser Übungen einzeln auszuführen. Bei allen Übungen tickt das Metronom auf den vollen Zählzeiten.

Tempo 50

3

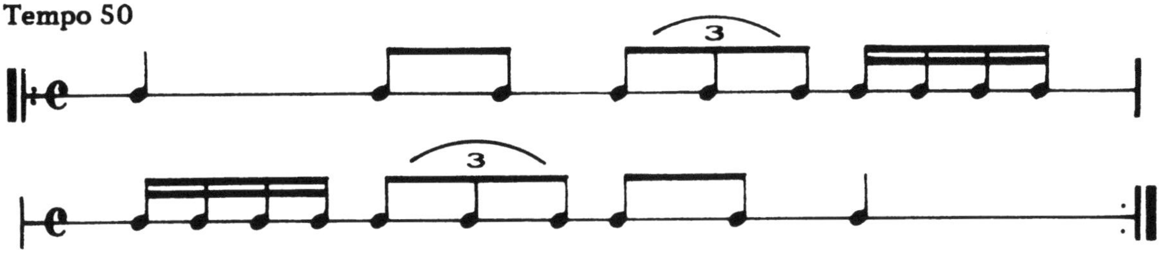

4

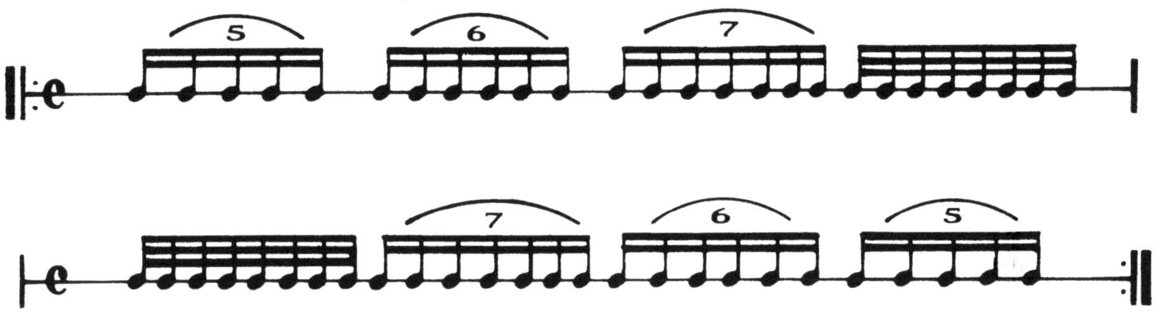

5

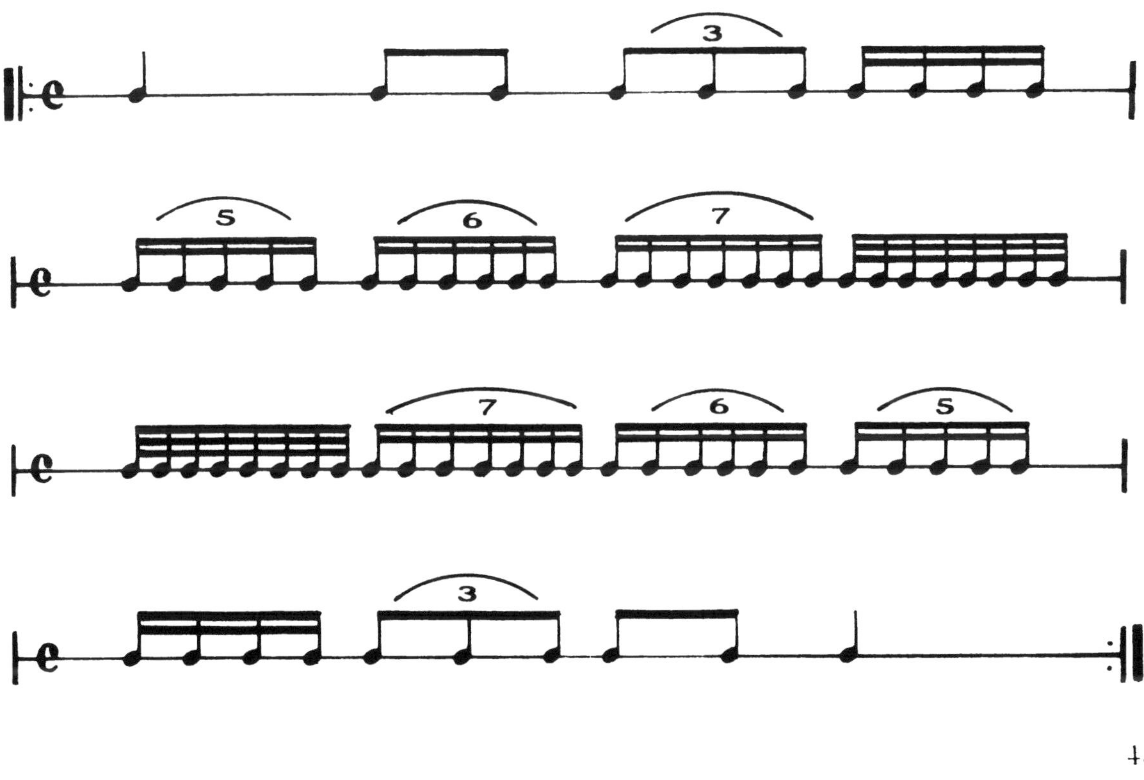

5. Kapitel

Die zwei Haupt-Unterteilungsarten

Die binäre Unterteilung

Wie wir bereits wissen, ist es möglich, eine Viertelnote in verschiedene kleinere Werteinheiten einzuteilen. Die einfachste Möglichkeit ist es, eine Viertelnote in zwei gleichlange Achtelnoten aufzuteilen. Wenn diese beiden Achtelnoten genau gleichlang gespielt werden, spricht man von einer **binären (zweigeteilten)** Aufteilung.

Denkbar sind aber im Prinzip alle Möglichkeiten der Einteilung einer Viertelnote in zwei Achtelnoten. Diese Einteilungsmöglichkeiten kann man in prozentualen Verhältnissen ausdrücken. Denkbar wären also beispielsweise Einteilungen wie 60 zu 40 oder 70 zu 30 etc. Viele Drumcomputer arbeiten beispielsweise mit einer solchen prozentualen Einteilungsskala, die von 50 bis 99 Prozent einstellbar ist. Bei einer Verteilung von 50 zu 50 spricht man also von einer binären Einteilung.

J1

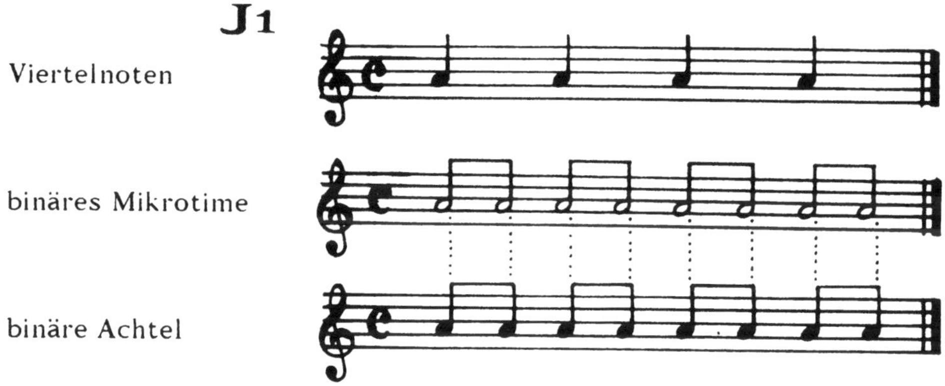

Die ternäre Unterteilung

Man unterscheidet jedoch prinzipiell zwei übergeordnete rhythmische Haupt-Unterteilungsarten einer Viertelnote. Die eine ist die oben bereits vorgestellte binäre (zweigeteilte) Art, die andere gleichberechtigt danebenstehende Haupt-Unterteilungsart ist die **ternäre (dreigeteilte)** Art.

Bei der ternären Einteilung wird die Viertelnote in drei gleichlange Notenwerte eingeteilt. Es entstehen also drei Triolenachtel. Diese Triolenachtel werden aber nicht gespielt, sondern dienen lediglich als Maßstab zur ternären Aufteilung der Achtelnoten. Das bedeutet also nicht, daß die binäre Einteilung nur für Achtelnoten, oder die ternäre nur für Achteltriolen gilt. Diese beiden Einteilungsarten stellen vielmehr zwei unterschiedliche übergeordnete rhythmische Auffassungen dar.

J2

Viertelnoten

ternäres Mikrotime

ternäre Achtel

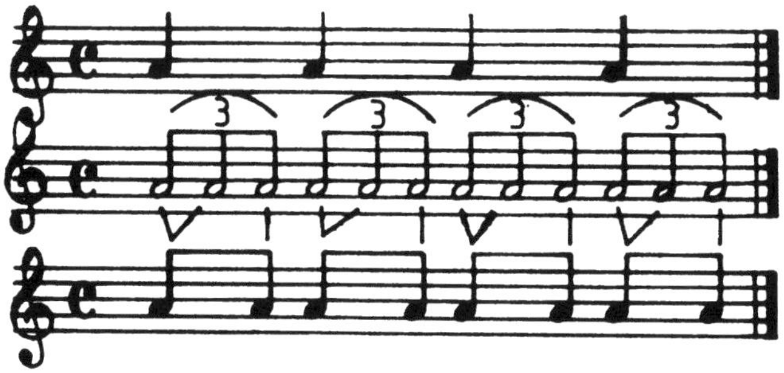

Im Falle einer ternären Einteilung werden den Achtelnoten auf den vollen Zählzeiten zwei der drei gedachten Triolenachtel zugeordnet. Die Achtelnoten auf den dazwischenliegenden Zählzeiten (Offbeats) bekommen dagegen nur eines dieser drei Triolenachtel zugeordnet. Das bedeutet, daß die betonten Achtel auf den vollen Zählzeiten bei der ternären Einteilung doppelt so lang gespielt werden müssen wie die unbetonten.

J3

a

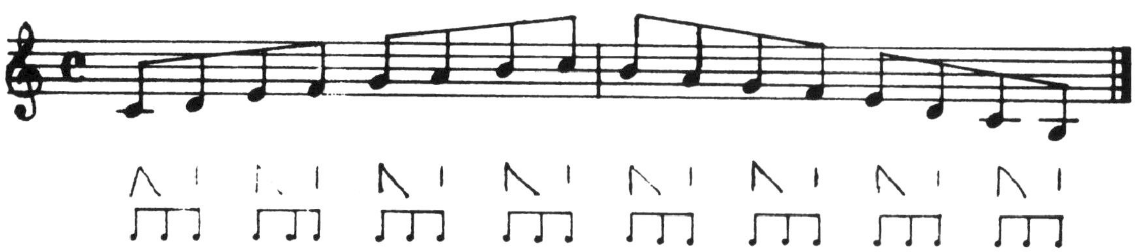

b

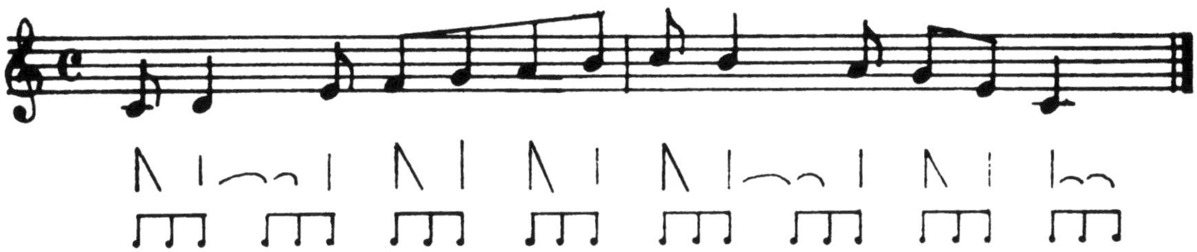

c

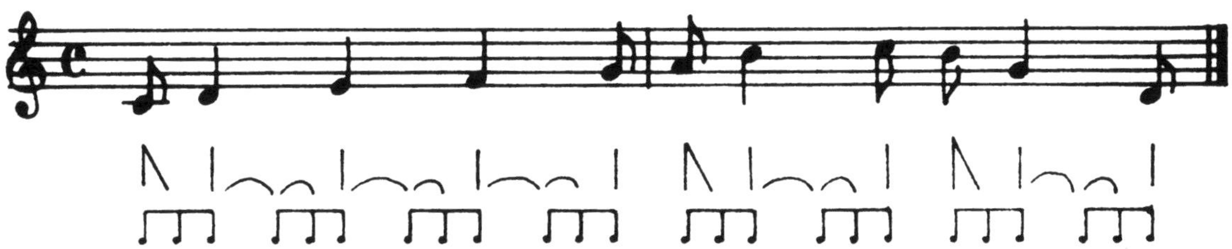

Da dies für viele eine ungewohnte Art der Einteilung ist, sollte man einen ternären Notentext zu Anfang schriftlich in ternäres Mikrotime unterteilen. Am Ende dieses Kapitels finden sich hierzu zahlreiche Übungen. Durch das Lernen der schriftlichen Unterteilung wird einem das Prinzip der ternären Phrasierung klar vor Augen geführt.

Um es noch einmal ganz deutlich zu machen: bei der binären Einteilungsart stehen die Achtelnoten in einem Verhältnis von 50 zu 50 zueinander; bei der ternären Einteilungsart hingegen steht die Länge der zwei Achtelnoten in einem Verhältnis von 66,6 zu 33,3 Prozent zueinander.

Das Bestimmen der richtigen Unterteilung

Bevor man darangeht, einen Notentext zu spielen, sollte man sich genau darüber im klaren sein, ob dieses Stück binär oder ternär aufgefaßt werden muß. Es versteht sich von selbst, daß diese musikalische Frage eine ebensogroße Beachtung verdient wie z.B. die Wahl der Tonart oder des Tempos. Dies ist jedoch nicht immer so ohne weiteres feststellbar. Viele Kompositionen sind aber mit stilistischen Angaben versehen, die zum Teil Aufschluß darüber geben können. Die folgende Tabelle kann bei solchen Unklarheiten eine Hilfestellung geben, auch wenn sie keinen Anspruch auf Vollständigkeit erhebt. Hierbei ist zu beachten, daß bei einigen stilistischen Bezeichnungen sowohl binäre als auch ternäre Auffassungen denkbar sind, wie zum Beispiel beim Blues. In der nachfolgenden Tabelle ist in diesen Fällen die häufiger vorkommende Haupt-Unterteilungsart angegeben.

J4

Binär	Ternär
klassische Musik	Rock 'n Roll
Marschmusik	Boogie-Woogie
Bossa Nova	Swing
Samba	Blues
Funk	ternärer Funk
Walzer	Jazz-Walzer
Rock-Balladen	Jazz-Balladen
Rock	Jazz
Latin	Up (up tempo)
Disco	Shuffle
Folk	

Es gibt auch Kompositionen, wo diese beiden verschiedenen rhythmischen Auffassungen bewußt miteinander vermischt werden. Dies kann sowohl gleichzeitig als auch nacheinander der Fall sein. Eine Samba beispielsweise wird eigentlich nicht genau binär gespielt, sondern enthält mehr oder weniger ternäre Ansätze. Die obige Aufstellung dient also nur der groben Orientierung.

Wenn in einem Stück beide Unterteilungsarten nacheinander vorkommen sollen, wird dies meist im Notentext vermerkt sein. Üblich sind beispielsweise die Bezeichnungen "even eights" oder "straight eights" (gerade bzw. binäre Achtel) für eine binäre Unterteilung oder die folgende Art der Notation für eine ternäre Unterteilung:

J5

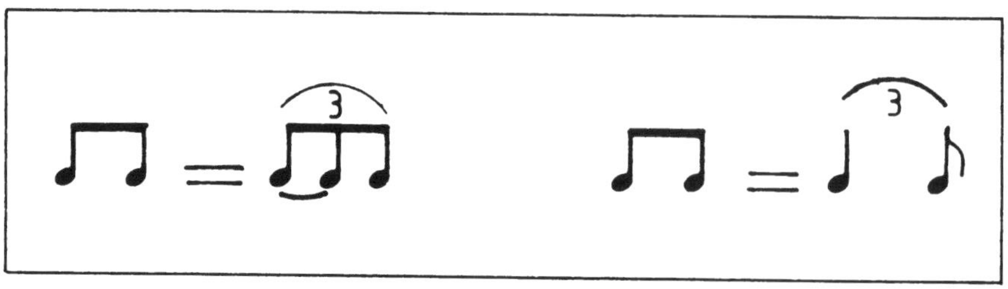

Aufgaben zu Kapitel 5

Die folgenden Jazz-Standards "Satin Doll" von Duke Ellington, "Oleo" von Sonny Rollins und "Scrapple from the Apple" von Charlie Parker sollen wie in Beispiel J3 *(S. 48/49)* schriftlich in ternäre Achtel unterteilt werden.

a

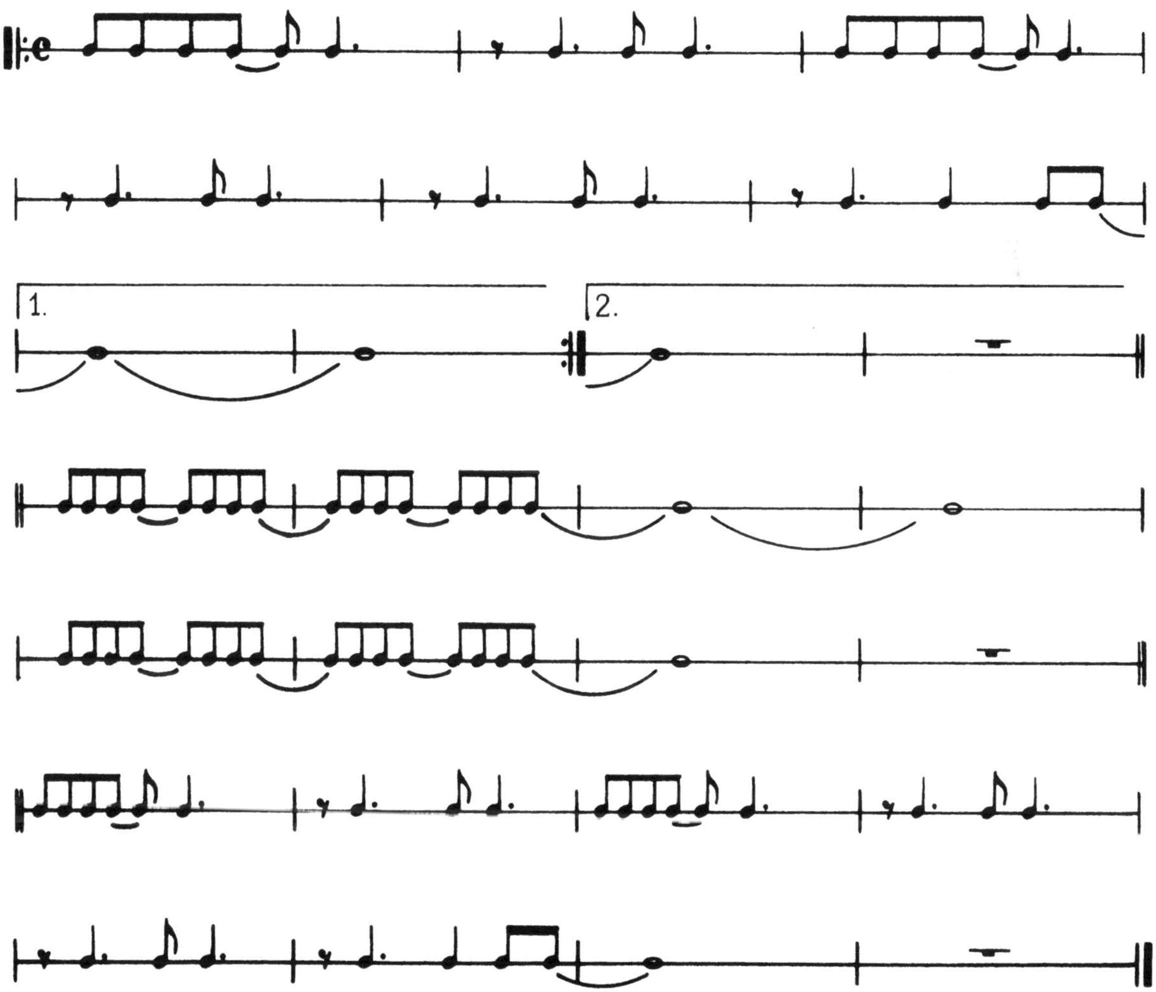

b

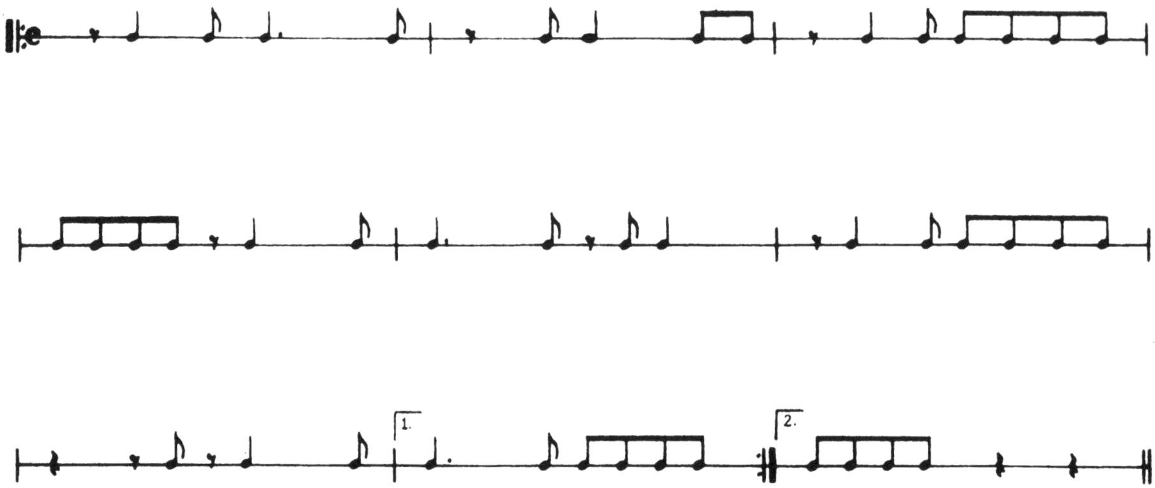

c

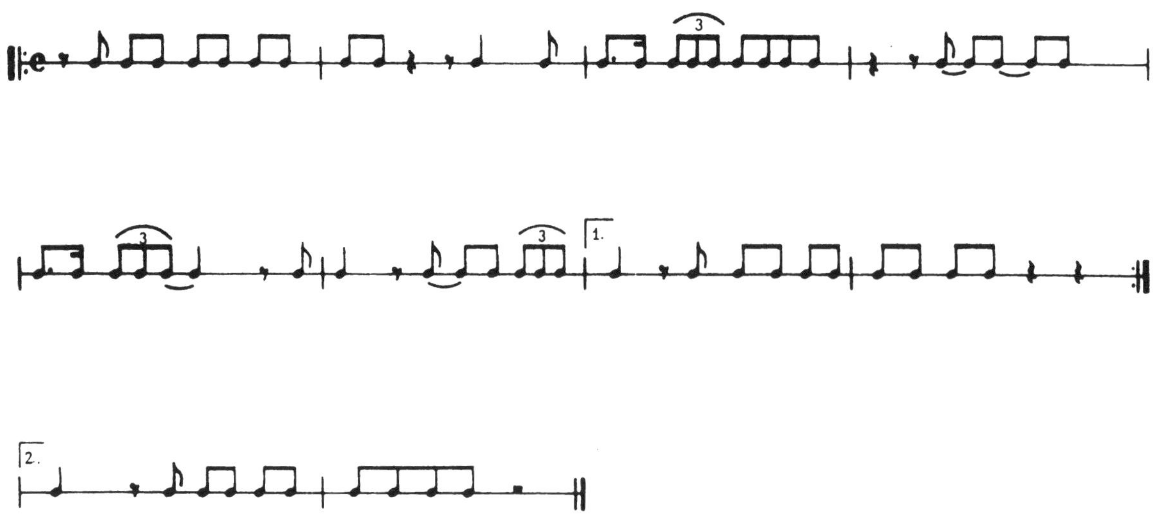

6. Kapitel

Binär

Bevor man mit den rhythmischen Übungen in diesem Kapitel beginnt. sollte man unbedingt mit dem Inhalt des dritten und vierten Kapitels vertraut sein (Das Zählen, das Vorzählen. die Sektionen beim Üben mit dem Metronom. sowie das Zählen und das Ausführen der Pyramide).

Für alle folgenden Übungen gelten noch einige allgemeine Regeln.

1. Wir benötigen für alle Übungen ein Metronom.
2. Die Tempoangaben verstehen sich als langsames Anfangstempo. welches mit fortschreitender Entwicklung gesteigert werden kann.
3. Man sollte alle Übungen langsam üben. um sich ein klares Bild verschaffen zu können. Dies erfordert ein gewisses Maß an Geduld.
4. Man sollte sich eine genaue Arbeitsweise angewöhnen, und nicht den Fehler machen, alles zu schnell ausführen zu wollen. Man muß sich dessen bewußt werden, daß Geschwindigkeit ein Nebenprodukt von Genauigkeit ist.
5. Zur Selbstkontrolle und Selbstdiagnose sollte man einen Cassettenrecorder benutzen.
6. Wenn man eine Übung beherrscht, sollte man in der Lage sein. mit den Händen und Füßen zu wechseln. Das bedeutet, daß die Bezeichnungen "rechts" und "links" bei den einzelnen Übungen ausgetauscht werden können, um die rhythmische Unabhängigkeit der Hände und Füße zu erreichen.

Das Metronom auf Zwei und Vier

Hier geht es darum, anhand der Zwischenkontrolle auf Zwei und Vier die vier Viertelnoten eines 4/4-Takts genau fühlen, schlagen und zählen zu lernen. Diese Übung beinhaltet die Sektionen 1 und 2.

Wir stellen unser Metronom auf das Tempo 58 ein. Das Ticken des Metronoms stellen wir uns als 2. und 4. Viertel eines 4/4-Takts vor: dieser 4/4-Takt hat also das Tempo 116.

Der nächste Schritt ist es, anhand der hörbaren Zwei und Vier die Zählzeiten Eins und Drei fühlen zu lernen. Dieses bereitet vielen Menschen Schwierigkeiten, weil sie nicht daran gewöhnt sind, das Ticken des Metronoms als Zwischenkontrolle zu benutzen. Sie neigen dazu, den Klick des Metronoms als Eins und Drei zu hören. Um diesen Fehler zu vermeiden, gebe ich folgende visuelle Hilfestellung: man hält die vier Finger der linken Hand in Augenhöhe, um sich damit die vier Zählzeiten eines 4/4-Takts zu visualisieren. Nun schlägt man mit dem Zeigefinger der rechten Hand synchron mit dem Ticken des Metronoms auf den 2. und 4. Finger und zählt dabei die Zählzeiten Zwei und Vier laut mit.

Tempo 58

K

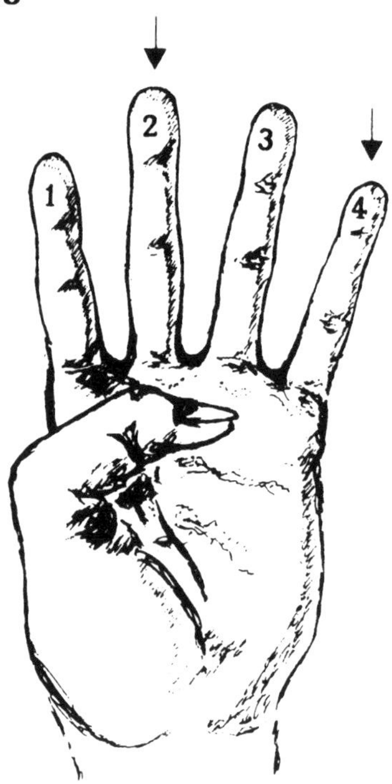

Während man dies tut, sollte man sich als nächstes geistig darauf vorbereiten, die Zählzeit Drei mitzuschlagen und zu sprechen. Dies sollte man aber erst dann tun, wenn man die Zwei und Vier sicher fühlen und zählen kann. Jetzt spricht man nach der Zwei die Zählzeiten Drei und Vier. Im darauffolgenden Takt zählt man dann alle vier Zählzeiten durch. Das hat eine Verdoppelung des bisherigen Zähltempos zur Folge.

Tempo 58

6

𝄽	♩	𝄽	♩
	Zwei		Vier
	Zwei		Vier
	Zwei	Drei	Vier
Eins	Zwei	Drei	Vier
Eins	Zwei	Drei	Vier

Ich mache darauf aufmerksam, daß keine der Zählsilben gegenüber den anderen hervorgehoben bzw. betont werden soll. Man betont also erst die Eins, wenn man in der Lage ist, die vier Zählzeiten eines 4/4-Takts ohne Betonung zu einem auf Zwei und Vier tickenden Metronom zu sprechen. Häufig wird der Fehler gemacht, auf Grund der Metronomschläge die Zählzeiten Zwei und Vier zu betonen. Dies erschwert jedoch das Umsteigen auf die Betonung der Eins. Die Füße werden generell erst bewegt, wenn man die Eins sicher fühlt. Das Ziel dieser Übung ist es, anhand des Metronoms auf Zwei und Vier die Zählzeiten Eins und Drei selbst produzieren zu können. Man kann selbstverständlich auf diese Art des Einzählens verzichten, wenn man in der Lage ist, ohne diese visuelle Hilfe sofort anhand des auf Zwei und Vier tickenden Metronoms die Eins zu fühlen.

Die Füße auf Eins und Drei

Diese Übung ist der zweite Teil von Übung 6 *(S. 55)* und beinhaltet zusätzlich die Sektionen 3 und 4. Das geschieht, indem man mit beiden Füßen gleichzeitig auf die Zählzeiten Eins und Drei tritt, während man die vier vollen Zählzeiten laut spricht. Dies kann sowohl im Sitzen als auch im Stehen geschehen. Im Stehen hat man zusätzlich die Möglichkeit, auf der Stelle zu gehen (anstatt im Sitzen zu treten) und seinen Oberkörper im Rhythmus hin- und herzuwiegen, bzw. mit den Hüften hin- und herzuschwingen.

Danach schlägt die rechte Hand vier Viertelnoten synchron mit der Stimme. Später sollte man auch in der Lage sein, mit den Füßen abwechselnd die Eins und die Drei zu treten. Hierbei ist darauf zu achten, daß man weiterhin auf das Metronom hört und die Zählzeiten laut mitzählt. Diese Übung beinhaltet demnach bereits 4 Sektionen gleichzeitig.

Tempo 58

7

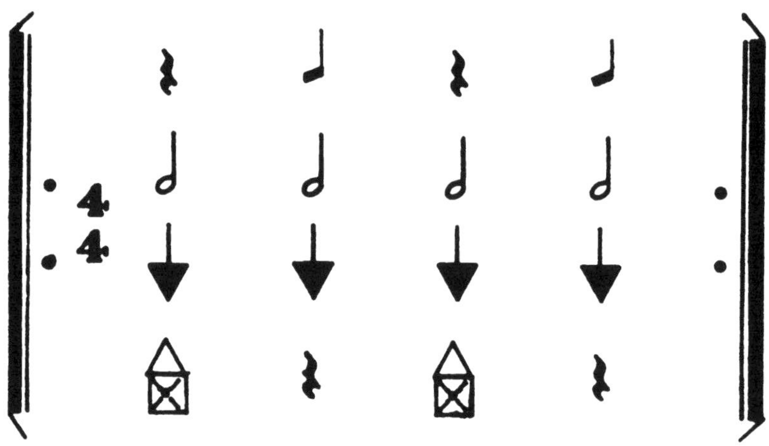

Die Füße auf Zwei und Vier

Diese Übung gleicht im Prinzip Übung 7; mit dem Unterschied, daß die Füße auf den Zählzeiten Zwei und Vier getreten werden müssen.

Tempo 58

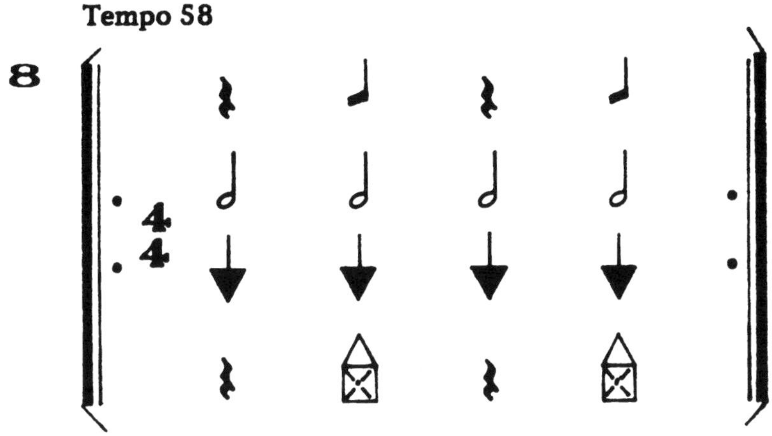

Das Metronom auf " + "

Mit dieser Übung wird das Achtel-Mikrotime eingeführt. Es kommt hierbei darauf an, jede volle Zählzeit anhand der Zwischenkontrolle auf den Offbeats fühlen zu lernen, und somit ein Gefühl für jede einzelne Achtelnote zu erlangen. Man muß sich vorstellen, daß in Übung 9 gegenüber den Übungen 6 bis 8 eine Halbierung der Notenwerte und damit eine Verdoppelung der Notenanzahl pro Takt erfolgt. Statt 4 Viertelnoten erhalten wir 8 Achtelnoten. Diese Übung beinhaltet bereits 5 Sektionen.

1. Wir wählen auf unserem Metronom das Tempo 88 und stellen uns das Ticken des Metronoms als 2. Achtel jeder Zählzeit vor (Offbeat).

2. Im Prinzip ist der Einstieg in das Zählen bei dieser Übung genauso zu vollziehen wie in Übung 6. Auch hier kann man sich dieselbe visuelle Hilfe geben: man hält sich wieder die vier Finger der linken Hand in Augenhöhe, um sich damit vier Achtelnoten vorstellen zu können. Nun schlägt man mit dem Zeigefinger der rechten Hand gleichzeitig mit dem Klick des Metronoms auf den 2. und 4. Finger und zählt dazu wie in Übung 1 die Zählzeiten Zwei und Vier laut mit. Man geht auch weiterhin so vor wie in Übung 6, bis man die vier Zähleinheiten hintereinander so zählen kann, daß das Metronom mit der 2. und 4. Zählzeit zusammenfällt.

3. Der letzte Schritt zum richtigen Zählen kann jetzt vollzogen werden: man schaltet auf das Zählvokabular des Achtel-Mikrotimes um, ohne das Zähltempo zu verändern. Wir zählen also jetzt statt Eins, Zwei, Drei, Vier: Eins-und-Zwei-und. Danach ergänzen wir den fehlenden halben Takt, indem wir Drei-und-Vier-und anfügen.

Tempo 88

9

	Zwei		Vier
	Zwei		Vier
	Zwei	Drei	Vier
Eins	Zwei	Drei	Vier
Eins	Zwei	Drei	Vier
Eins	und	**Zwei**	und
Drei	und	**Vier**	und

4. Als nächstes werden die Füße eingesetzt. Wie bereits bei Übung 7 praktiziert, treten wir zunächst mit beiden Füßen auf die Zählzeiten Eins und Drei. Später können die Füße auch abwechselnd eingesetzt werden. Man sollte in diesem Fall versuchen, sowohl mit dem rechten als auch mit dem linken Fuß auf der Zählzeit Eins beginnen zu können. Als weitere Variante kann man die Füße wie in Übung 8 auch auf Zwei und Vier treten *(S. 57)*.

Tempo 88

10

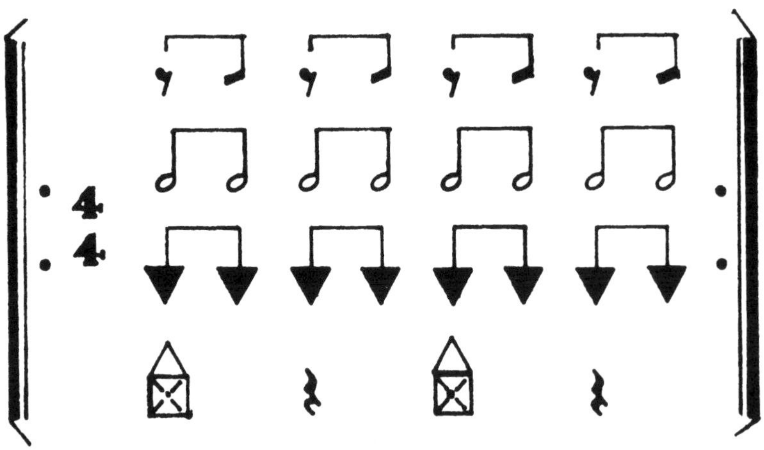

11

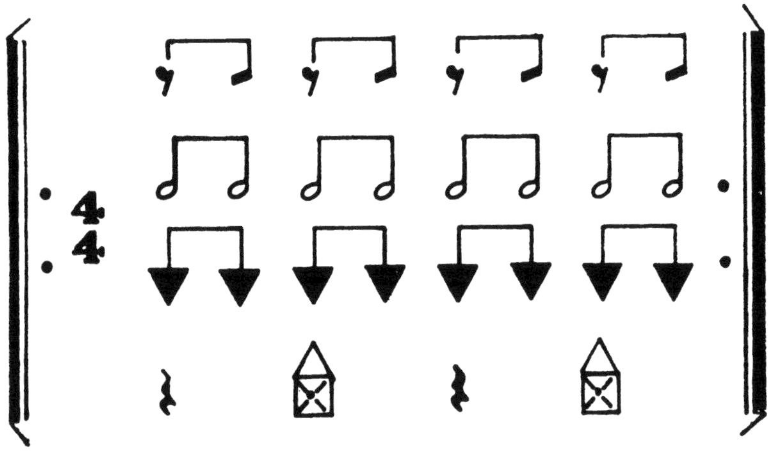

5. Wenn man alle Varianten mit den Füßen beherrscht, kann man als nächstes die rechte Hand einsetzen. Sie wird zunächst auf den vollen Zählzeiten in Viertelnoten geschlagen.

6. Zuletzt versucht man, beide Hände im Wechselschlag auf den Achteln zu schlagen. Man kann sich dabei sehr gut am laut gezählten Mikrotime orientieren: die Stimme und die Hände laufen parallel zueinander. Bei dieser Übung sollte man ebenfalls in der Lage sein, sowohl mit der rechten als auch mit der linken Hand zu beginnen.

Das Metronom auf " e "

1. Bei dieser Übung stellen wir das Metronom auf das Tempo 88 ein. Während wir es bei den Übungen 9 bis 11 mit einem Achtel-Mikrotime zu tun hatten, verwenden wir hier ein Sechzehntel-Mikrotime. Wir stellen uns also Sechzehntelnoten vor, von denen jeweils das 2. und 4. Sechzehntel einer Zählzeit mit dem Ticken des Metronoms zusammenfallen.

2. Nun kommt das Zählen an die Reihe. Um den Einstieg in das Sechzehntel-Mikrotime zu finden, bedienen wir uns derselben Methode wie in Übung 6 *(S. 55)*.

3. Sowie man die Eins sicher fühlt, ist es nur noch erforderlich, auf das Zählvokabular für das Sechzehntel-Mikrotime umzuschalten *(S. 58)*. Statt Eins, Zwei, Drei, Vier zählt man also nun: Ei-ne-un-de-Zwei-je-un-de-Drei-je-un-de-Vie-re-un-de.

Tempo 88

12

𝄽	♩	𝄽	♩
	Zwei		Vier
	Zwei		Vier
	Zwei	Drei	Vier
Eins	Zwei	Drei	Vier
Eins	Zwei	Drei	Vier
Ei	ne	un	de
Zwei	je	un	de
Drei	je	un	de
Vie	re	un	de

4. Mit den Füßen werden abwechselnd vier Viertelnoten getreten.

5. Die Hände schlagen nun im Wechselschlag die Sechzehntel durch. Hierbei kann man sich ebenso wie in Übung 6 am laut gezählten Mikrotime orientieren.

Tempo 88

13

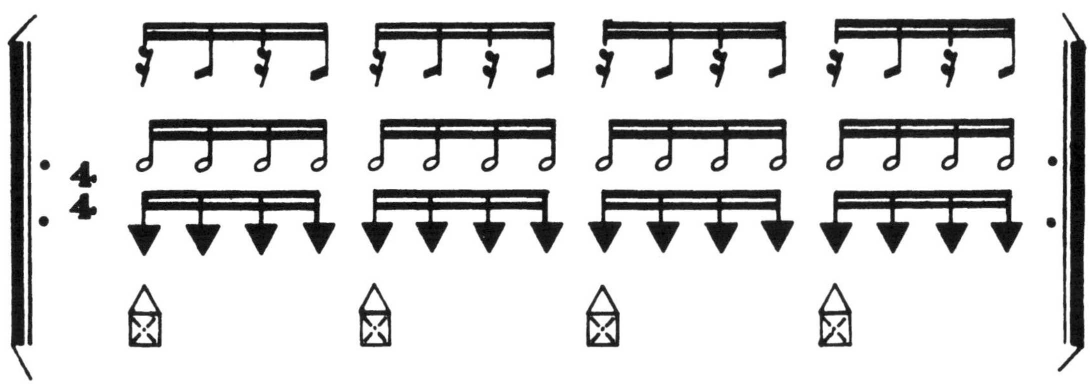

Viertel, Achtel und Sechzehntel mit Sechzehntel-Zwischenkontrolle

Bisher haben wir Achtelnoten mit Achtel-Mikrotime. Sechzehntelnoten mit Sechzehntel-Mikrotime usw. geübt. Es versteht sich jedoch von selbst. daß man nicht jedesmal das Mikrotime wechseln kann. wenn innerhalb eines Stückes Noten mit größerer oder kleinerer rhythmischer Unterteilung auftreten. Deshalb sollte man in der Lage sein. sowohl Achtel- und Sechzehntelnoten zu einem Metronom auf Zwei und Vier spielen zu können. als auch Viertel- und Achtelnoten zu einem Sechzehntel- Mikrotime. Im folgenden möchte ich dem Leser für den letztgenannten Fall ein paar Übungen zur Verfügung stellen.

1. Wir stellen das Metronom auf das Tempo 80 ein und stellen uns das Ticken als 2. und 4. Sechzehntel vor.

2. Man zählt nun lediglich die Zählzeiten laut mit. die mit den Händen geschlagen werden müssen. Man beschränkt sich auf das akzentuierte Zählen der Zählzeiten, die sich aus dem vorliegenden Notentext ergeben. Dazwischenliegende Zählzeiten. auf denen mit den Händen nicht geschlagen werden muß, können leise mitgezählt werden. um sich besser orientieren zu können. Letzteres gilt vor allem für Passagen mit vielen Offbeats und Synkopen.

3. Man tritt mit beiden Füßen abwechselnd auf die Viertelnoten. Später kann man sie auch auf die halben Noten treten.

4. Man schlägt nun mit den Händen die im Notentext stehenden Noten im Wechselschlag. Es ist ebenfalls möglich, alles mit einer Hand zu schlagen. Ich empfehle den Wechselschlag jedoch bei schnelleren Passagen.

Tempo 80

14

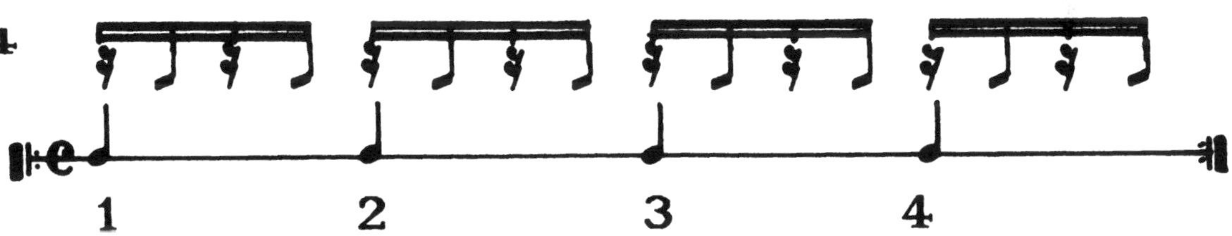

15

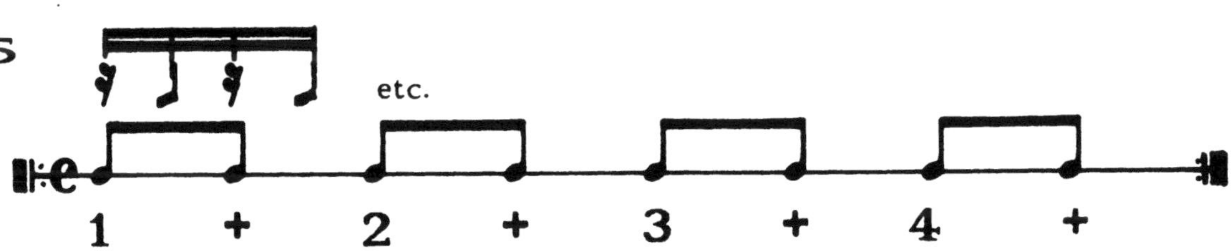

Tempo 80

16

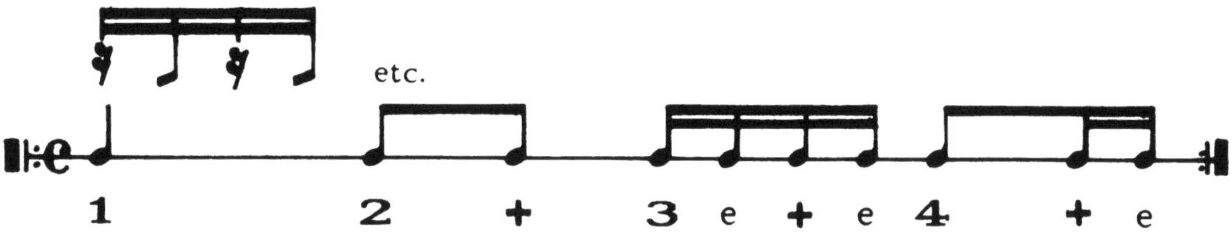

17

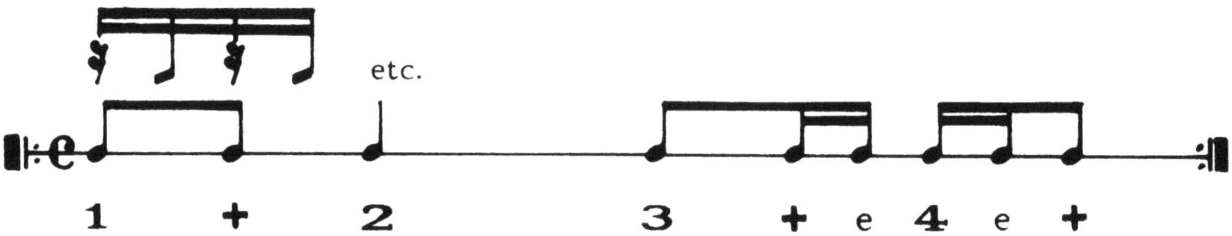

Koordinationsübungen mit Wechselschlag im binären Mikrotime

Mit den Übungen 6 bis 16 haben wir 3 verschiedene Arten kennengelernt, wie man das Metronom bei Stücken mit binärem Mikrotime als rhythmische Lernhilfe einsetzen kann. Zusammengefasst sind dies das Metronom auf Zwei und Vier, das Metronom als Offbeat (auf "+") und das Metronom auf der 2. und 4. Sechzehntel (auf "e").

Es folgen nun einige Übungen, bei denen das oben Erlernte zur Anwendung kommt. Sie sollen langsam, also Sektion für Sektion, durchgespielt und -gezählt werden. Das Metronom und das Mikrotime sind bei den folgenden Übungen nicht notiert. Die Übungen 17 bis 21 sollen mit allen drei verschiedenen Arten von Zwischenkontrolle geübt werden (das Metronom auf Zwei und Vier, auf " + ", sowie auf " e ").

18

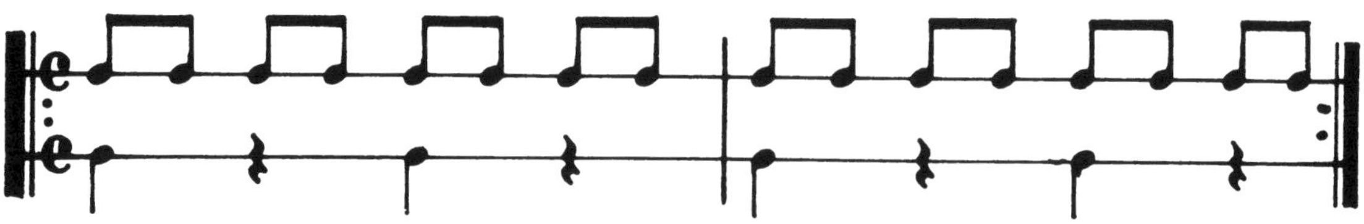

19

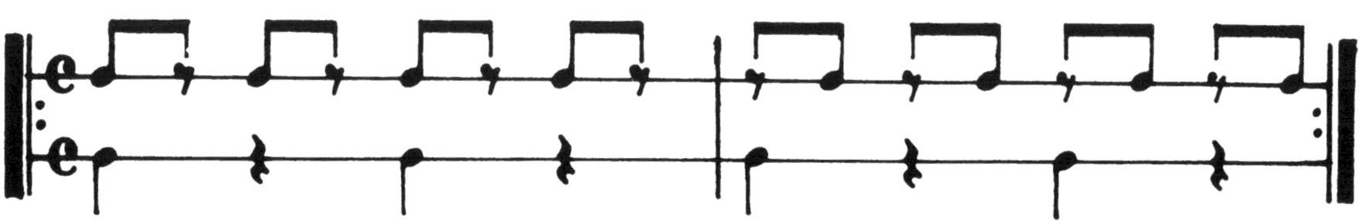

20

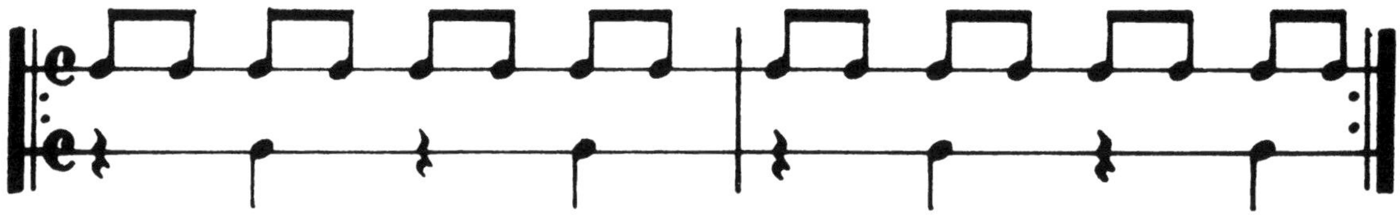

21

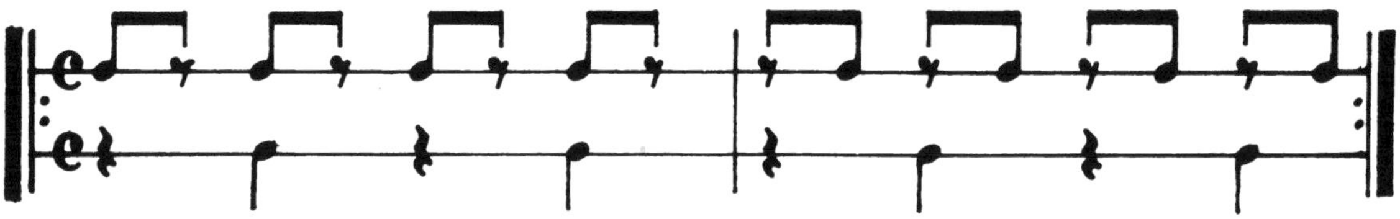

22

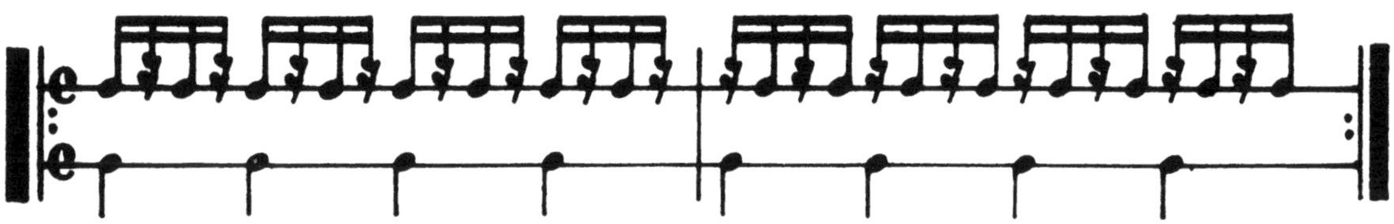

Binäre Akzentverschiebungen

Mit den binären Akzentverschiebungen lernen wir, jede einzelne Sechzehntel im binären Mikrotime zu fühlen. Hierzu wird den bisherigen 5 Grund-Sektionen eine sechste hinzugefügt: die Sektion der Akzente.

1. Wir wählen Tempo 88 und betrachten das Ticken des Metronoms als 2. und 4. Sechzehntel im binären Mikrotime.

2. Wir zählen dazu: Ei-ne-un-de-Zwei-je-un-de-Drei-je-un-de-Vie-re- un-de.

3. Die Füße treten im Wechselschlag auf die Zählzeiten Eins, Zwei, Drei und Vier. Man sollte sowohl mit dem rechten, als auch mit dem linken Fuß beginnen können.

4. Die Akzentverschiebungen mit den Händen werden nun durch akzentuiertes Zählen vorbereitet. Hierbei sollen die folgenden fettgedruckten Mikrotime-Silben durch lauteres Zählen akzentuiert werden.

Tempo 88

23

Ei-ne-un-de-**Zwei**-je-un-de-**Drei**-je-un-de-**Vie**-re-un-de

ei-**Ne**-un-de-zwei-**Je**-un-de-drei-**Je**-un-de-vie-**Re**-un-de

ei-ne-**Un**-de-zwei-je-**Un**-de-drei-je-**Un**-de-vie-re-**Un**-de

ei-ne-un-**De**-zwei-je-un-**De**-drei-je-un-**De**-vie-re-un-**De**

5. Die Hände schlagen nun im Wechselschlag die Sechzehntel synchron mit der Stimme mit.

6. Die Hände betonen nun die von der Stimme akzentuierten Sechzehntel durch stärkeres Schlagen.

Man teilt sich die binären Akzentverschiebungen in verschiedene Teile ein, bevor man darangeht, sie alle hintereinander zu spielen. Man beginnt am besten mit dem Akzent auf der 1. Sechzehntel, der mit der vollen Zählzeit identisch ist. Deshalb ist dieser Akzent am einfachsten auszuführen.

Tempo 88

24

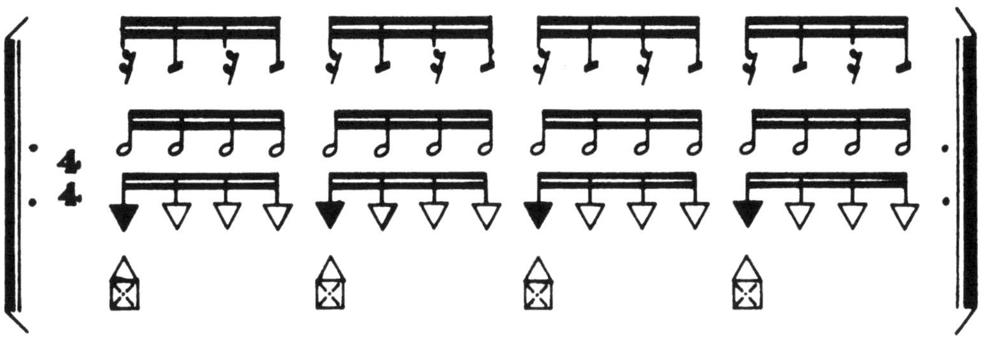

Es folgen die Akzente auf der 3., 2. und 4. Sechzehntel in der Reihenfolge ihres Schwierigkeitsgrads.

Tempo 88

25

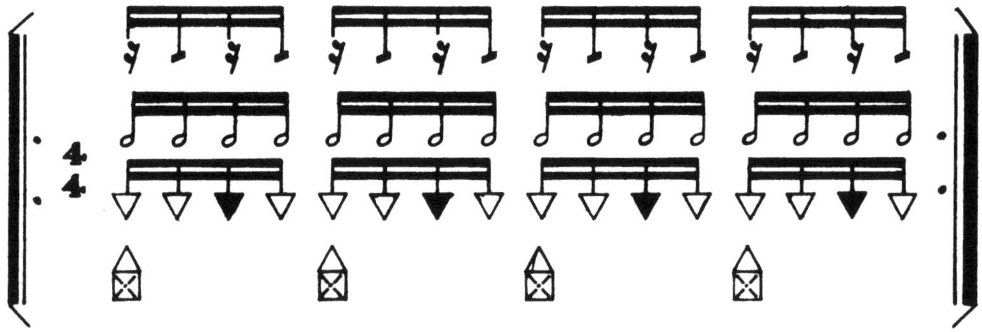

26

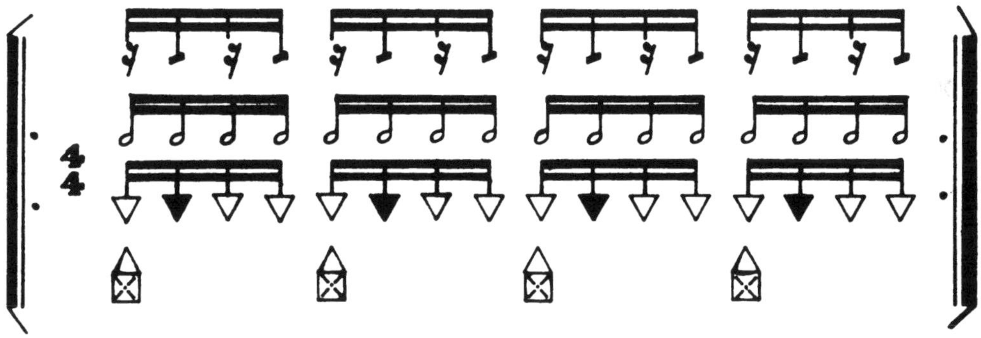

27

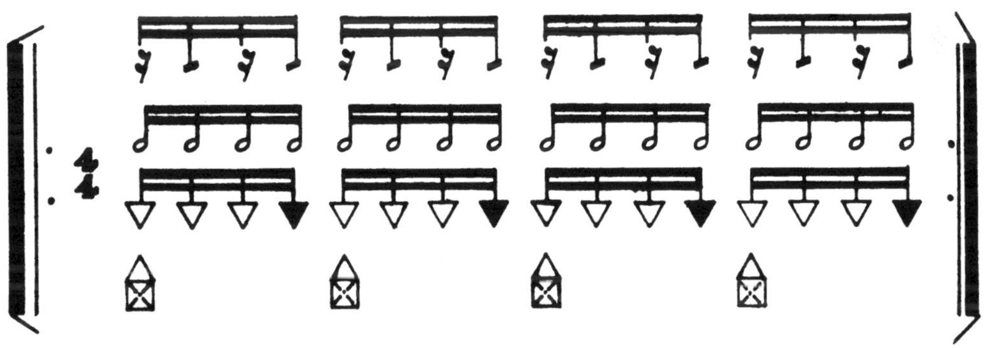

Nachdem wir die verschiedenen Akzente einzeln geübt haben, können wir sie jetzt taktweise nacheinander ausführen. Jeder Akzent wird einen Takt lang gespielt, wobei die Übergänge zum nächsten Takt nahtlos vollzogen werden sollen. Zur Orientierung kann man sich an das akzentuierte Zählvokabular in Übung 23 *(S. 64)* halten. Die Akzente werden also in der Reihenfolge von der 1. bis zur 4. Sechzehntel taktweise durchgeschlagen.

Diese Übung muß mehrmals wiederholt werden. sodaß beim Erreichen des letzten Akzents im vierten Takt sich gleich der erste Akzent im ersten Takt anschließt. Diese beiden Akzente folgen also direkt aufeinander. Wenn man diese Übung korrekt ausführt. wechseln die Hände bei den verschiedenen Akzenten. Fängt man beispielsweise mit der rechten Hand auf dem 1. Akzent an, wird der 2. Akzent von der linken Hand geschlagen. der 3. Akzent dann wieder mit der rechten. und der 4. Akzent wieder mit der linken Hand.

Tempo 88

28

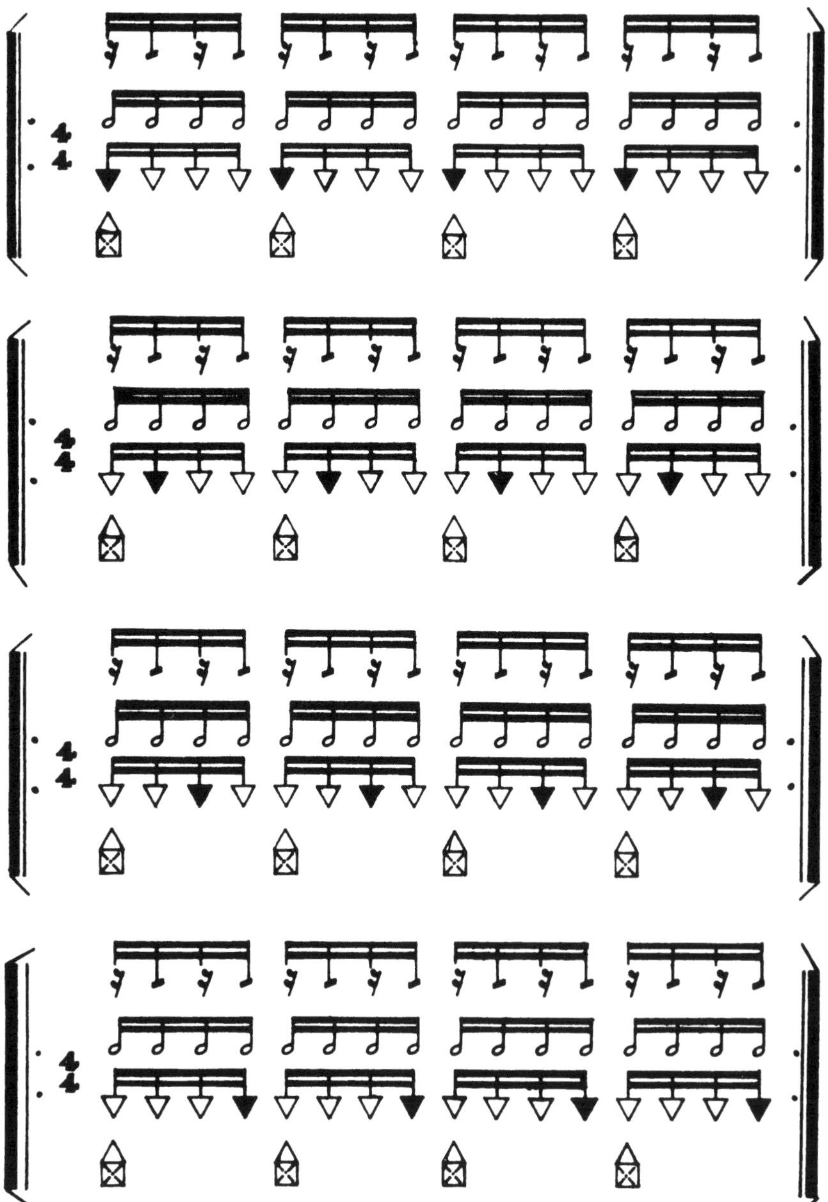

Die binären Akzentverschiebungen können auch innerhalb eines einzigen 4/4-Takts geübt werden.

Tempo 88

29

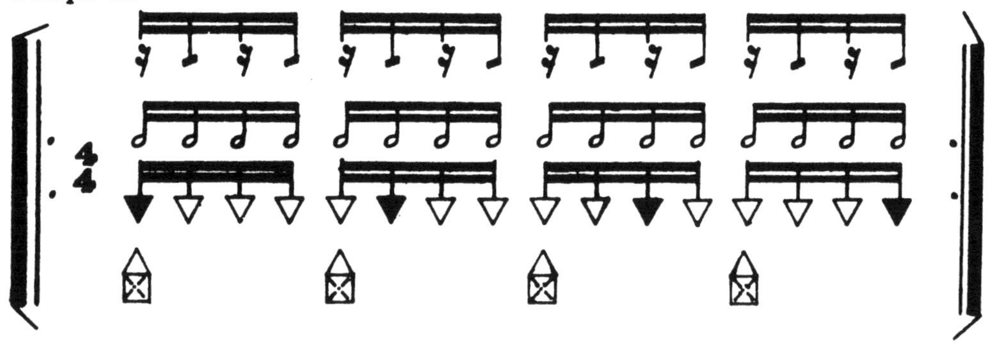

Die binären Unterteilungsmöglichkeiten einer Viertelnote

Es gibt 8 Haupt-Unterteilungsarten einer Viertelnote im binären Bereich:

L

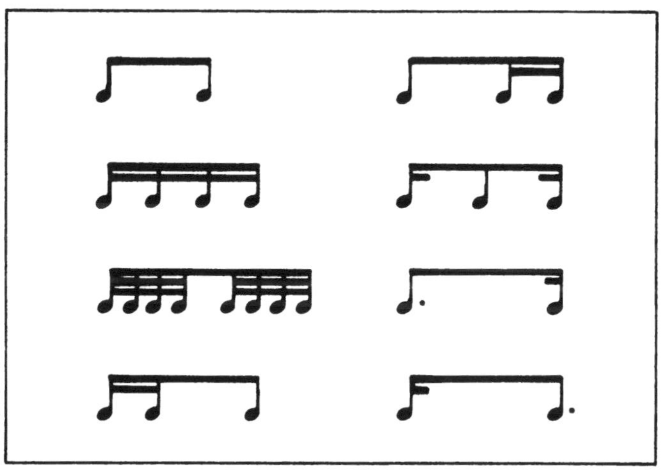

Diese 8 Haupt-Unterteilungsarten einer Viertelnote stellen die 8 rhythmischen Standard-Figuren im binären Bereich dar. Wenn man diese 8 rhythmischen Figuren beherrscht, und in der Lage ist, sie in einem beliebigen Notentext auf Anhieb zu erkennen und auszuführen, hat man sich die Grundlage für ein sicheres Vom-Blatt-Spiel geschaffen. Das Ziel der folgenden Übungen ist es, sich beim Lesen einer dieser rhythmischen Standard-Figuren bereits vorstellen zu können, wie sie klingen soll.

Aus den 8 rhythmischen Standard-Figuren im binären Bereich können noch die folgenden Varianten abgeleitet werden.

30 a **Tempo 80**

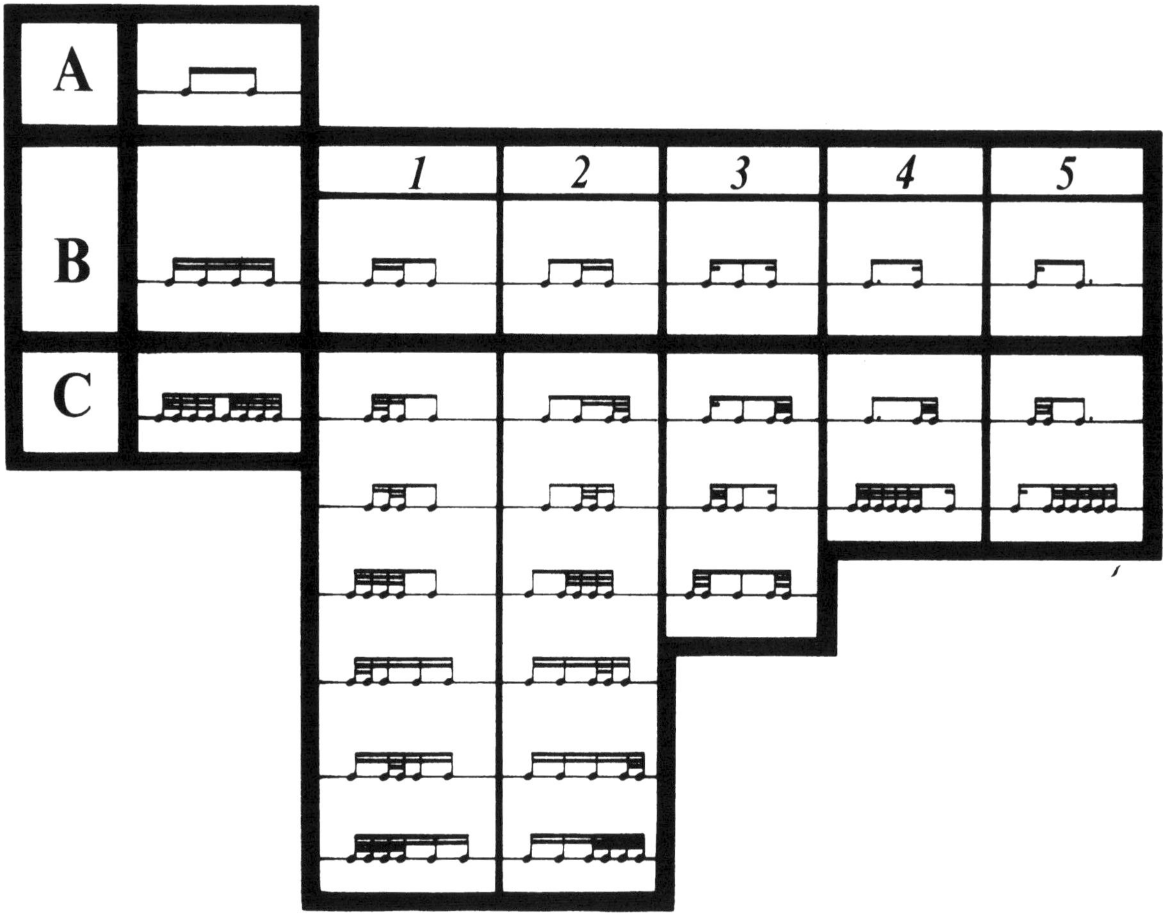

Die 8 binären Standard-Figuren und ihre Varianten

1. Wir stellen das Metronom auf das Tempo 80 ein und stellen uns das Ticken als 2. und 4. Sechzehntel vor.

2. Wir zählen zunächst das binäre Sechzehntel-Mikrotime. In den einzelnen Übungsteilen soll jedoch nur das Zählvokabular laut gesprochen werden, welches durch den Notentext vorgegeben ist.

3. Die Füße treten abwechselnd auf jedes Viertel.

4. Nun üben wir die erste und zweite Zeile von Übung 30 im Wechselschlag. Jede einzelne rhythmische Standardfigur soll zunächst taktweise geübt werden. Die Reihenfolge der 8 Figuren soll hierbei immer wieder verändert werden.

5. Die 8 Standard-Figuren sollen nun so hintereinander geübt werden, daß jede Standard-Figur eine Viertelnote in einem 4/4-Takt ersetzt. Wir spielen zunächst in der Reihenfolge: A, B, 1, 2, 3, 4, 5 und C. Das bedeutet, daß wir zwei 4/4-Takte spielen müssen, um alle 8 Figuren unterzubringen. Nun stellen wir uns an dieser Stelle ein Wiederholungszeichen vor und wiederholen dies so lange, bis wir eine zufriedenstellende Sicherheit in der Ausführung erreicht haben.

6. Nun wenden wir uns den Varianten der Standard-Figur 1 zu. Diese Varianten sollen zunächst einzeln über mehrere Takte hinweg geübt werden. Alle Varianten enthalten Zweiunddreißigstel-Noten. Wenn das Tempo 80 in diesem Zusammenhang zu schnell sein sollte, kann man auf das Tempo 72 heruntergehen.

7. Diese Varianten sollen nun taktweise hintereinander geübt werden. Die zweite Spalte von Übung 30 wird also vertikal geübt. Die Reihenfolge kann auch hier beliebig verändert werden.

8. Dieselben Varianten sollen nun so hintereinander geübt werden, daß jede Variante die Dauer einer Viertelnote in einem 4/4-Takt einnimmt.

9. Mit den Varianten der Standard-Figuren 2, 3, 4 und 5 soll nun genauso verfahren werden, wie oben in Punkt 6 bis 8 beschrieben.

10. Nun kann man sich anhand von Übung 30 eigene Kombinationen zu eigenen Übungen zusammenstellen. Hierbei sollte man auch 3/4-, 5/4- und 6/4-Takte einbeziehen.

30 b Tempo 80

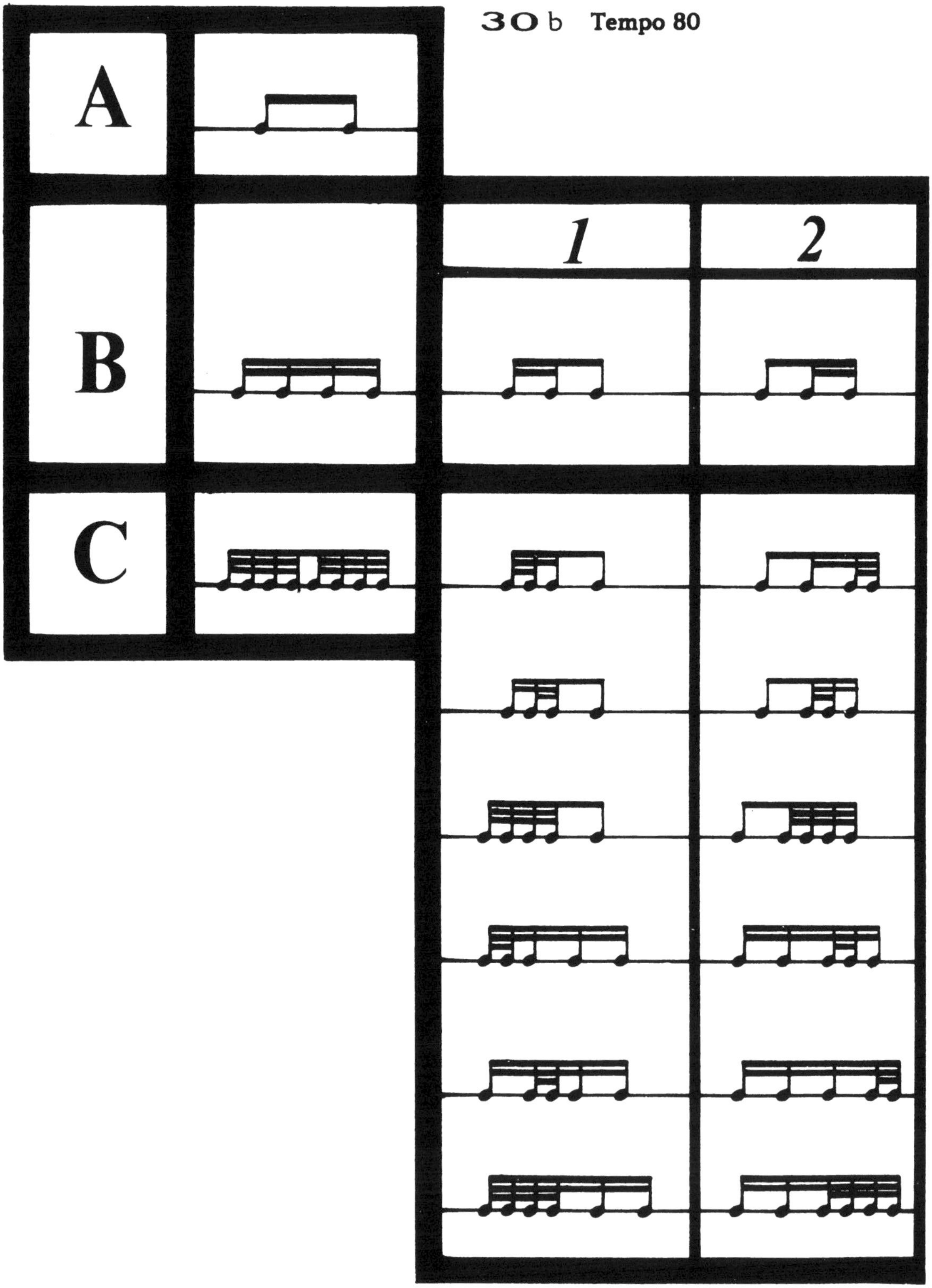

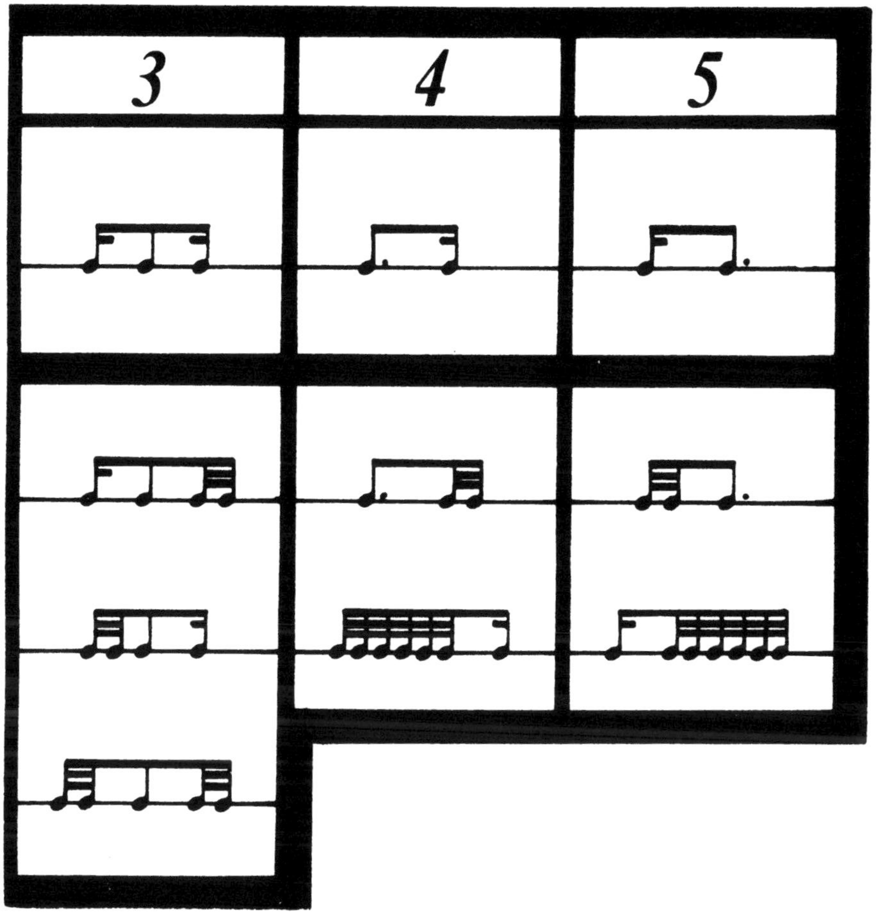

Rhythmische Übungen mit binärer Unterteilung

Die nun folgenden Übungen sollen mit dem Metronom auf der 2. und 4. Sechzehntel geübt werden (Tempo 80). Die Füße treten auf jeder Zählzeit. Die notierten Rhythmen sollen mit beiden Händen im Wechselschlag geschlagen werden. Hierbei muß auch laut gezählt werden. Aber: das Zählvokabular richtet sich – wie oben bereits beschrieben – allein nach dem Notentext. Das bedeutet, daß nur die Zählzeiten laut gesprochen werden müssen, die auch mit den Händen geschlagen werden. Die anderen Zählzeiten können leise mitgesprochen werden. Dies ist die in der Praxis am häufigsten angewandte Methode, um unbekannte Rhythmen oder Melodien vom Blatt zu spielen.

Tempo 80

31 

32 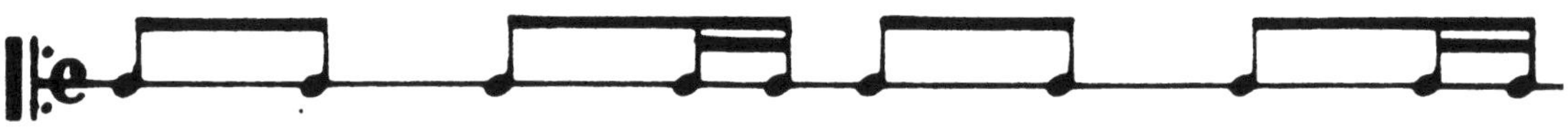

33 

34 

35 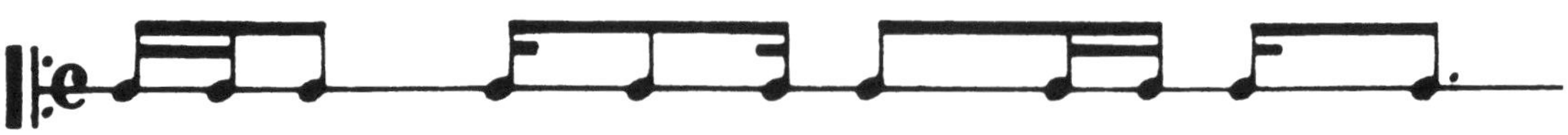

36 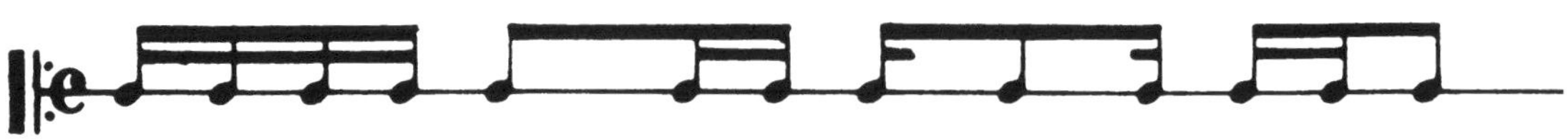

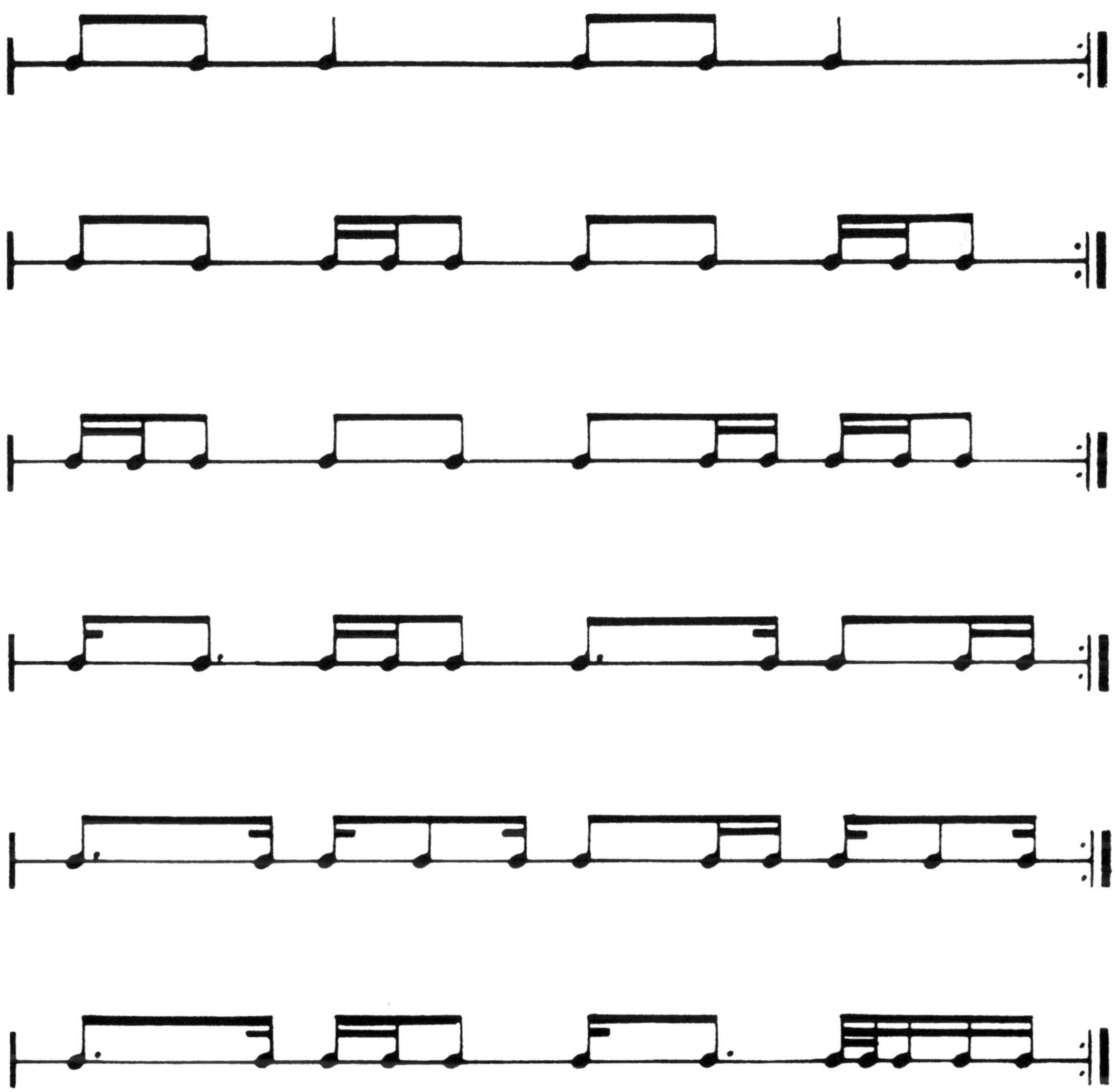

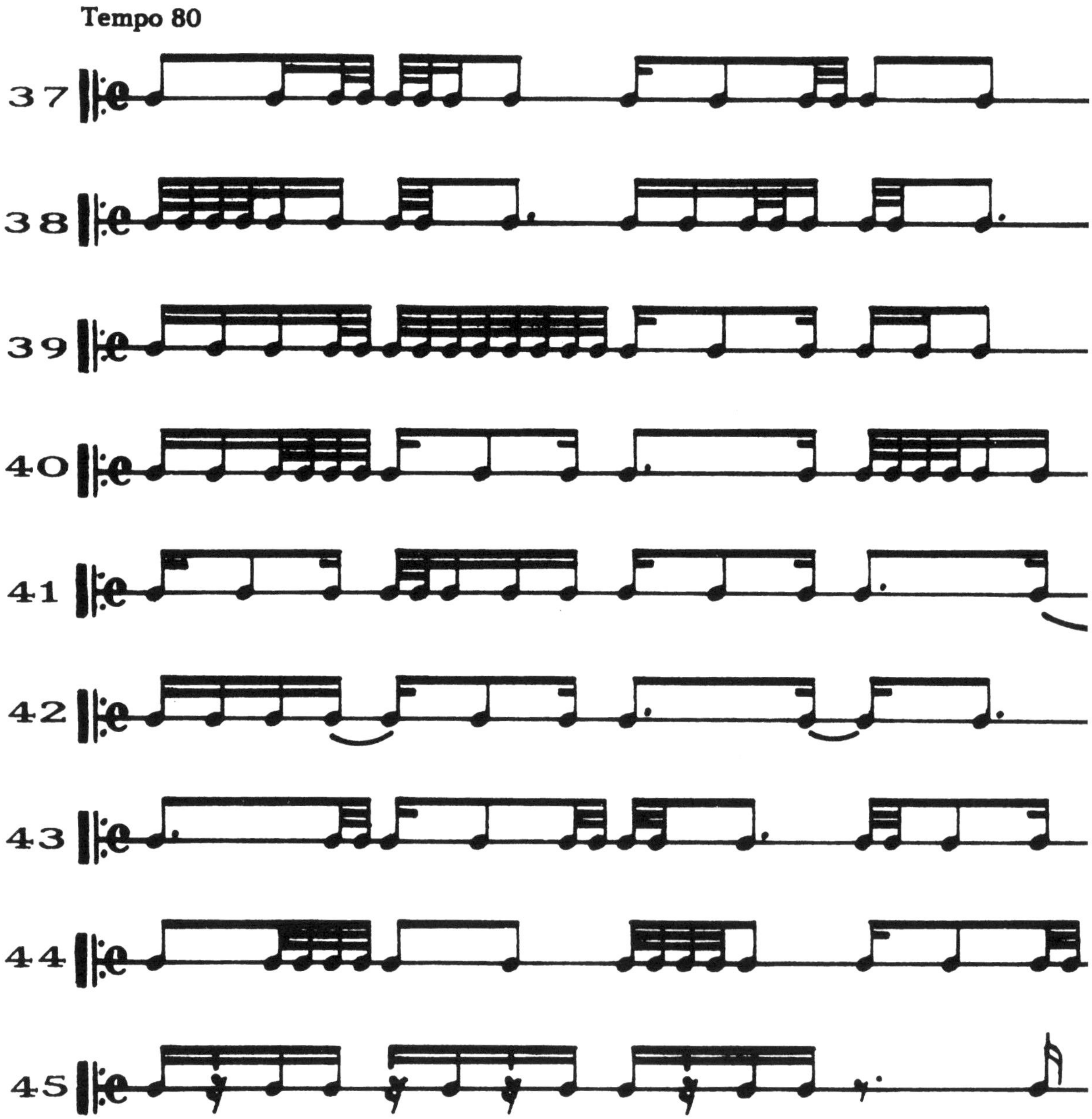
Tempo 80
37
38
39
40
41
42
43
44
45

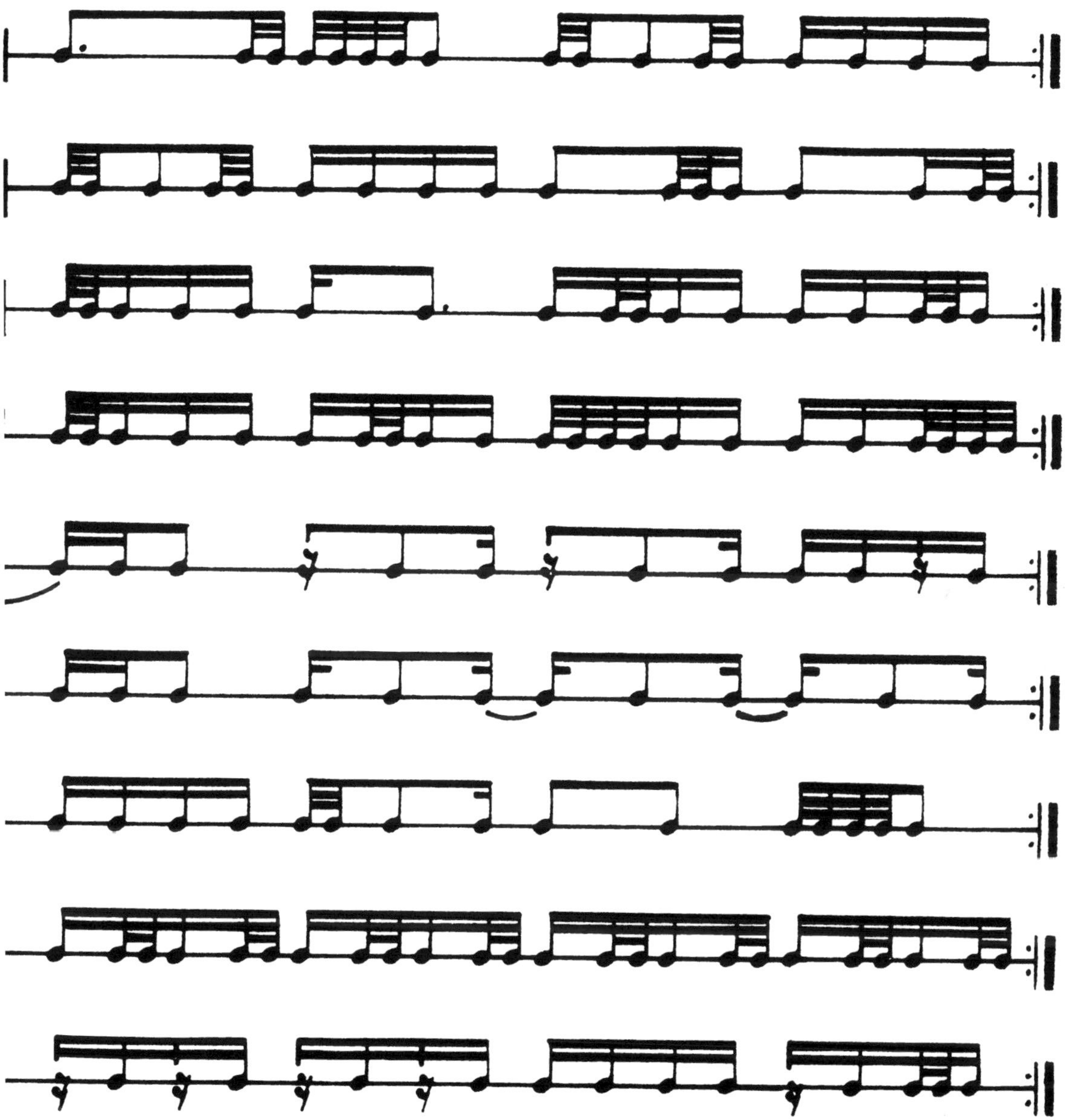

Tempo 80

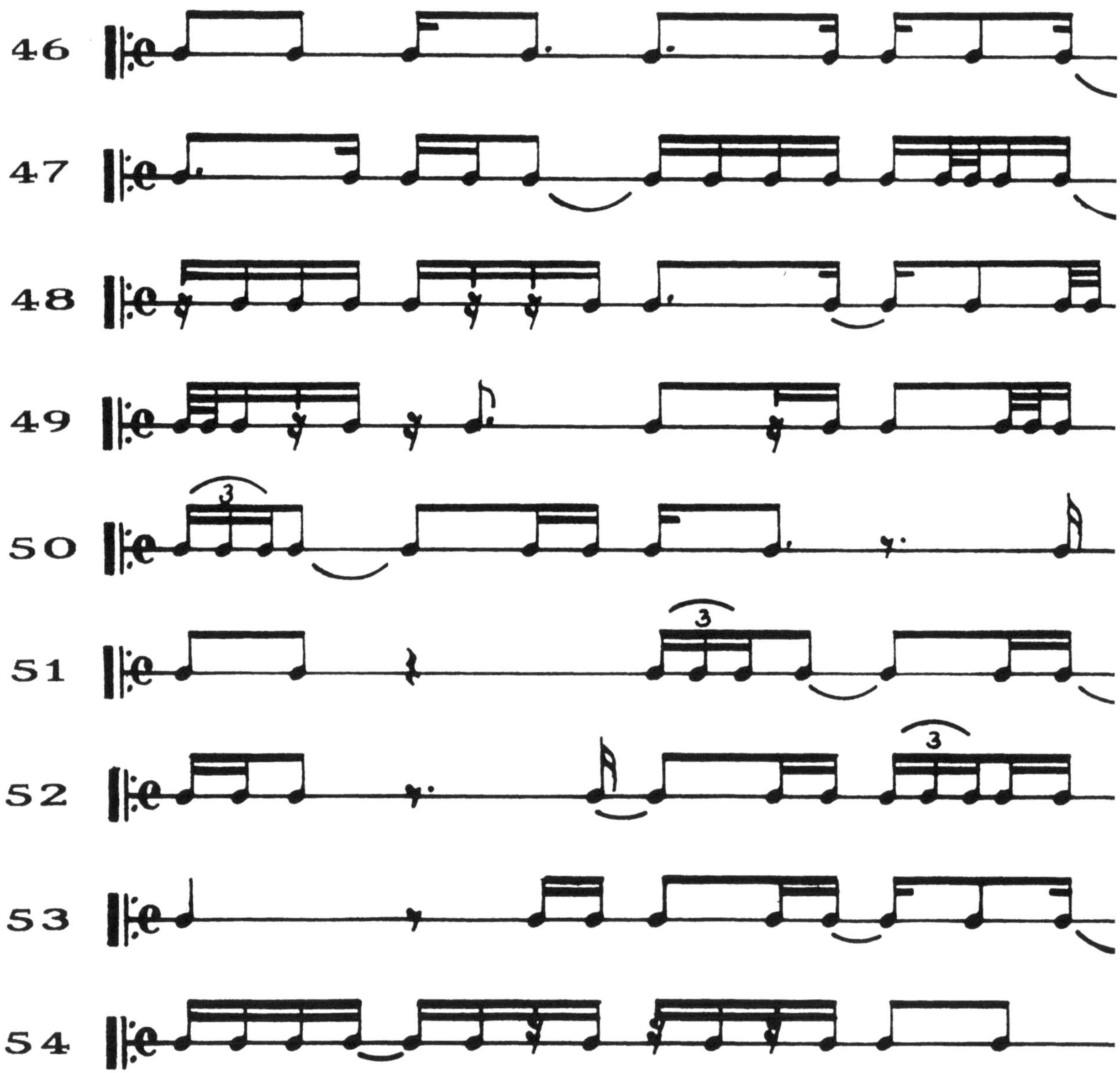

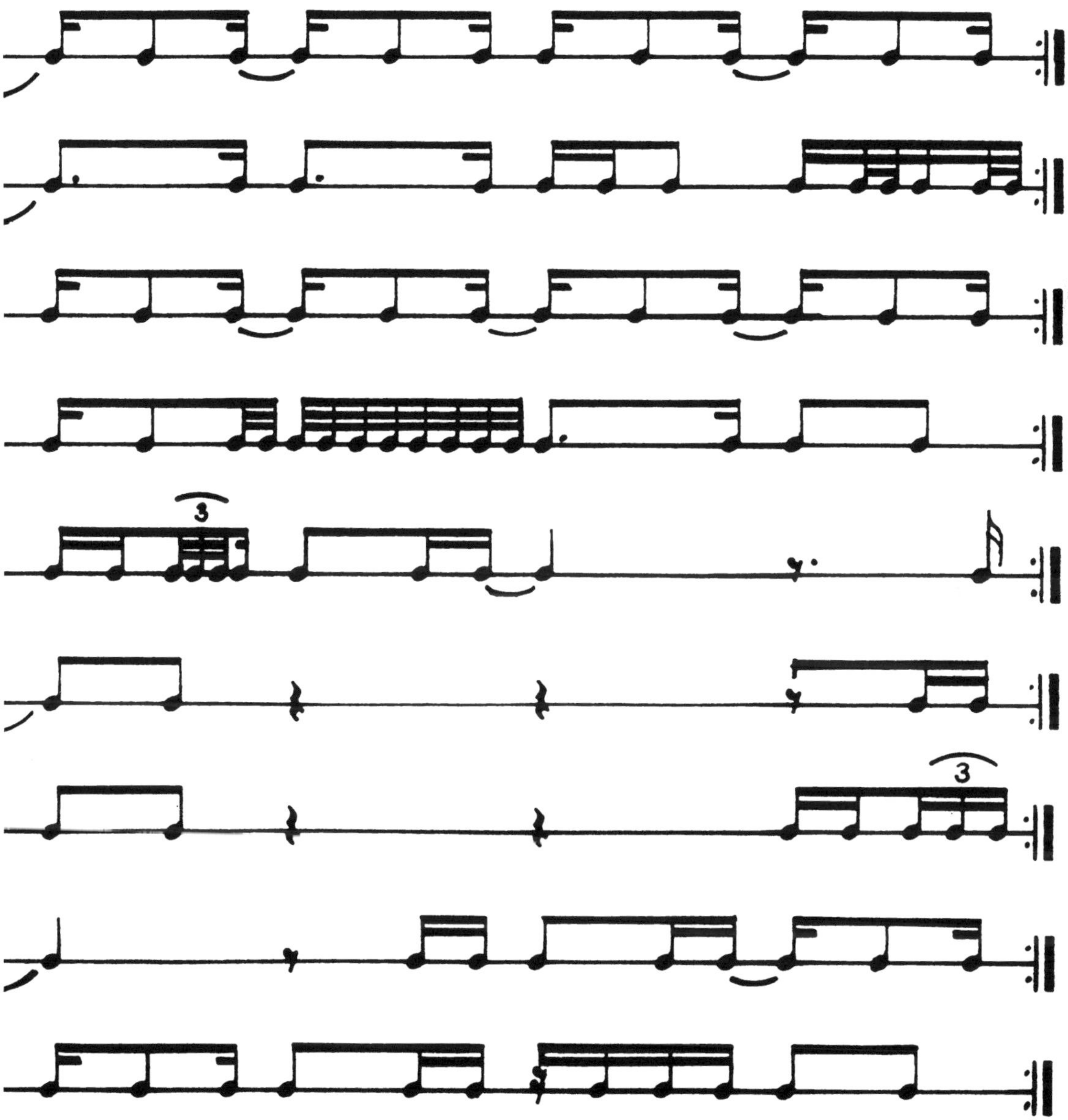

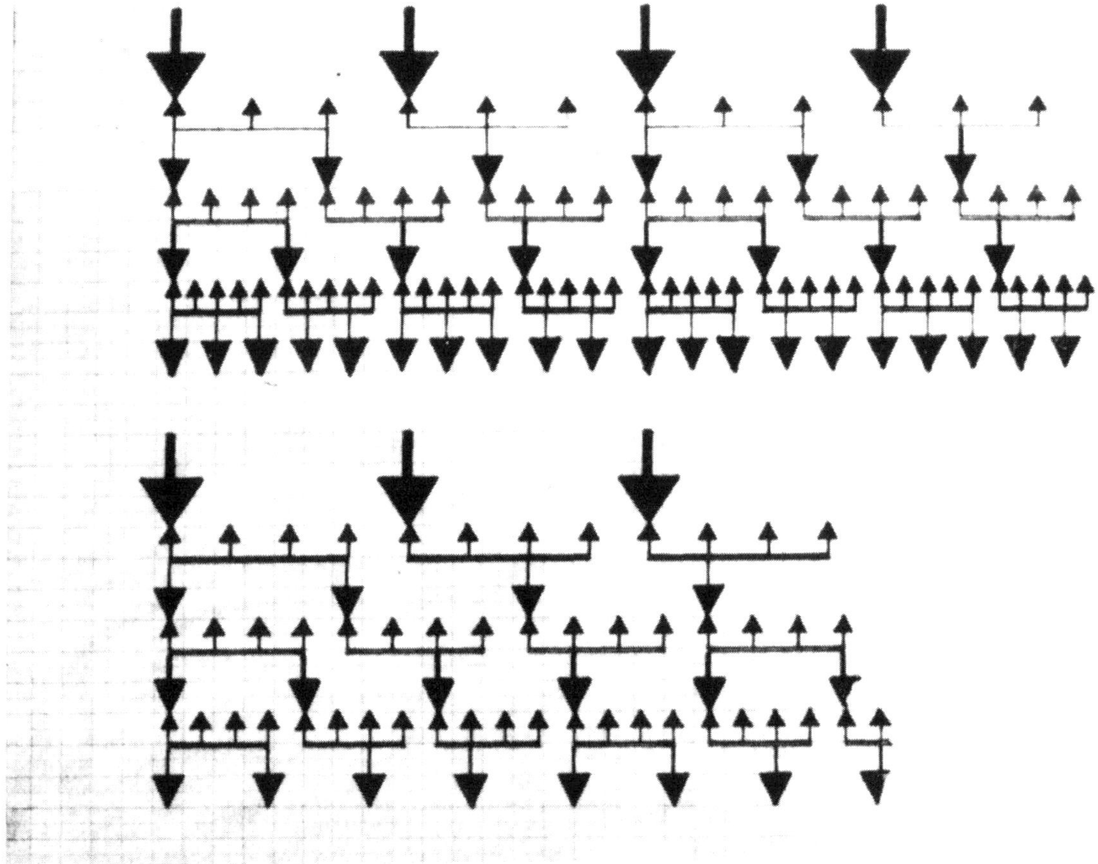

7. Kapitel

Ternär

Nachdem wir die binäre Haupt-Unterteilungsart kennengelernt haben, wenden wir uns nun der Arbeit mit dem ternären Mikrotime zu. Ich möchte an dieser Stelle noch einmal auf das 5. Kapitel "Die zwei Haupt- Unterteilungsarten" hinweisen *(S. 47)*. Wie aus diesem Abschnitt hervorgeht, wird die Viertelnote im binären Mikrotime in zwei gleichlange Achtelnoten und im ternären Mikrotime in drei gleichlange Triolenachtel unterteilt.

Das Metronom auf dem dritten Triolenachtel

Es gibt also im Grunde genommen zwei verschiedene Arten von Achteln: die **binären Achtel** und die **ternären Achtel**. Binäre Achtel sind gleichlang, bei ternären Achteln ist die Achtelnote auf der vollen Zählzeit doppelt so lang wie die auf der unbetonten Zählzeit (Offbeat).

M1

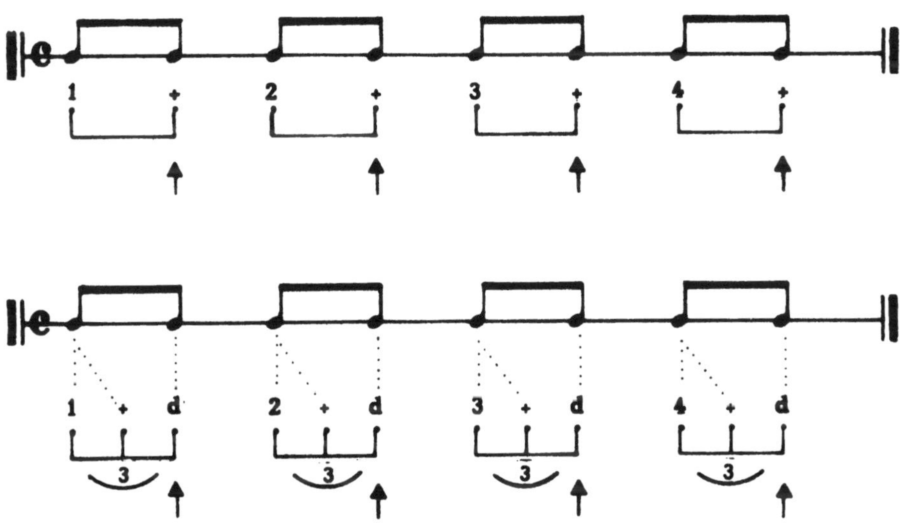

Man muß also auch zwischen **binären** und **ternären Offbeats** unterscheiden. Binäre Offbeats liegen zeitlich genau zwischen den vollen Zählzeiten, wohingegen die ternären Offbeats später gespielt werden müssen. Sie liegen auf dem dritten Triolenachtel des ternären Mikrotime, also auf dem letzten Drittel des Zeitabschnitts zwischen zwei vollen Zählzeiten.

Genau wie bei den Übungen mit binärem Mikrotime müssen wir lernen, das Metronom als Zwischenkontrolle im ternären Mikrotime einzusetzen. Die einfachste Art der Zwischenkontrolle auf der Zwei und Vier *(S. 32)* ist nicht geeignet, um den Unterschied zwischen binären und ternären Rhythmen deutlich zu machen, da diese Unterscheidung erst auf der Ebene der Achtelnoten geschieht. Deshalb wenden wir uns gleich dem ternären Achtel-Mikrotime zu.

Für den Umgang mit dem ternären Achtel-Mikrotime muß man sich angewöhnen, das Ticken des Metronoms als drittes Triolenachtel (bzw. als ternären Offbeat) zu hören.

M2

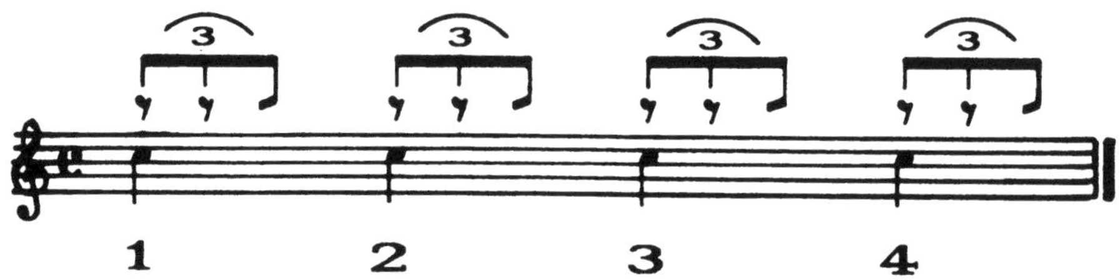

Das ternäre Zählen

1. Wir stellen das Metronom auf das Tempo 50 ein.

2. Wir geben uns selbst eine visuelle Zählhilfe, indem wir drei Finger der linken Hand in Augenhöhe halten, und mit dem rechten Zeigefinger synchron mit dem Metronom auf den dritten Finger schlagen. Wir zählen das dritte Triolenachtel ("die") laut mit.

Tempo 50

M3

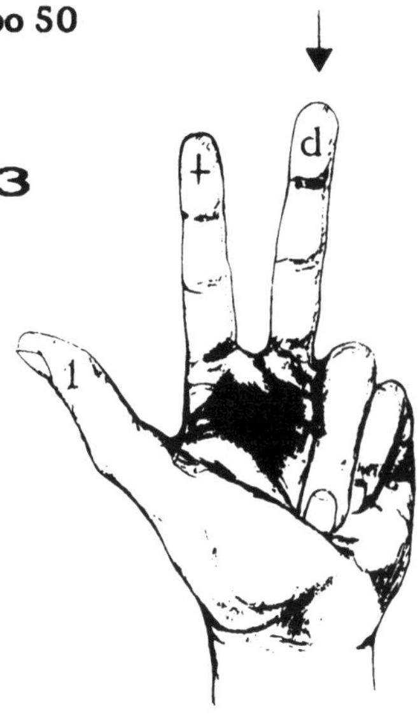

3. Anhand des hörbaren dritten Triolenachtels und mit Hilfe der drei Finger sollte man nun in der Lage sein, die vollen Zählzeiten (welche dem ersten Triolenachtel entsprechen) zu fühlen und zu zählen.

4. Mit den Füßen treten wir nun die Viertelnoten.

Tempo 50

55

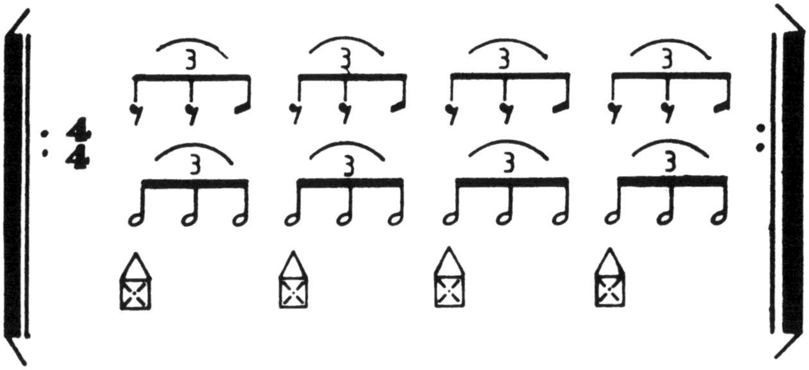

Koordinationsübungen mit ternärem Mikrotime

Die 6 allgemeinen Regeln für rhythmische Übungen *(S. 53)* sind auch für die folgenden Koordinationsübungen gültig.

1. Das Metronom stellen wir auf das Tempo 56 ein.

2. Als nächstes führen wir in diesem Tempo die obenstehende Übung 55 aus.

3. Wir schlagen mit den Händen die Viertelnoten dazu.

Tempo 56

56

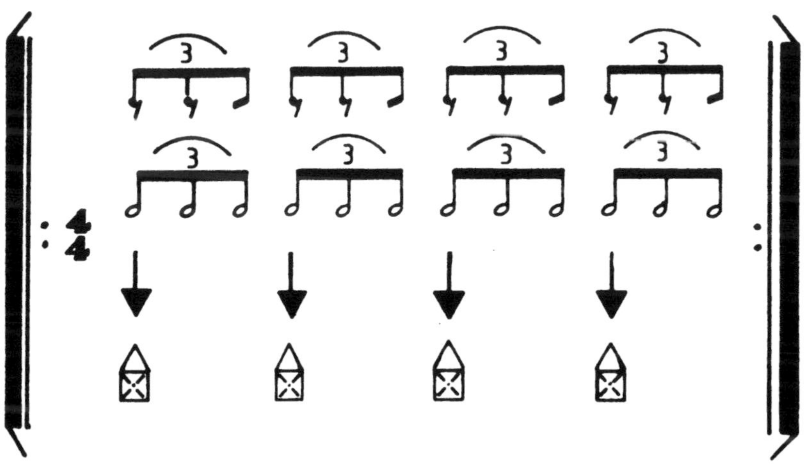

Die binären physischen Koordinationsübungen *(Übung 18 bis 21 . S. 62/63)* sollen nun auch ternär geübt werden (Tempo 56).

Tempo 56

57

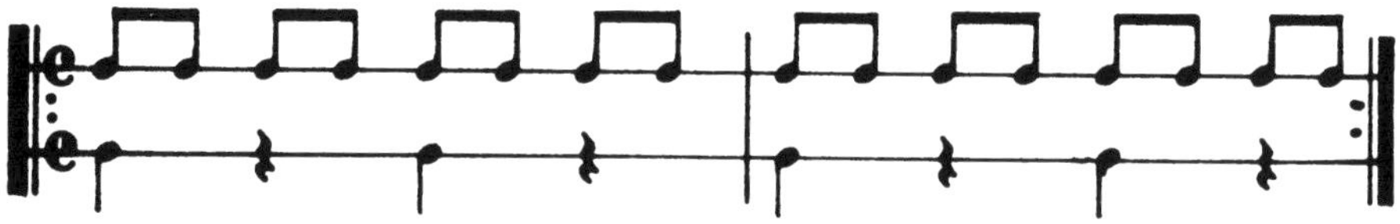

58

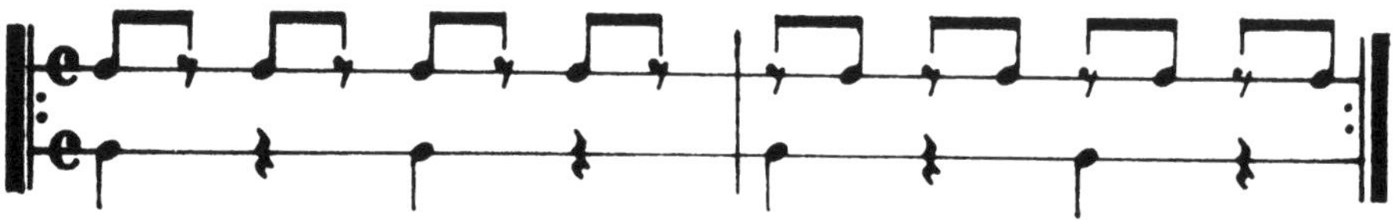

59

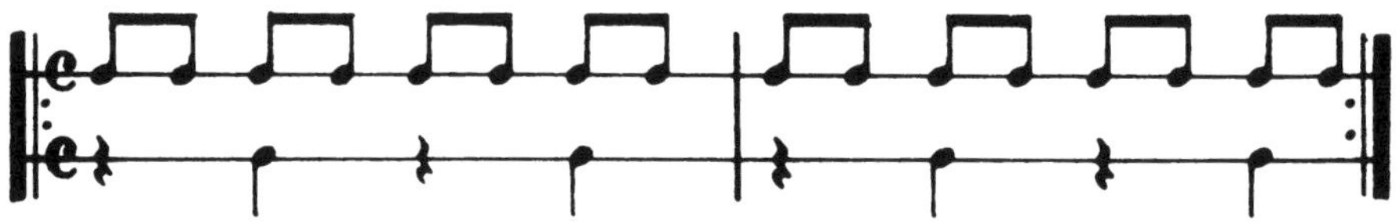

60

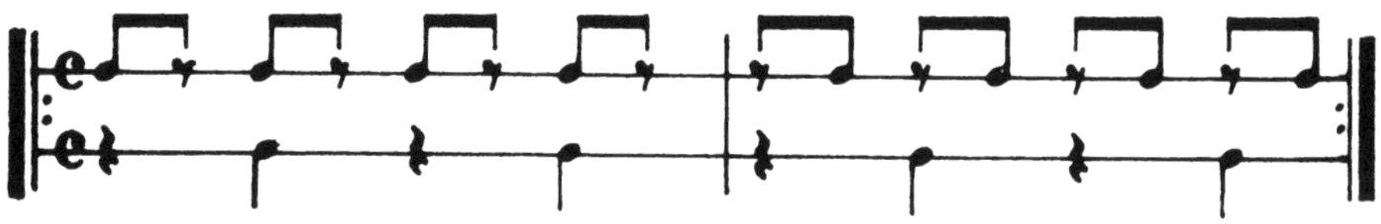

Ternäre Akzentverschiebungen

Mit den ternären Akzentverschiebungen lernen wir, jedes einzelne Triolenachtel im ternären Mikrotime zu fühlen.

1. Wir stellen das Metronom auf das Tempo 56 ein.

2. Wir zählen dazu: Eins-und-die-Zwei-und-die-Drei-und-die-Vier-und- die.

3. Die Füße treten abwechselnd auf die Zählzeiten Eins, Zwei, Drei und Vier.

4. Die Akzentverschiebungen mit den Händen werden nun durch akzentuiertes Zählen vorbereitet. Die folgenden fettgedruckten Mikrotime-Silben müssen durch lauteres Zählen betont werden.

Tempo 56

61

Eins-und-die-**Zwei**-und-die-**Drei**-und-die-**Vier**-und-die

eins-**Und**-die-zwei-**Und**-die-drei-**Und**-die-vier-**Und**-die

eins-und-**Die**-zwei-und-**Die**-drei-und-**Die**-vier-und-**Die**

5. Die Hände schlagen nun die Achteltriolen synchron mit der Stimme mit. Es ist darauf zu achten, daß bei der korrekten Ausführung des Wechselschlags bei jeder vollen Zählzeit jeweils eine andere Hand an der Reihe ist.

6. Die Hände betonen nun die von der Stimme vorher akzentuierten Triolenachtel durch stärkeres Schlagen.

Man teilt sich die ternären Akzentverschiebungen in verschiedene Teile ein, bevor man darangeht, sie alle hintereinander auszuführen. Man beginnt am besten mit dem Akzent auf dem ersten Triolenachtel, der mit der vollen Zählzeit identisch ist.

Tempo 56

62

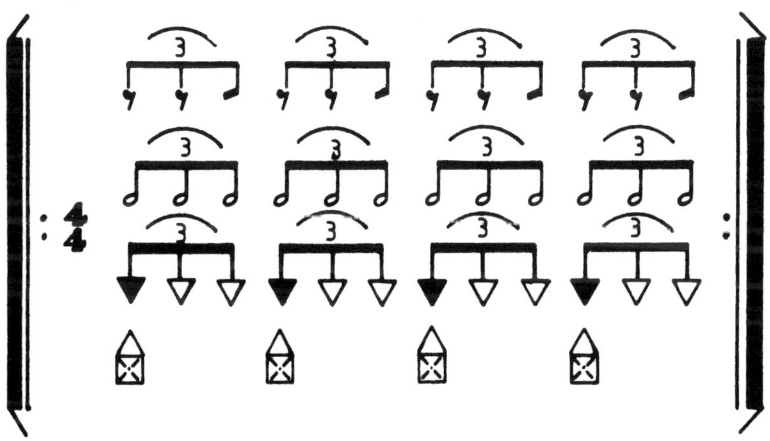

Es folgen die Akzente auf dem dritten und zweiten Triolenachtel in der Reihenfolge ihres Schwierigkeitsgrads.

Tempo 56

63
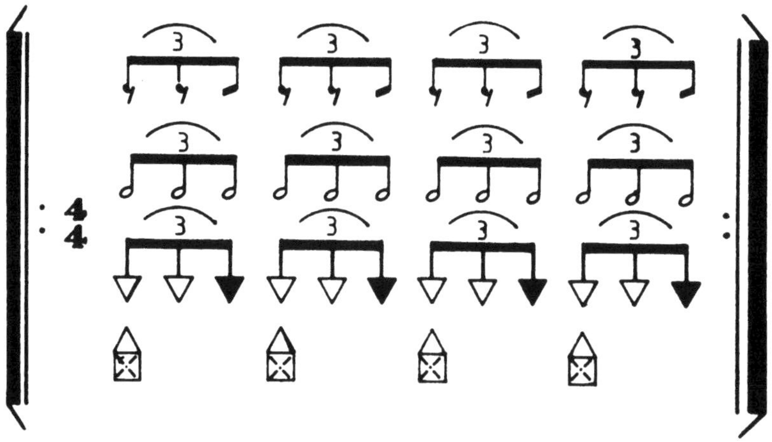

64
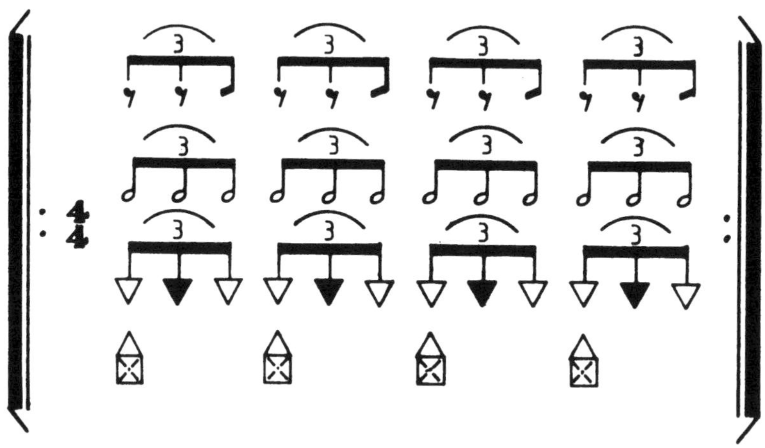

Nachdem wir die verschiedenen Akzente einzeln durchgenommen haben, führen wir sie jetzt taktweise nacheinander aus. Jeder Akzent wird einen Takt lang gespielt, wobei die Übergänge zum nächsten Takt nahtlos vollzogen werden müssen. Zur Orientierung kann man sich nach dem akzentuierten Zählvokabular richten *(Übung 61, S. 83)*.

Diese Übung muß mehrmals hintereinander ausgeführt werden, sodaß man beim Erreichen des letzten Akzents im dritten Takt gleich den ersten Akzent im ersten Takt anschließt. Diese beiden angesprochenen Akzente folgen also direkt aufeinander. Wenn man diese Übung korrekt ausführt, wechseln die Hände bei jedem Akzent.

65

Tempo 56

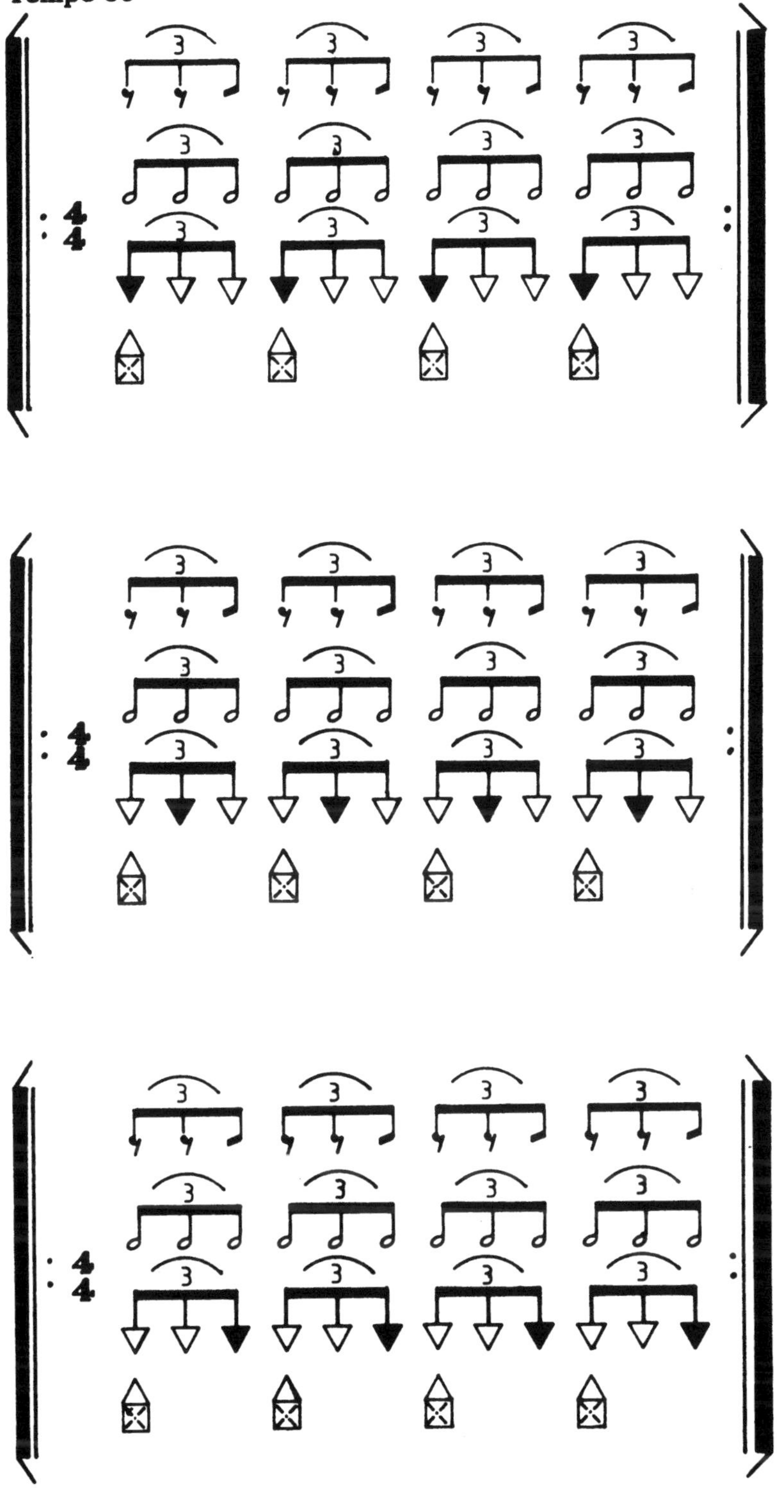

Die ternären Akzentverschiebungen können auch innerhalb eines 3/4- Takts geübt werden. Auch diese Übung sollte mehrmals hintereinander ausgeführt werden. Hierbei wechseln die Akzente von Takt zu Takt in die jeweils andere Hand.

Tempo 56

66

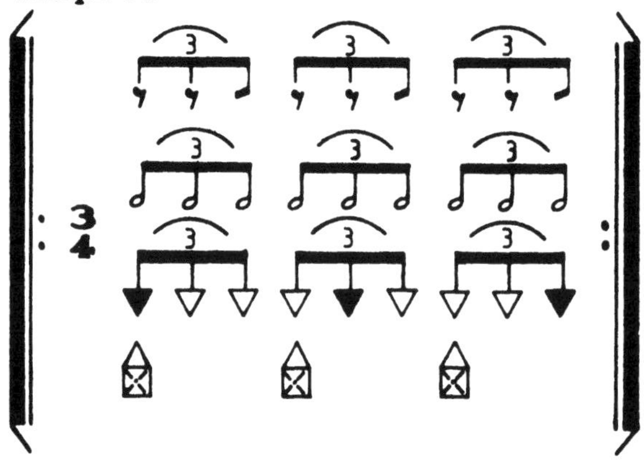

Die ternären Unterteilungsmöglichkeiten einer Viertelnote

Im ternären Bereich gibt es 3 Haupt-Unterteilungsarten einer Viertelnote:

N

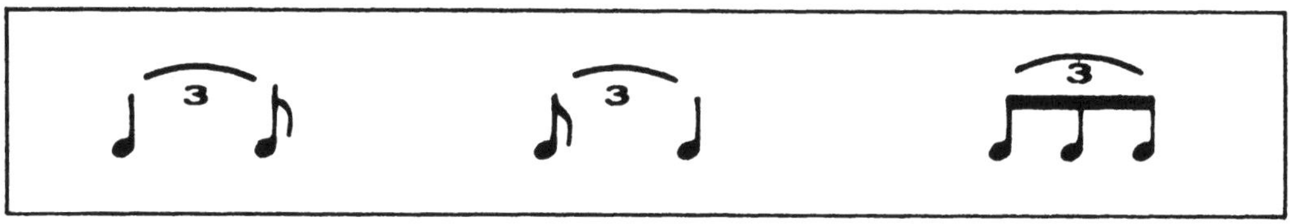

Diese drei ternären Standard-Figuren können nun mit dem Metronom geübt werden. Hierzu stellen wir es auf das Tempo 56 ein und hören das Ticken des Metronoms als drittes Triolenachtel (bzw. als ternären Offbeat). Nun üben wir diese Figuren taktweise einzeln durch, bevor wir sie zu beliebigen Kombinationen zusammenstellen können.

Aus den 3 rhythmischen Standard-Figuren im ternären Bereich werden noch die folgenden Varianten abgeleitet. Von den ersten beiden Standard- Figuren (A und B) gibt es jeweils drei Varianten. Von der Achteltriole (C) gibt es wiederum 3 verschiedene Einteilungsmöglichkeiten:

1. Die Aufteilung der einzelnen Triolenachtel in binäre Sechzehntel.

2. Die Aufteilung der einzelnen Triolenachtel in Sechzehnteltriolen.

3. Die Aufteilung der einzelnen Triolenachtel in Zweiunddreißigstel.

Die vierte Gruppe von Varianten (der Einteilungsart C) besteht aus Kombinationen der ersten drei Gruppierungen. Diese vierte Gruppe kann noch beliebig erweitert werden.

67a Tempo 112 (Tempo 40)

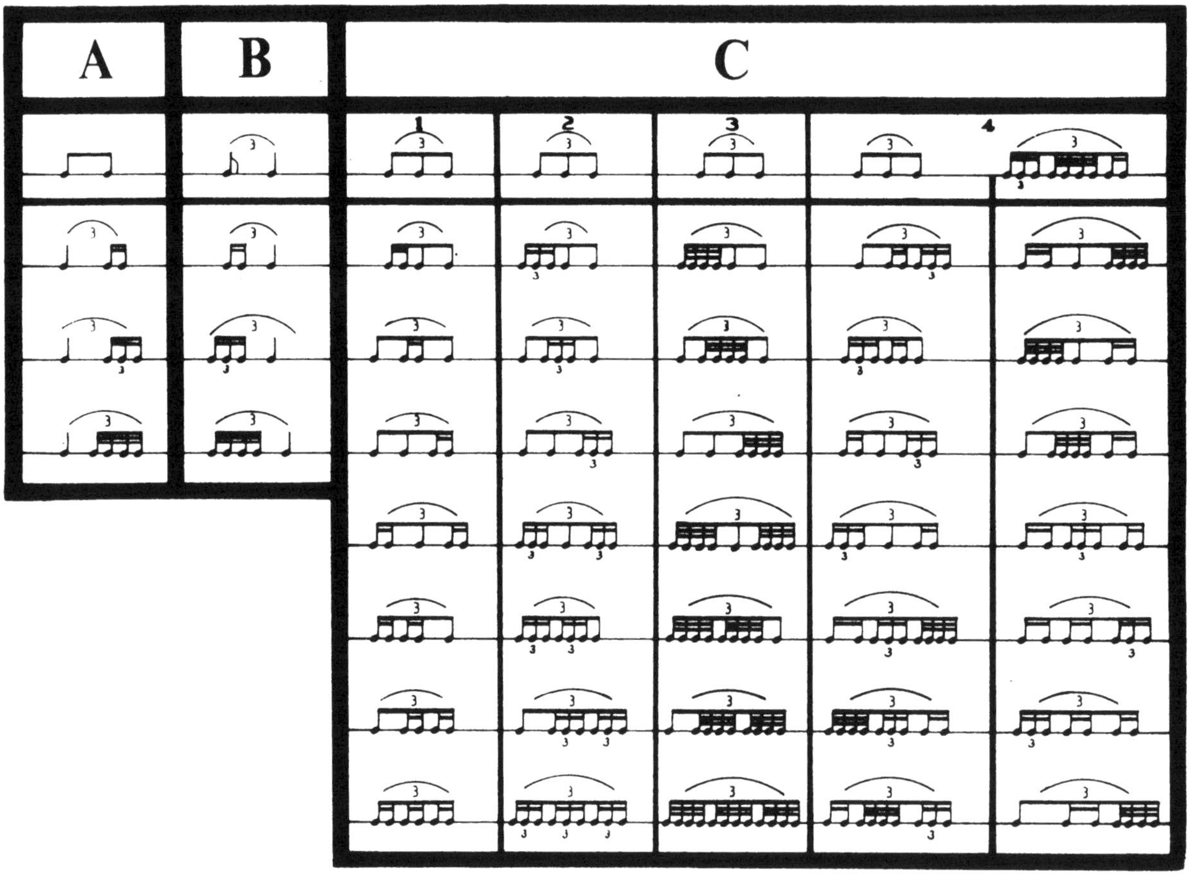

Die 3 ternären Standard-Figuren und ihre Varianten

1. Wir stellen das Metronom auf das Tempo 112 ein und stellen uns das Ticken als jedes der drei Triolenachtel im ternären Mikrotime vor.

2. Wir zählen dazu das ternäre Achtel-Mikrotime. Die Stimme und das Metronom sind also synkron.

3. Die Füße treten auf die vollen Zählzeiten.

4. Nun üben wir die vier Figuren in der Spalte A vertikal taktweise durch. Man beginnt also mit einem 4/4-Takt mit ternären Achteln (Standard-Figur A), und schließt dann die drei untereinanderstehenden Varianten taktweise an. Hierbei wird das dritte Triolenachtel in zwei, drei und vier Teile unterteilt. Die einzelnen Figuren sollen mit den Händen im Wechselschlag ausgeführt werden.

5. Dasselbe Verfahren wird jetzt auf die Figuren in der Spalte B angewendet. Mit diesen Übungen lernen wir das erste Triolenachtel in zwei, drei und vier Noten zu unterteilen.

6. Nun können die Sektionen 4 und 5 dieser Übung auch auf das zweite Triolenachtel angewendet werden. Dies geschieht zwar ebenfalls in der Spalte C, kann aber an dieser Stelle vielleicht vorbereitend geübt werden.

7. Nun wenden wir uns der Spalte C zu. Hier sollen die Gruppen 1, 2, 3 und 4 so geübt werden wie die Figuren in den Spalten A und B, indem man die Figuren einzeln taktweise (Gruppierung für Gruppierung) durchspielt. Die Figuren in der Gruppe 4 stellen Kombinationen der Gruppen 1, 2 und 3 dar. Sie sollten deshalb erst dann geübt werden, wenn die Gruppen 1, 2 und 3 sicher beherrscht werden.

8. Nun kann man sich verschiedene Kombinationen dieser ternären Standard-Figuren zusammenfügen. Ich empfehle dem Leser, sich aus diesen Figuren eine mindestens 16-taktige rhythmische Komposition zusammenzustellen, aufzuschreiben und zu üben. Dieselbe rhythmische Komposition kann anschließend mit Hilfe eingefügter Pausen und Bindebögen noch beliebig variiert werden.

9. Die in Sektion 8 erstellte rhythmische Eigen-Komposition kann nun als rhythmische Grundlage zur Bildung von Melodien herangezogen werden, um die Kombination rhythmischer und melodischer Elemente zu üben.

10. Wenn die Sektionen 1 bis 9 beherrscht werden, sollte man das Metronom auf das Tempo 40 einstellen und sich das Ticken als drittes Triolenachtel im ternären Mikrotime vorstellen und die Sektionen 1 bis 9 auf diese Weise noch einmal üben.

Tempo 112 (Tempo 40)

67b

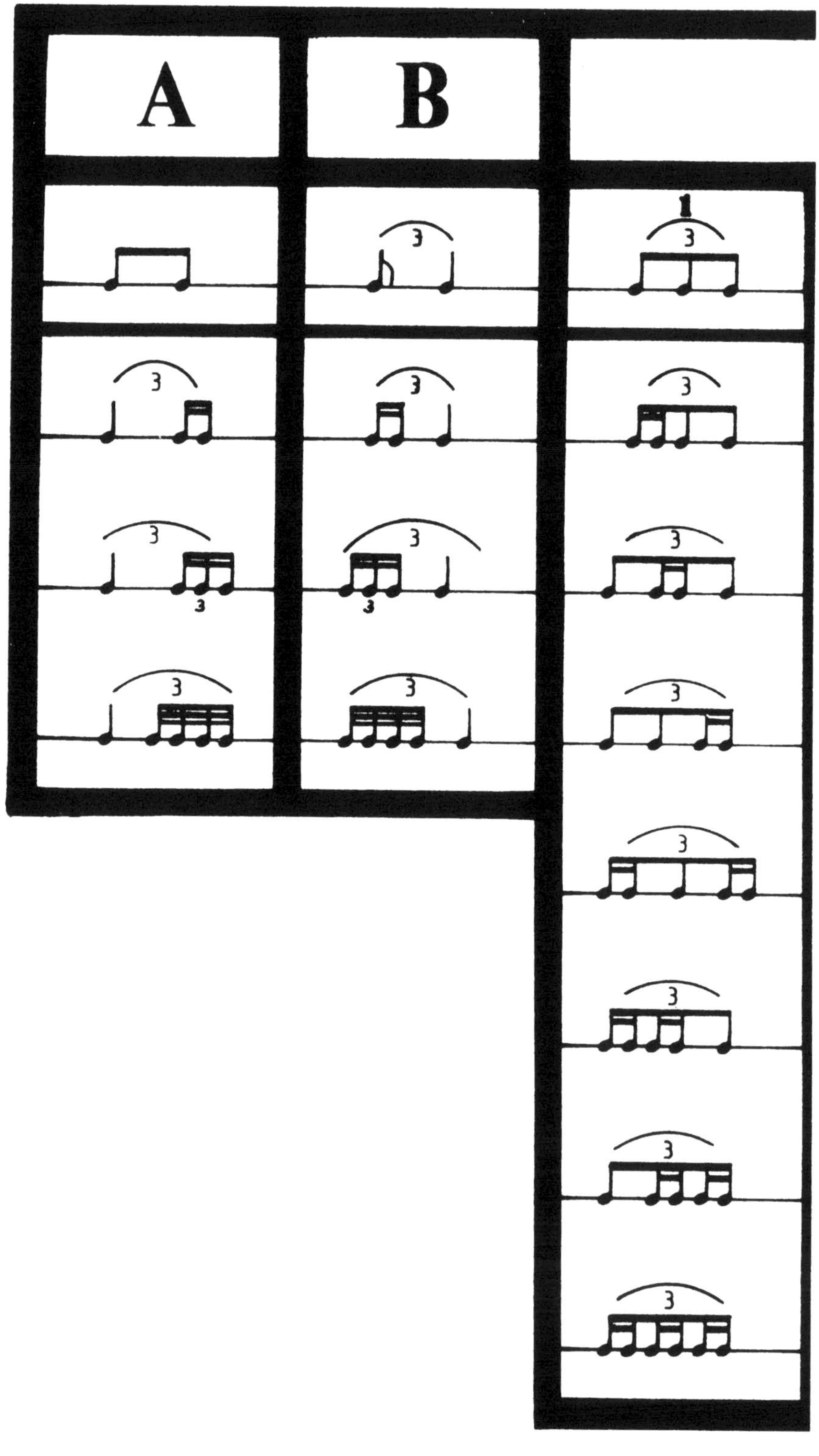

C

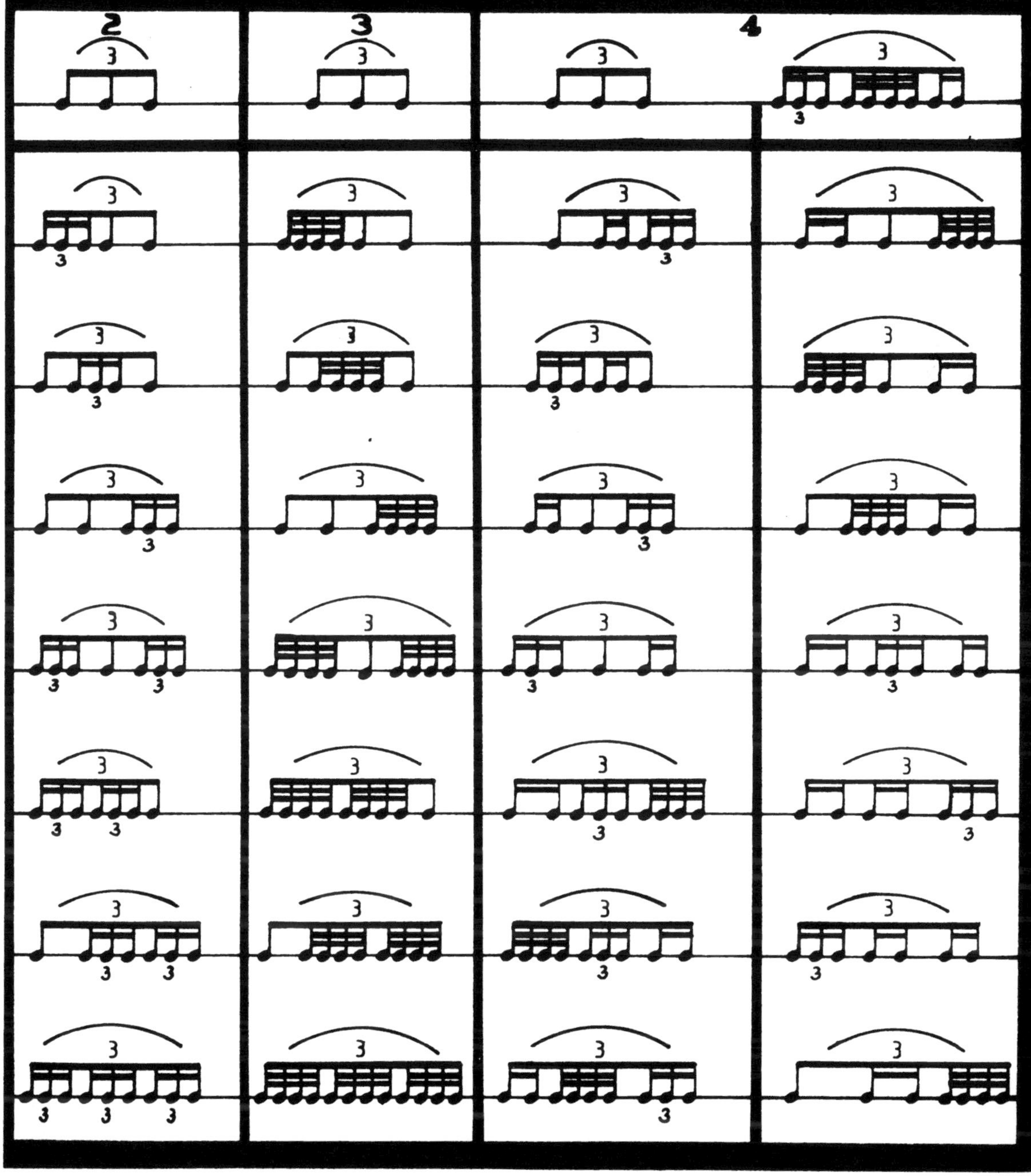

Rhythmische Übungen mit ternärer Unterteilung

Die nun folgenden Übungen sollen mit dem Metronom auf dem dritten Triolenachtel geübt werden (Tempo 56). Die Füße treten auf jeder vollen Zählzeit. Die notierten Übungen sollen im Wechselschlag geübt werden. Es sollen nur die Zählzeiten laut mitgezählt werden, auf denen mit den Händen geschlagen werden muß. Die übrigen Zählzeiten können leise mitgesprochen werden.

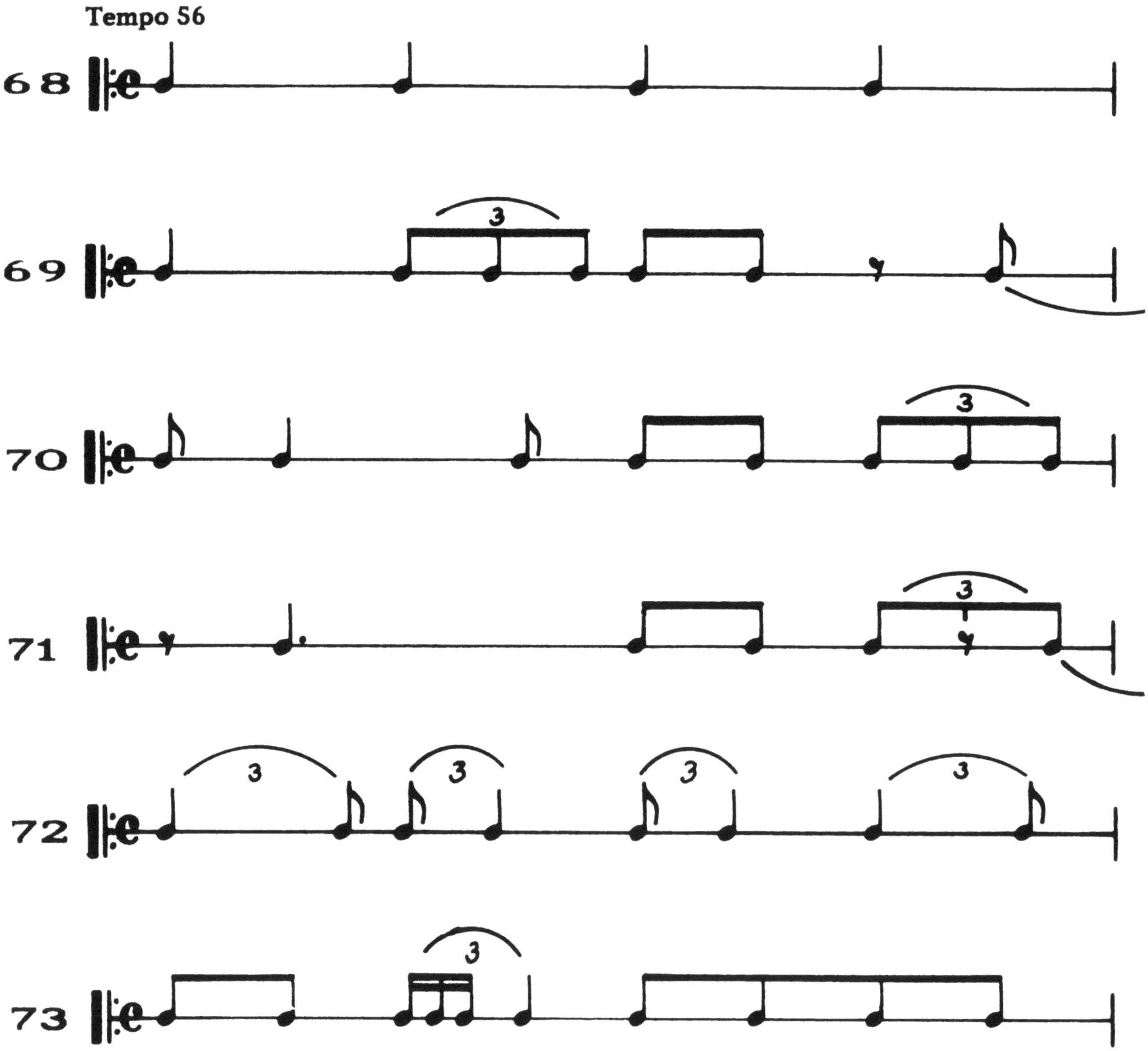

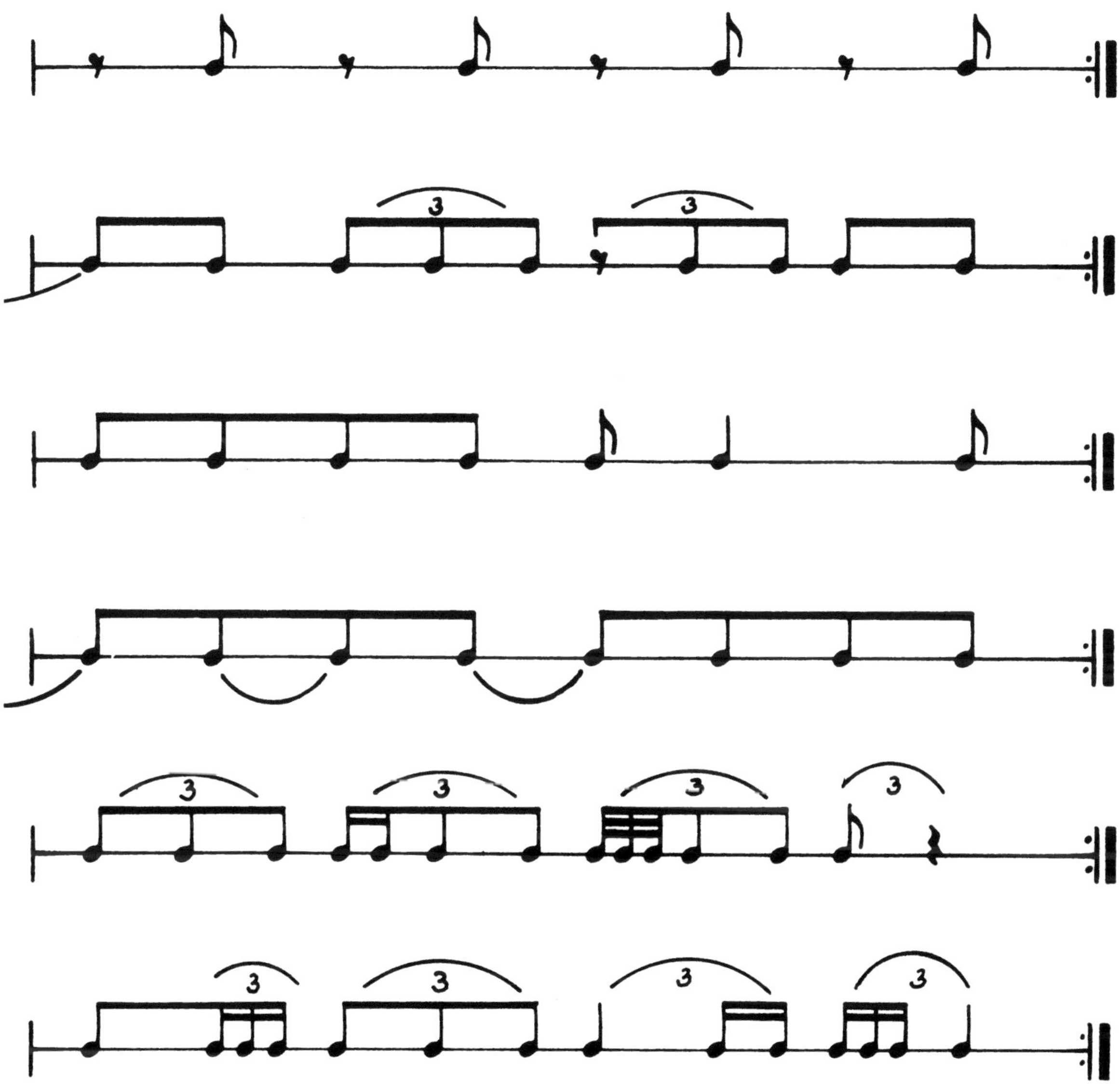
3
3
3
3
3
3
3
3
3
3

Tempo 56

74 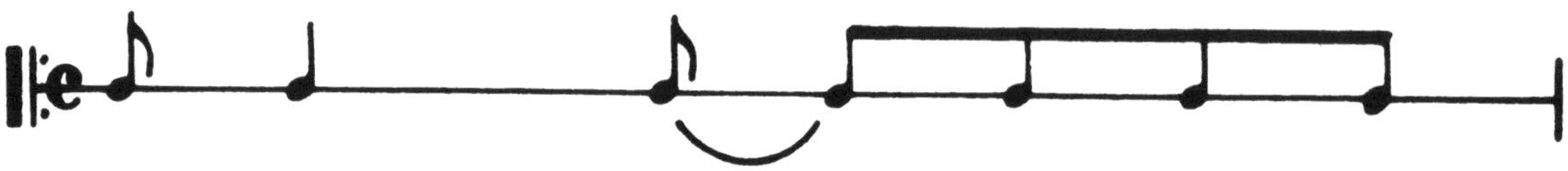

75 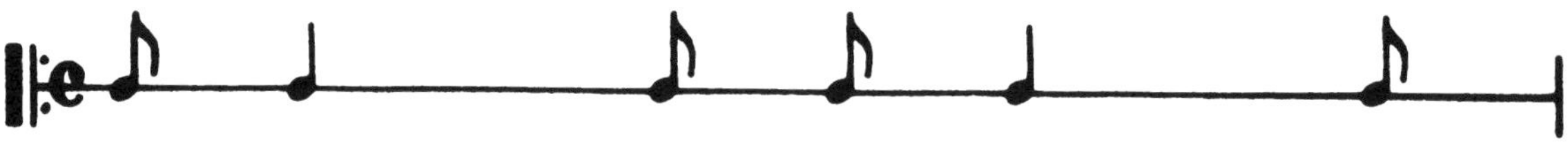

76 

77 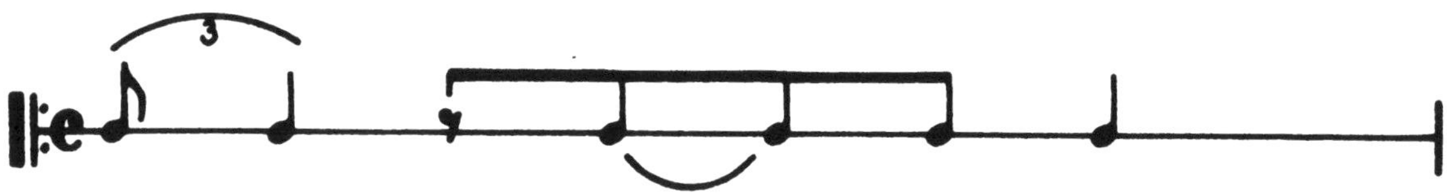

78 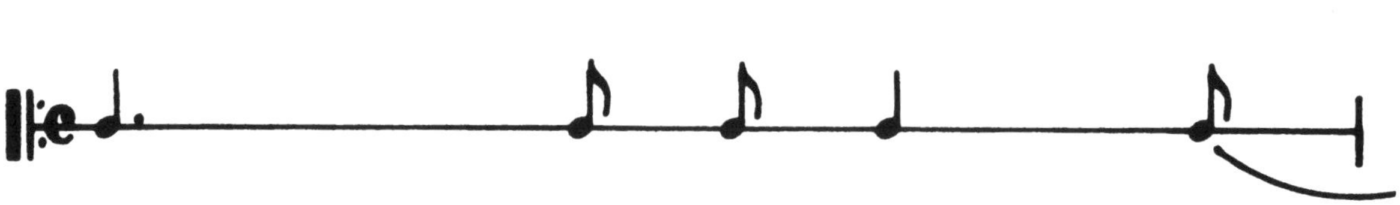

79 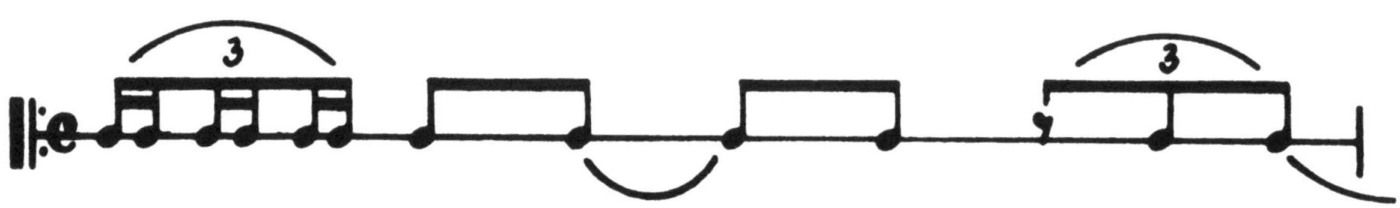

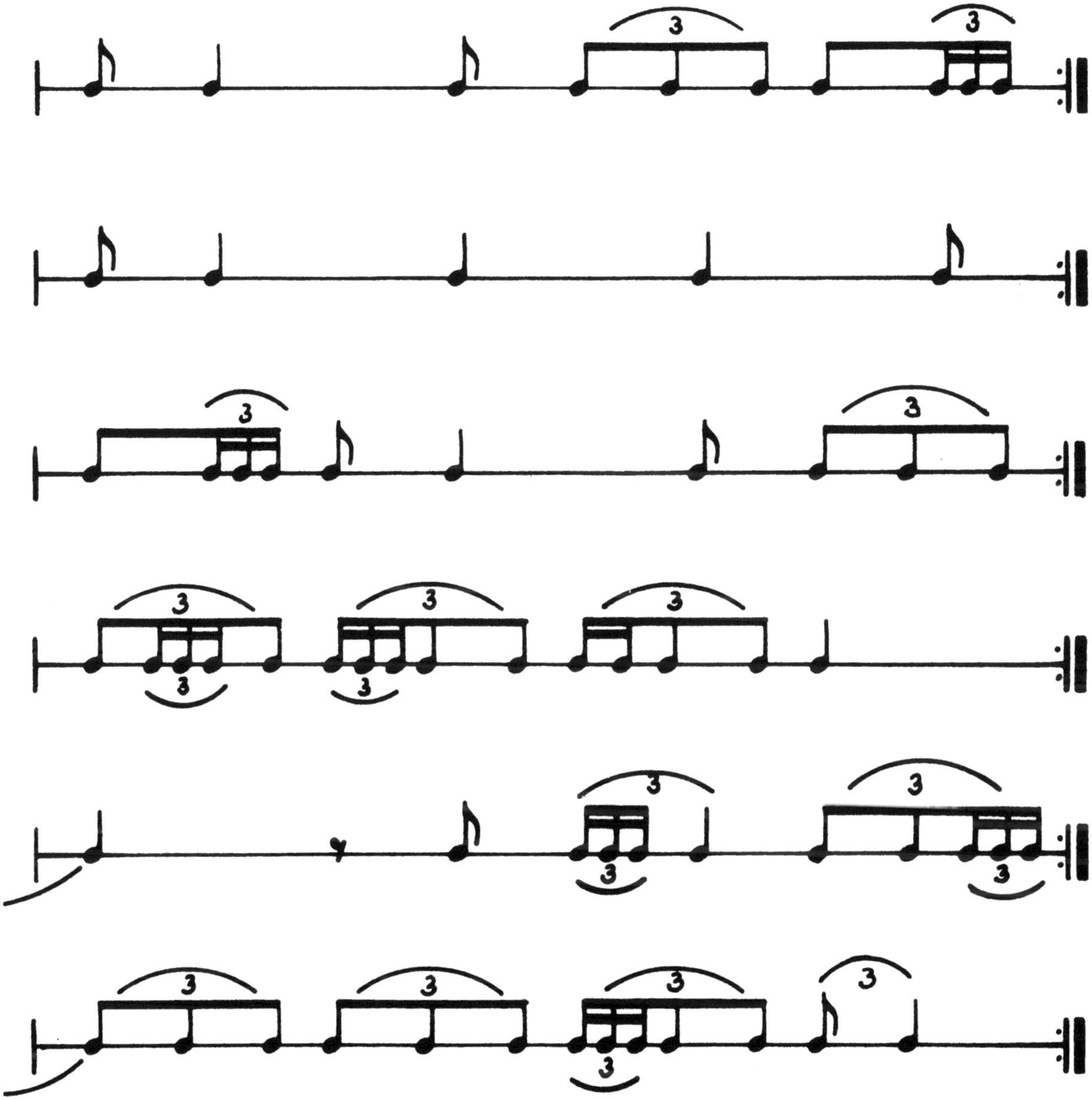

80

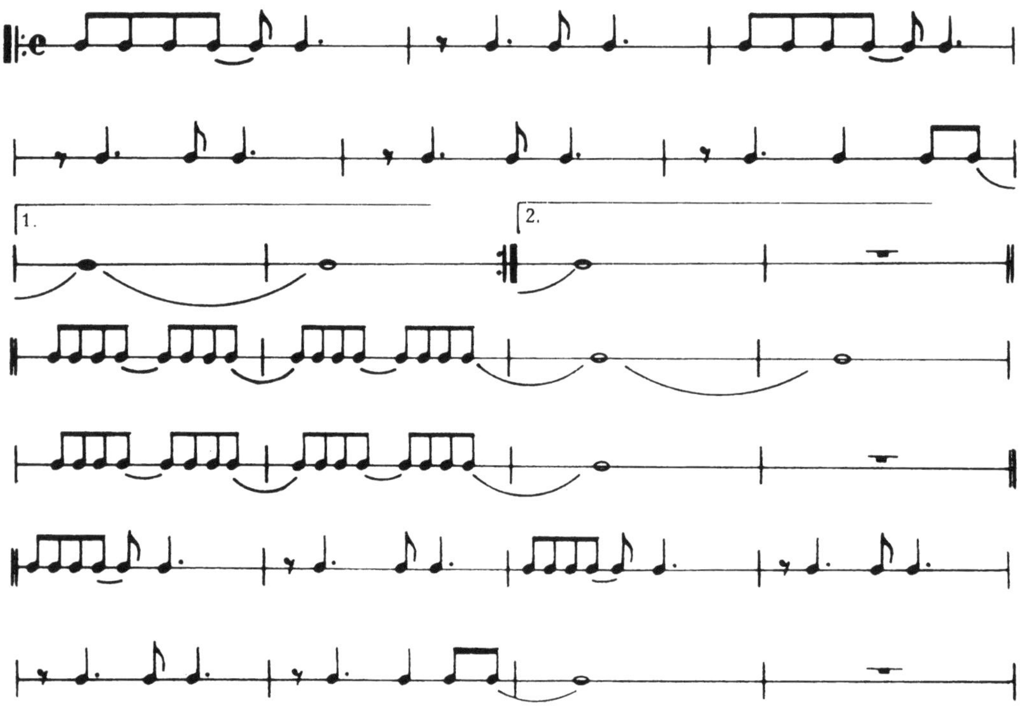

81

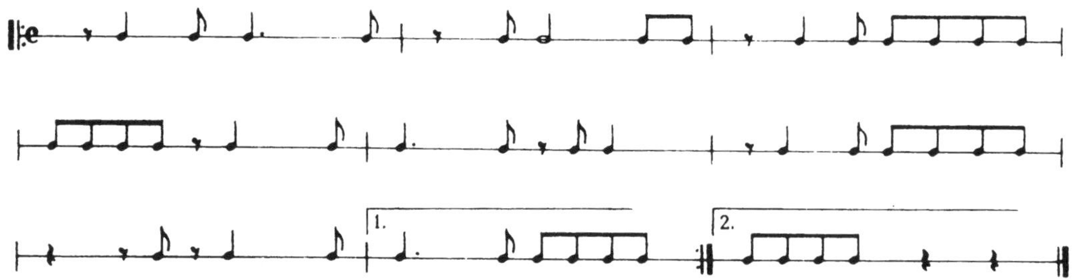

82

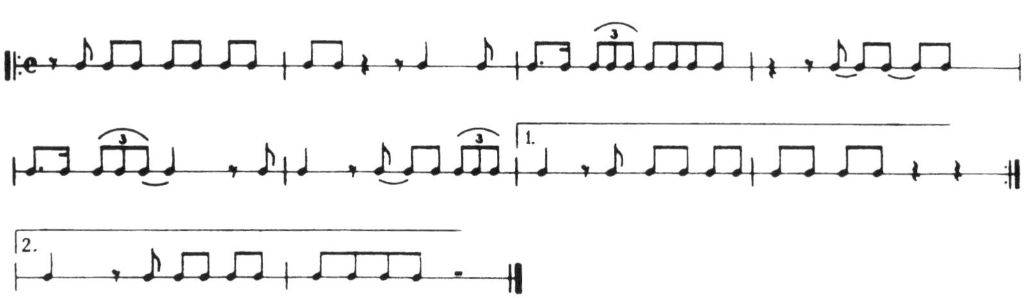

Binäre Standardfiguren mit Dreier-Unterteilungen

Die folgenden binären Unterteilungsmöglichkeiten von Viertelnoten können mit Dreier-Unterteilungen (bzw. Triolen) vermischt werden. In der folgenden Übung geht man als Beispiel von den drei binären Standardfiguren B, B1 und B2 aus *(siehe S. 70)*. Diese drei binären Standardfiguren werden in der folgenden Übung sowohl in Sechzehntel- und Zweiunddreißigstelnoten, als auch in Sechzehntel- und Zweiunddreißigsteltriolen unterteilt.

83 **Tempo 112**

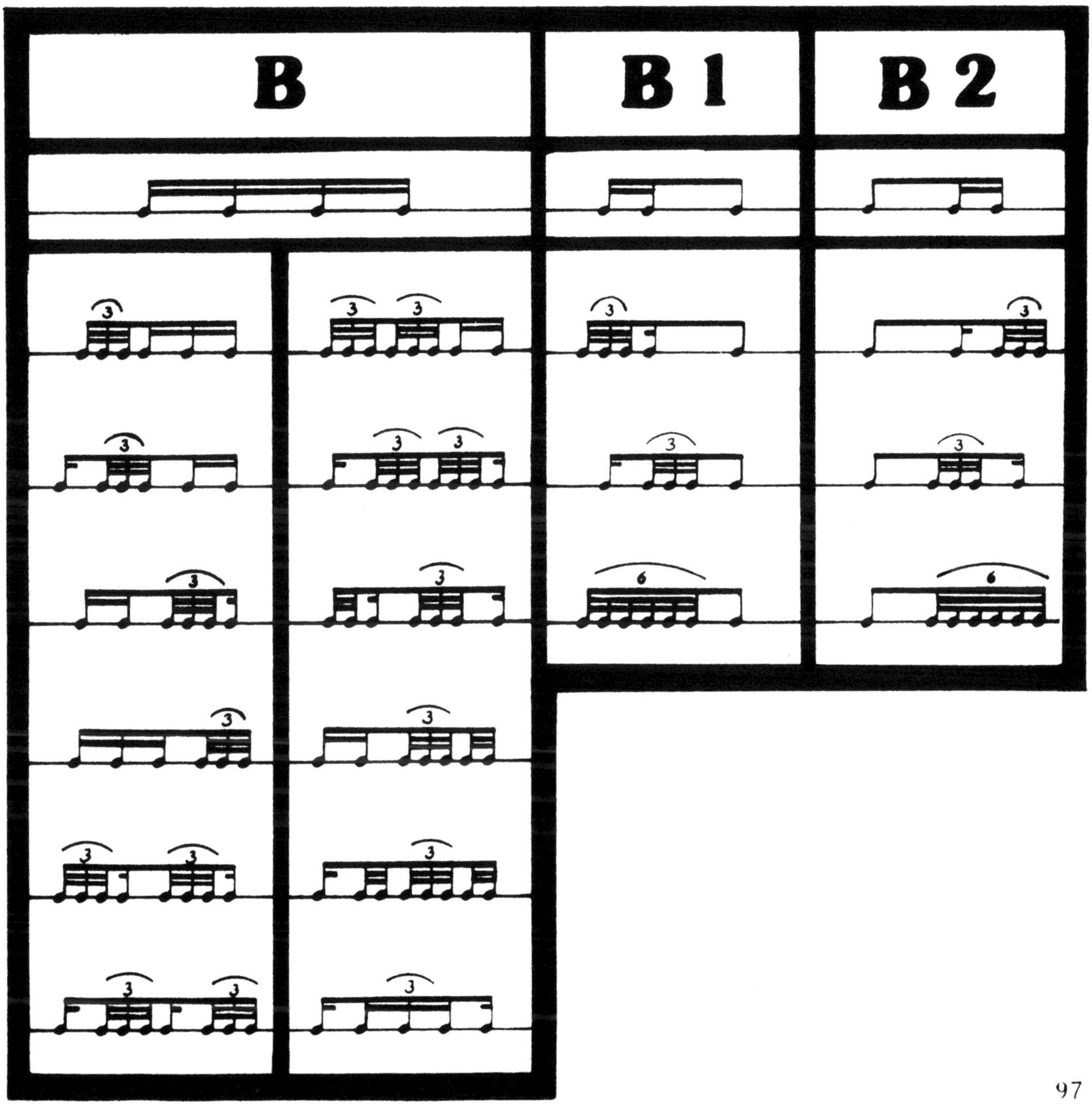

1. Wir stellen das Metronom auf das Tempo 112 ein und stellen uns das Ticken des Metronoms als jedes Sechzehntel im binären Sechzehntel- Mikrotime vor.

2. Wir zählen dazu das binäre Sechzehntel-Mikrotime. Die Stimme und das Metronom sind also synkron.

3. Die Füße treten auf die vollen Zählzeiten.

4. Die einzelnen Figuren sollen nun mit den Händen im Wechselschlag geschlagen werden. Hierbei kann man die Figuren sowohl horizontal, vertikal und diagonal als auch in beliebiger Reihenfolge ausführen.

5. Wenn diese 4 Sektionen beherrscht werden, stellt man das Metronom auf das Tempo 60 ein und stellt sich das Ticken des Metronoms als 2. und 4. Sechzehntel des binären Mikrotime vor. Die ersten Sektionen sollen auf diese Weise noch einmal (mit Sechzehntel- Zwischenkontrolle) geübt werden.

6. Danach sollte das Tempo langsam gesteigert werden.

Viertel-Zwischenkontrolle (das Metronom auf Zwei und Vier)

Es hat sich in den letzten Jahren bereits herumgesprochen, daß das Üben mit der Viertel-Zwischenkontrolle (mit dem Metronom auf Zwei und Vier) sehr nützlich ist *(siehe S. 32/33,37 und 54 bis 57)*, und dem Üben mit dem Metronom auf allen vollen Zählzeiten unbedingt vorzuziehen ist. Um jedoch die Feinheiten der ternären Phrasierung beherrschen zu lernen, muß man die obenstehenden ternären Übungen unbedingt zuerst mit der ternären Achtel-Zwischenkontrolle ausführen können. Dasselbe gilt natürlich für die Feinheiten der binären Phrasierung. Hier bedient man sich der binären Sechzehntel-Zwischenkontrolle. Erst wenn man sowohl die binäre Sechzehntel- Zwischenkontrolle als auch die ternäre Achtel- Zwischenkontrolle beherrscht, empfehle ich mit der Viertel-Zwischenkontrolle zu arbeiten, um z.B. schnelle Tempi spielen zu üben oder zwischen binärer und ternärer Phrasierung zu wechseln.

Die Viertel-Zwischenkontrolle mit dem Metronom auf Zwei und Vier ist die Universal-Zwischenkontrolle für alle binären und ternären Rhythmen. Das liegt daran, daß das Metronom auf den vollen Zählzeiten Zwei und Vier tickt, die sowohl in einem binären als auch in einem ternären Kontext als Zwischenkontrolle dienen können. Mit der Viertel- Zwischenkontrolle hat man die Wahl zwischen binärem oder ternärem Mikrotime, oder die Möglichkeit, beide Haupt-Unterteilungsarten miteinander zu vermischen.

Mit den folgenden binären und ternären physischen Koordinationsübungen soll der fließende Übergang zwischen binären und ternären Rhythmen geübt werden.

Tempo 50

84 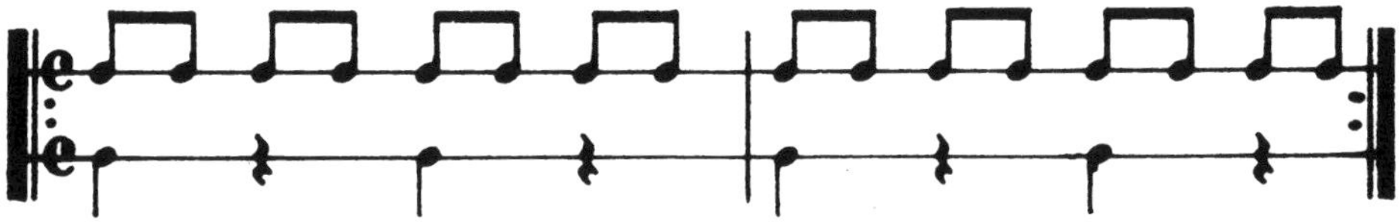

85 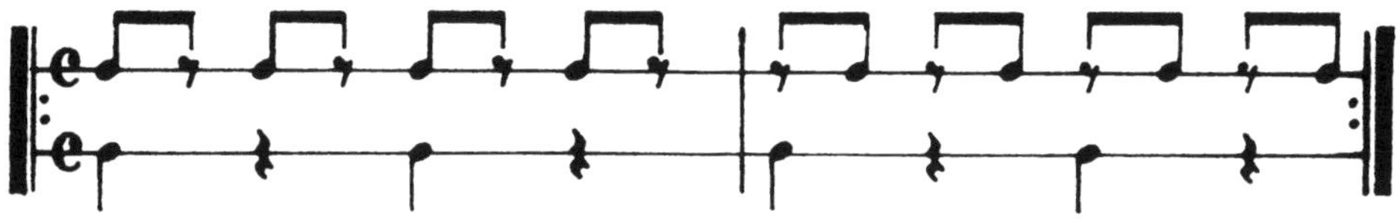

86 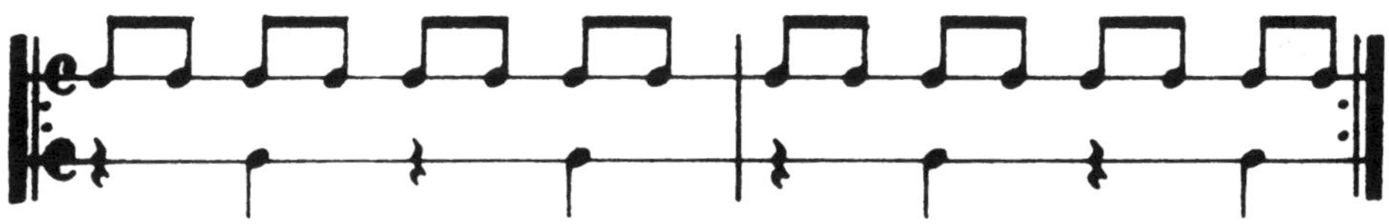

87 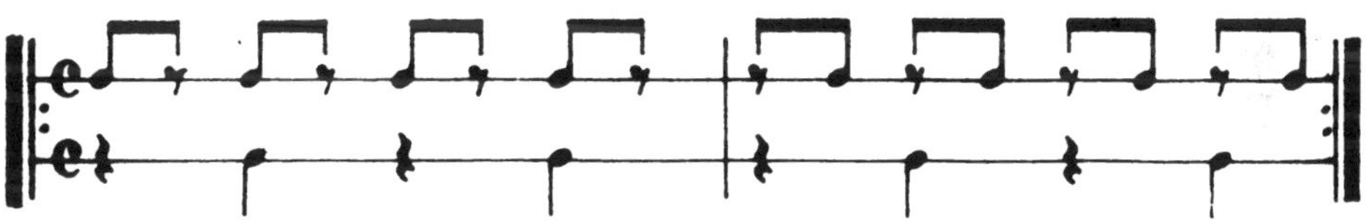

1. Wir stellen das Metronom auf das Tempo 50 ein. Das Ticken des Metronoms entspricht der Zwei und der Vier.

2. Die obere Zeile soll mit den Händen geschlagen werden, die untere Zeile steht für die Füße.

3. Diese zweitaktigen Übungen sollen abwechselnd binär und ternär ausgeführt werden. Wir erhalten also eine viertaktige Übung, in der wir jeweils zwei Takte binär und zwei Takte ternär spielen. Der Übergang erfolgt also ohne Unterbrechung.

4. Das Zählvokabular muß also ebenfalls gewechselt werden. Im binären Teil zählt man das binäre Achtel-Mikrotime (Eins-und-Zwei-und- etc.), im ternären Teil das ternäre Achtel-Mikrotime (Eins-und-die-Zwei-und- die etc.).

5. Wenn man die ersten 4 Sektionen beherrscht, kann man die Abstände des Wechsels verkürzen. Man wechselt nun taktweise zwischen der binären und ternären Phrasierung hin und her, wobei man alle vier Übungen sowohl binär als auch ternär beginnen sollte.

6. Zur weiteren Steigerung kann man nun halbtaktig oder sogar vierteltaktig zwischen binär und ternär wechseln.

Die Annäherung binärer und ternärer Phrasierung

Wie wir bereits wissen, besteht ein prinzipieller Unterschied zwischen dem binären und ternären Offbeat. Der binäre Offbeat liegt genau in der Mitte zwischen zwei vollen Zählzeiten, wohingegen der ternäre Offbeat später gespielt werden muß. Der zeitliche Abstand zwischen dem binären und ternären Offbeat kann genau gemessen werden. Bei einer Ballade in Tempo 60 beträgt dieser Unterschied noch 16 Hundertstel-Sekunden. Dieser Abstand nimmt mit zunehmendem Tempo ab. Je schneller ein Stück gespielt wird, desto kleiner wird der zeitliche Abstand zwischen dem binären und ternären Offbeat. Die binäre und ternäre Phrasierung nähern sich also einander.

O1

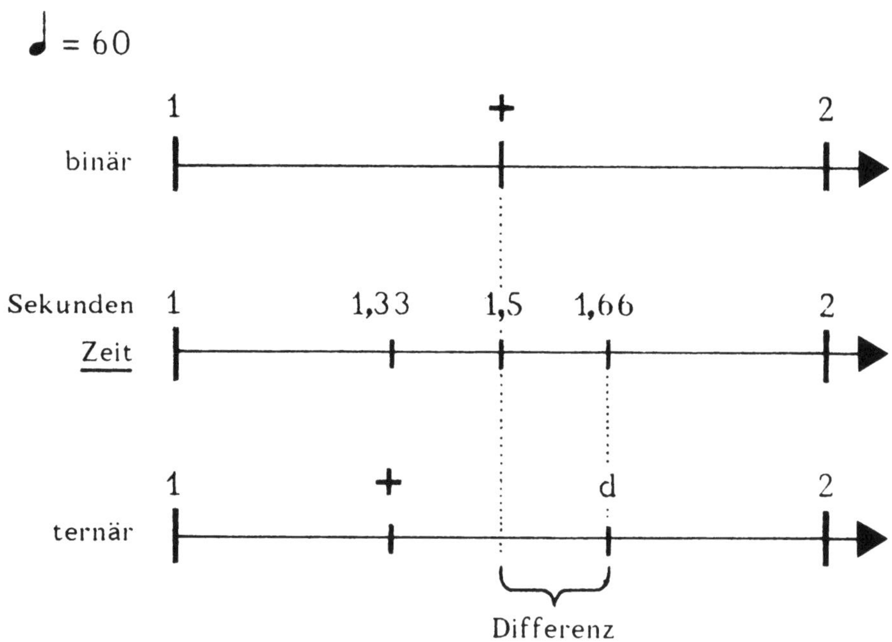

Der zeitliche Abstand zw. binärem und ternärem Offbeat

O2

Tempo	60	120	240	360	480
1/100 Sek.	16	8	4	3	2

In einem sehr schnellen Stück mit dem Tempo 360 beträgt der Abstand zwischen dem binären und ternären Offbeat also nur noch 3 Hundertstel- Sekunden. bei Tempo 480 sind es sogar nur noch 2 Hundertstel-Sekunden. Bei sehr schnellen Tempi entsteht demnach der Eindruck. daß die binäre und ternäre Phrasierung von Achtelnoten kaum noch voneinander zu unterscheiden sind. Man könnte sogar behaupten. daß die binäre und ternäre Phrasierung ab einem gewissen. sehr schnellen Tempo zusammenfließen. Deshalb ist die Meinung. daß man ab einem bestimmten Tempo nur noch binär spielen kann. unter Musikern weit verbreitet. Die Vorwegnahme oder die Verzögerung eines Tons oder Schlags um 3 Hundertstel Sekunden gehört in einem langsamen Stück (Tempo 60) in den Bereich des Timefeelings *(siehe S. 22/23)*. in einem sehr schnellen Stück (Tempo 360) hingegen entscheiden diese 3 Hundertstel bereits über den Unterschied zwischen binärer und ternärer Phrasierung.

Mischformen binärer und ternärer Unterteilung

In der Praxis kommt es oft vor. daß in einem binären Zusammenhang ternäre Figuren notiert sind. Umgekehrt können in einem ternären Zusammenhang binäre Figuren vorhanden sein. Beides erfordert ein flüssiges Umschalten auf das jeweils andere Mikrotime. Dies muß gesondert geübt werden. Die ersten Übungen dieser Art hatten wir im Zusammenhang mit der Pyramide kennengelernt. Ich empfehle deshalb. sich an dieser Stelle noch einmal mit den Übungen 1 bis 5 auseinanderzusetzen.

Beschäftigen wir uns zunächst mit dem Spielen ternärer Figuren in binären Zusammenhängen. Alle Figuren mit Triolenklammern oder Triolenbögen erhalten ein ternäres Mikrotime. wohingegen alle anderen Figuren weiterhin binär auszuführen sind. Dies kann auch innerhalb eines einzigen Takts geschehen. Um das flüssige Umschalten vom binären zum ternären Mikrotime und zurück zu üben. führen wir nun die folgenden Übungen aus.

Tempo 60

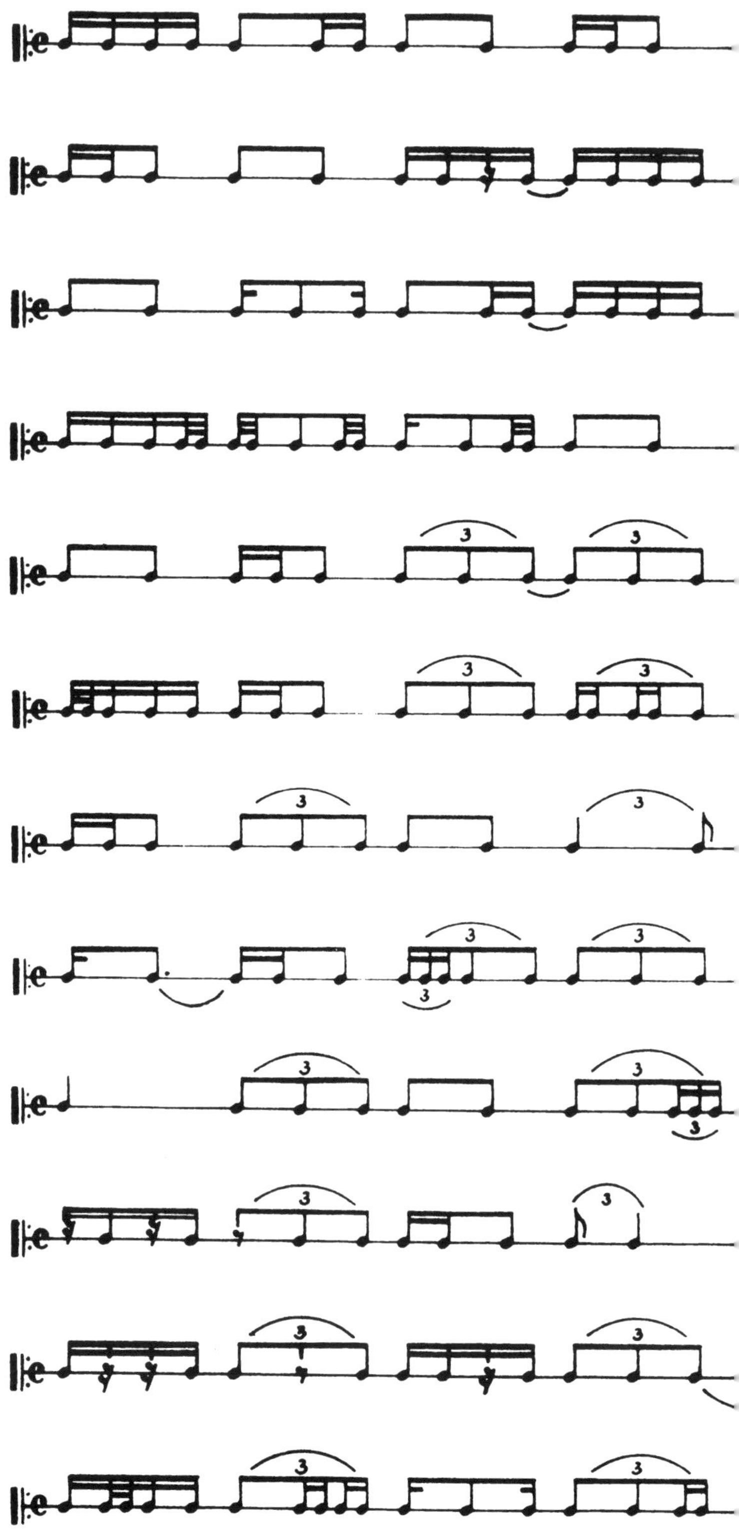

88

89

90

91

92

93

94

95

96

97

98

99

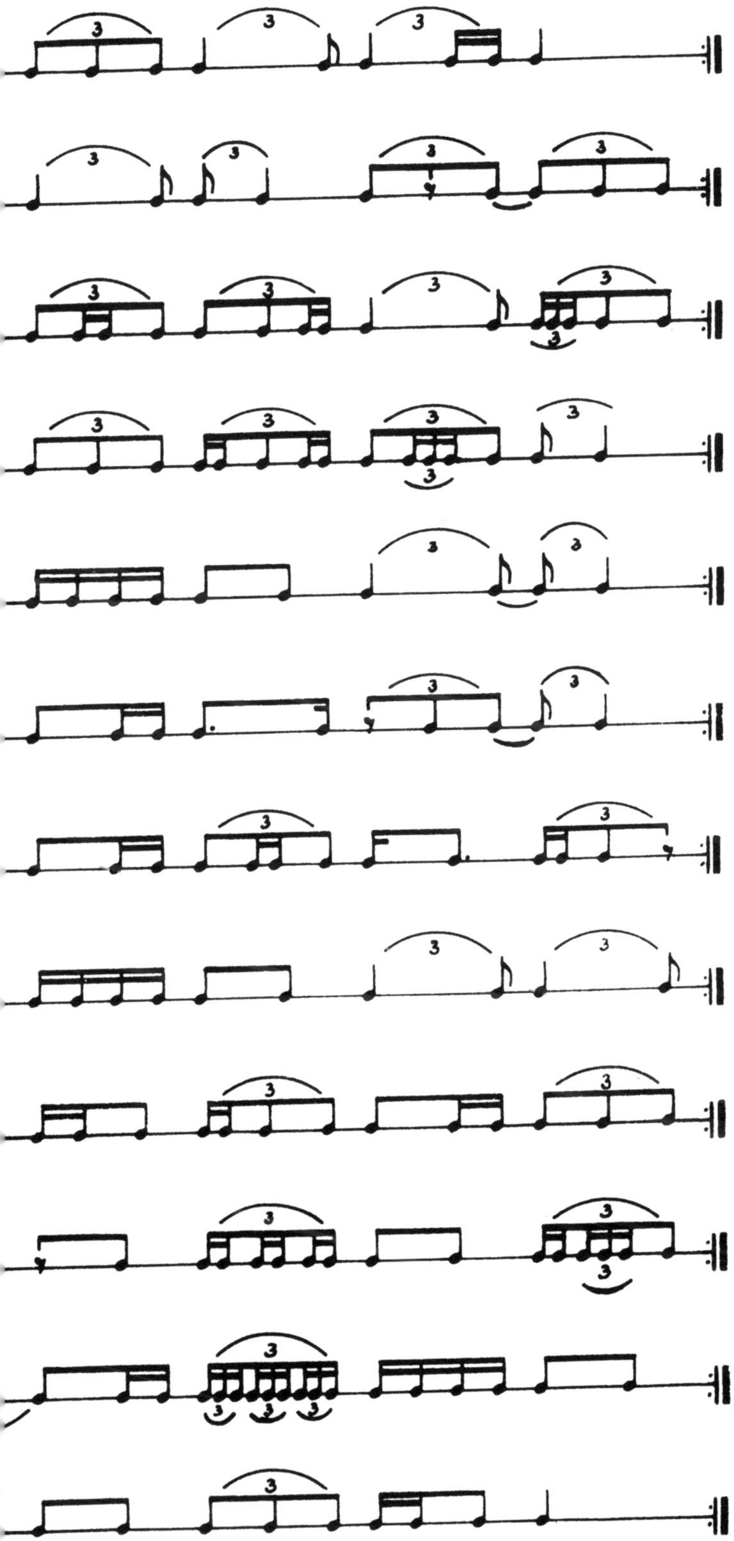

1. Wir üben die obenstehenden Übungen (88 bis 99) zunächst langsam ohne Metronom.

2. Wir stellen das Metronom auf das Tempo 60 ein. Das Metronom schlägt auf jedem Viertel.

3. Wir zählen nun die vollen Zählzeiten mit.

4. Nun treten die Füße auf die vollen Zählzeiten.

5. Nun zählen wir die Übungen erst einmal ohne Hände durch. Man spricht das zu den einzelnen Figuren gehörende Mikrotime (binär oder ternär) mit und betont die jeweiligen Mikrotime-Silben. die später auch mit den Händen geschlagen werden sollen.

6. Nun schlagen die Hände im Wechselschlag mit.

7. Wenn man die ersten 6 Sektionen beherrscht. sollen die obigen Übungen mit dem Metronom auf Zwei und Vier (Viertel- Zwischenkontrolle) durchgespielt werden.

Nun wenden wir uns dem Spielen binärer Figuren in ternären Zusammenhängen zu. Weil die ternäre Unterteilung vorgeschrieben ist. werden alle Achtelnoten ternär ausgeführt. Alle Sechzehntel-Figuren erhalten dagegen ein binäres Mikrotime.

1. Wir üben die nachstehenden Übungen (100 bis 106) zunächst langsam ohne Metronom.

2. Wir stellen das Metronom auf das Tempo 60 ein. Das Metronom schlägt auf jedem Viertel.

3. Wir zählen nun die vollen Zählzeiten mit.

4. Nun treten die Füße auf die vollen Zählzeiten.

5. Nun zählen wir die Übungen erst einmal ohne Hände durch. Man spricht das zu den einzelnen Figuren gehörende Mikrotime (binär oder ternär) mit und betont die jeweiligen Mikrotime-Silben. die später auch mit den Händen geschlagen werden sollen.

6. Nun schlagen die Hände im Wechselschlag mit.

7. Wenn man die ersten 6 Sektionen beherrscht. sollen die obigen Übungen mit dem Metronom auf Zwei und Vier (Viertel- Zwischenkontrolle) durchgespielt werden.

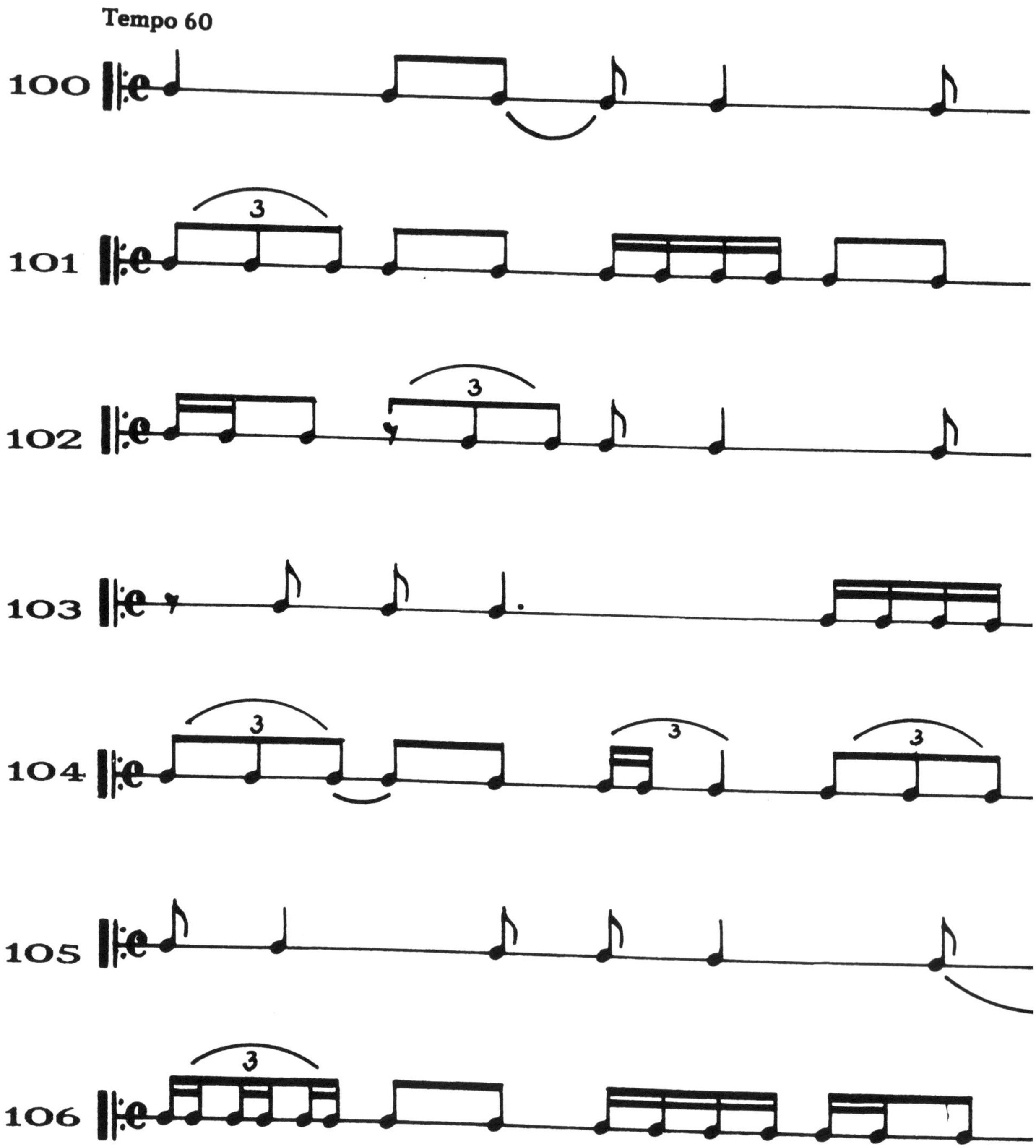
Tempo 60
100
101
102
103
104
105
106

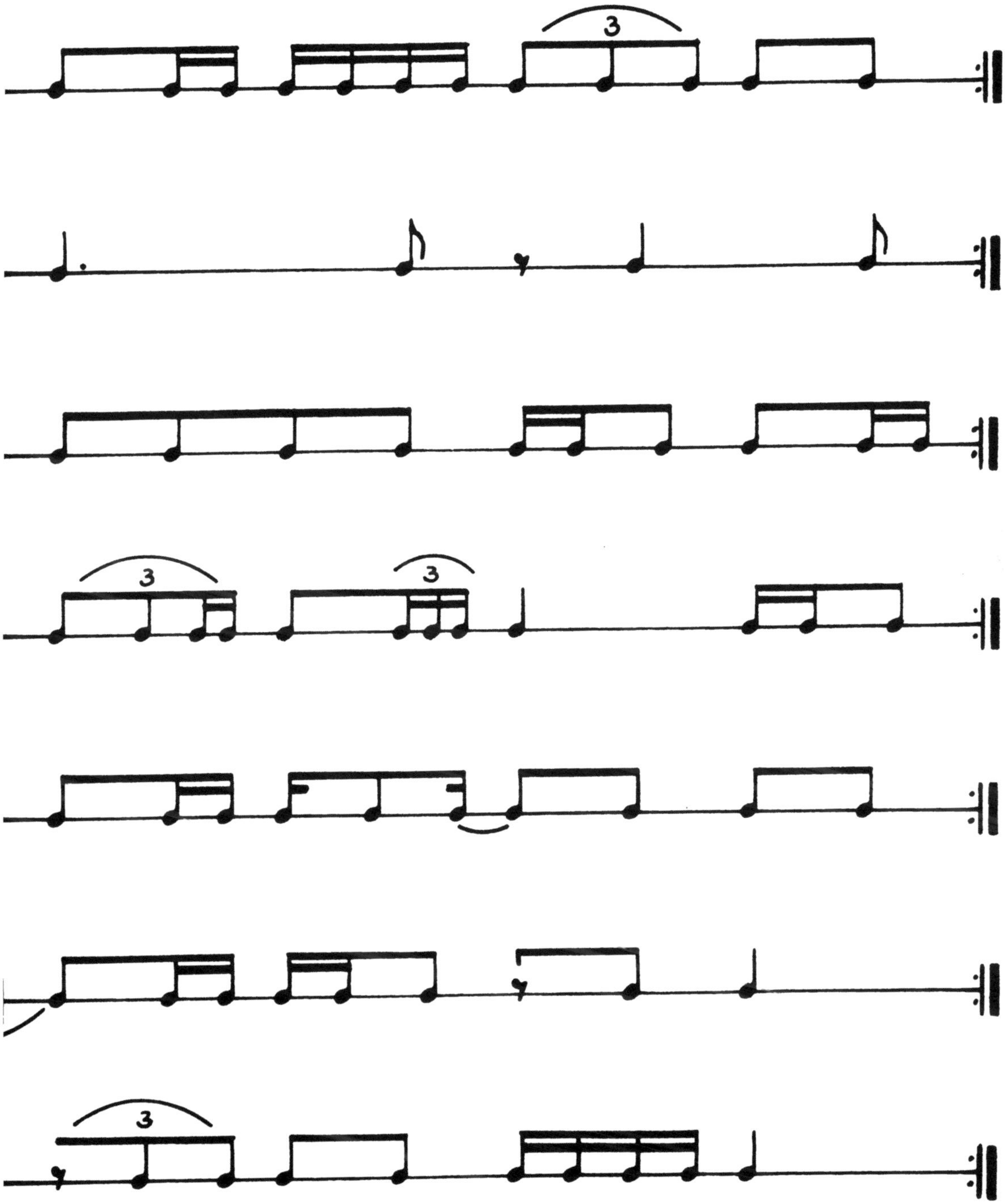

Die vorgezogene Eins

Man spricht von einer **"vorgezogenen Eins"**. wenn der Offbeat der letzten Zählzeit eines Takts über den Taktstrich hinweg mit der Zählzeit Eins verbunden wird. Der normalerweise auf der Zählzeit Eins liegende Taktschwerpunkt wird auf den Offbeat der letzten vollen Zählzeit des vorangegangenen Takts vorgezogen. Es handelt sich also um ein Verschieben des Taktschwerpunkts.

Die Ausführung einer vorgezogenen Eins hängt vom jeweiligen Mikrotime ab. Im binären Achtel- Mikrotime liegt die vorgezogene Eins in einem 4/4- Takt auf der "Vier- **Und**" (4 +) . im binären Sechzehntel-Mikrotime liegt die vorgezogene Eins auf dem letzten Sechzehntel der Taktzeit Vier. der "Vie-re-un-**De**" (4 e + **e**). Entsprechend liegt die vorgezogene Eins im ternären Mikrotime auf der "Vier-und-**Die**" (4 + **d**).

P1

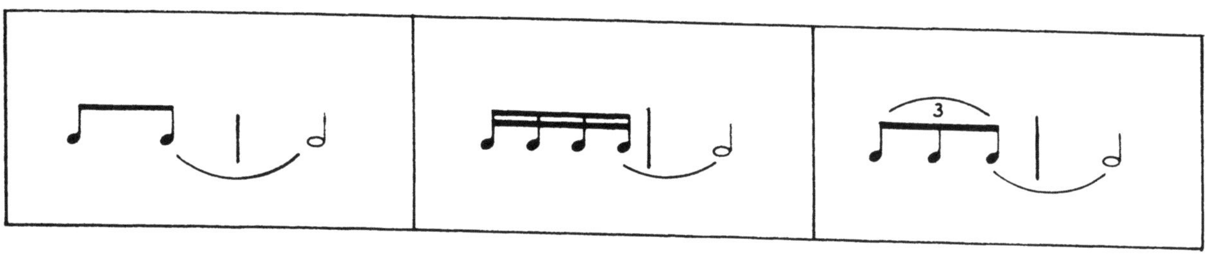

Diese Tatsache bedarf deshalb einer besonderen Erwähnung. weil diese häufig vorkommende rhythmische Figur nicht unbedingt immer aus dem Notentext ersichtlich ist. Zum Beispiel gehört die vorgezogene Eins bei Latin-Musik (bzw. Musik aus Mittel- und Südamerika) zur spezifischen Stilistik. Durch das Wechseln der Taktschwerpunkte zwischen der Eins im ersten Takt und der vorgezogenen Eins im zweiten Takt (oder umgekehrt) erhält man eine zweitaktige Figur. die durch die darin enthaltene Spannung (vorgezogene Eins) und Entspannung (Eins) für einen in sich geschlossenen rhythmischen Kreislauf sorgt. Durch die sich taktweise abwechselnde Spannung und Entspannung entsteht eine rhythmisch fließende Pulsation. Die vorgezogene Eins kann sich auch als ständige rhythmische Figur etablieren und somit für eine andauernde rhythmische Spannung sorgen. ohne sich im nächsten Takt in die (nicht vorgezogene) Eins auflösen zu müssen. Zur Erläuterung dieser Tatbestände folgen einige Beispiele aus der musikalischen Praxis.

Wie bereits erwähnt. kommt die vorgezogene Eins in der Latin-Musik besonders häufig vor. Dies soll anhand des weltbekannten Bossa Nova "The Girl from Ipanema" von Antonio Carlos Jobim erläutert werden.

P2

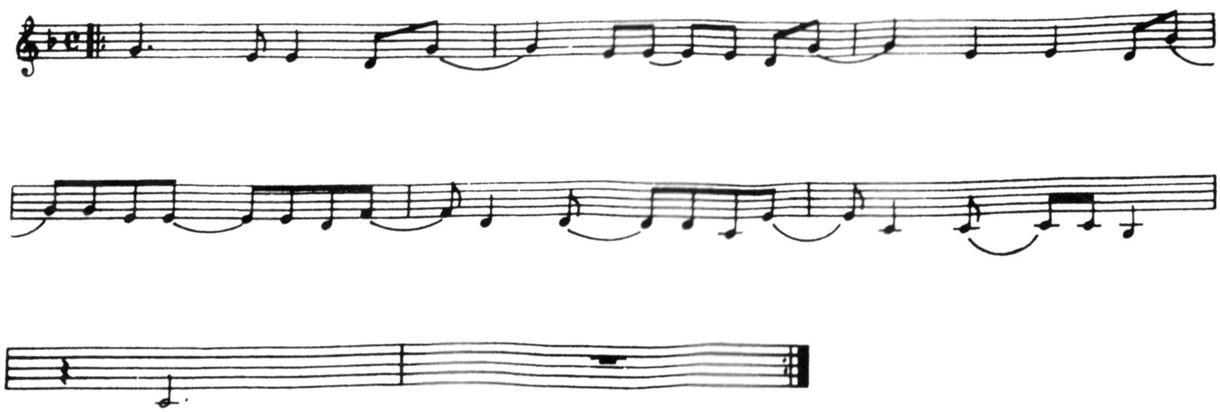

In den ersten 8 Takten dieser Komposition kommt in der Melodie (bzw. im Thema) die Taktzeit Eins nur im ersten Takt vor. Die Eins in den Takten 2 bis 6 ist vorgezogen. Die Harmonien (bzw. Akkorde) wechseln zunächst zweitaktig und später ganztaktig. Auffällig ist, daß die vorgezogene Eins in den Akkordwechseln nicht notiert wird. Hier gilt die folgende Regel: wenn in der Melodie eine vorgezogene Eins vorkommt, müssen die Akkorde und Baßlinien in den meisten Fällen ebenfalls vorgezogen werden. Falls an dieser Stelle ein Akkordwechsel stattfindet, muß dieser bereits auf den Offbeat der Taktzeit Vier vorgezogen werden. Die Harmonien des obigen Stücks müssen also im folgenden harmonischen Rhythmus gespielt werden:

P3

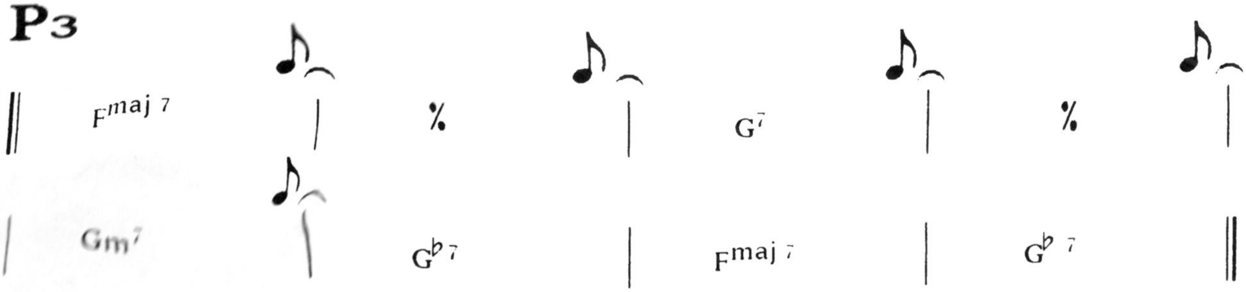

Dasselbe gilt auch für die vorgezogene Eins im ternären Bereich. Als Beispiel möchte ich einen schnellen Blues von Sonny Rollins, "Tenor Madness" vorstellen. Dieses Stück beginnt sogar mit einer vorgezogenen Eins. Die Taktzeit Eins kommt nur in den Takten 4, 8, 10 und 12 vor. Das bedeutet, daß die Harmonien in den Takten 1, 2, 3, 5, 6, 7, 9 und 11 vorgezogen werden müssen.

P4

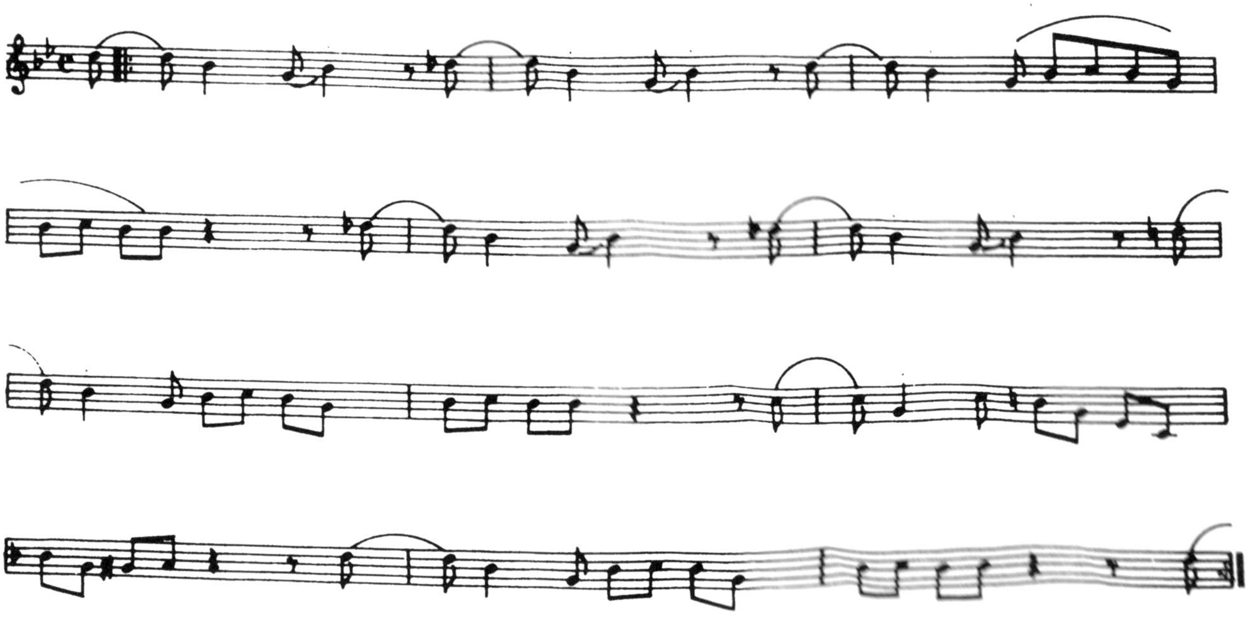

P5

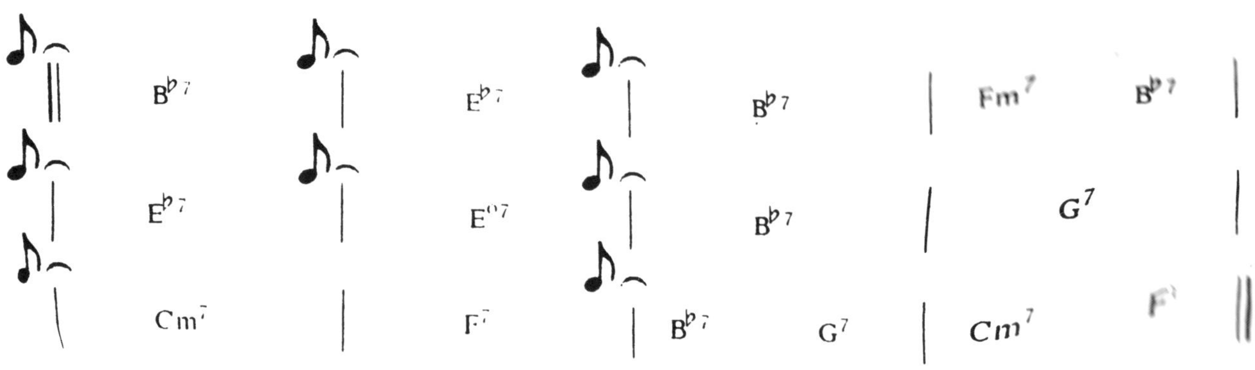

8. Kapitel

Doubletime und Halftime

Doubletime-Feel und Halftime-Feel

Wie im 1. Kapitel bereits beschrieben, ist es möglich, die Anzahl der Orientierungspunkte in einem 4/4-Takt zu verdoppeln oder zu halbieren. Diese Orientierungspunkte sind das gefühlte Metrum. Man spricht in diesem Fall von "**Doubletime-Feel**" bzw. von "**Halftime-Feel**".

Doubletime-Feel definiert sich so, daß die Anzahl der Orientierungspunkte in einem Takt doppelt so groß ist wie die Anzahl der Schläge pro Takt. Die Anzahl der Schläge pro Takt bleibt aber nach wie vor gleich. Es bestehen also zwei rhythmische Ebenen gleichzeitig: die **Basis-Time-Ebene (Basis-Metrum)** und die **Doubletime-Ebene**. Während die Basis-Time-Ebene nach wie vor als Grundlage dient, besteht durch die Doubletime-Ebene die Möglichkeit zur Erweiterung der rhythmischen Unterteilung. Hierdurch wird es möglich, die Orientierungspunkte sowohl auf die Basis-Time-Ebene als auch auf die Doubletime-Ebene zu beziehen und somit für mehr Abwechslung in der rhythmischen Artikulation und für ein breiteres Spektrum rhythmischer Spannung (und Entspannung) zu sorgen.

Dasselbe gilt für das gleichzeitige Vorhandensein der Basis-Time-Ebene und der **Halftime-Ebene**. Man spricht von **Halftime-Feel**, wenn die Basis-Time-Ebene nach wie vor Bestand hat, man sich aber für die Gestaltung der rhythmischen Artikulation an der Halftime-Ebene orientiert.

Um es noch einmal ganz deutlich zu machen: Ein Doubletime-Feel bzw. ein Halftime-Feel liegt vor, wenn mindestens einer der ausführenden Musiker zusätzlich zur Basis-Time-Ebene die Doubletime- oder Halftime- Ebene "fühlt" (man denke an "feel", engl.: fühlen), und sich innerlich daran orientiert, allerdings ohne das Basis-Metrum zu verlieren. Wenn man beispielsweise in einem 4/4-Takt (der bekanntlich 4 Schläge hat) 8 Achtelnoten fühlt, und die gespielten Töne an diesen Achteln orientiert, als wären es Viertel, handelt es sich in diesem Fall um **Doubletime-Feel**. Das gefühlte Metrum (8) entspricht also der doppelten Time (4). Dasselbe gilt entsprechend für das **Halftime-Feel**.

Binäre und ternäre Unterteilung von Double- und Halftime

Von **Doubletime** bzw. von **Halftime** spricht man, wenn sowohl das Metrum als auch die Time gleichzeitig verdoppelt bzw. halbiert werden. Im Notentext wird dies meist folgendermaßen notiert:

Q

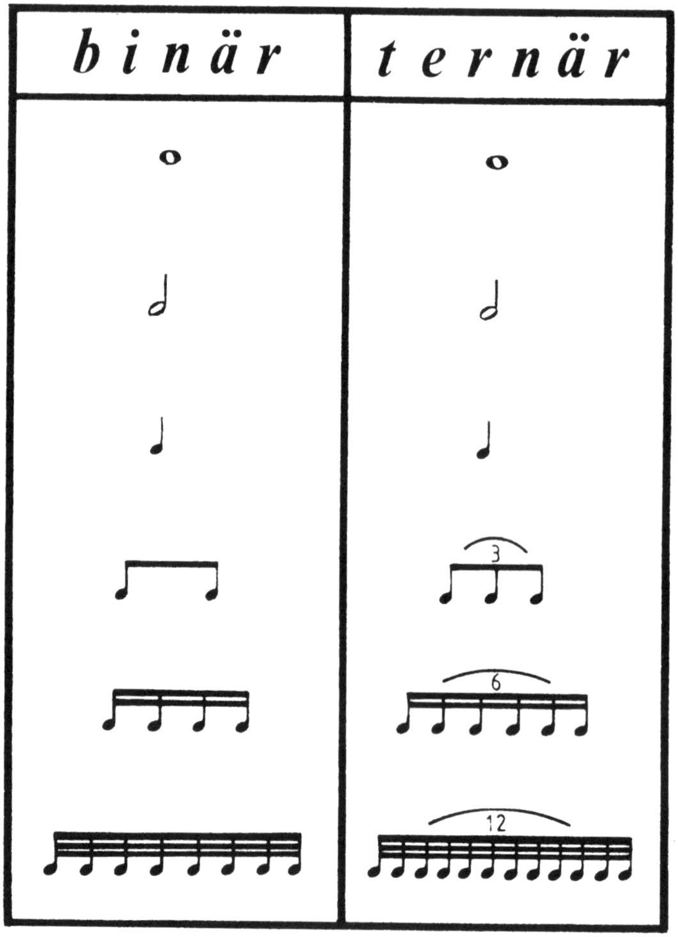

Am besten geschieht der Wechsel von einer Metrum-Ebene zur nächsten über das Mikrotime. Man nimmt die Anzahl der Mikrotime-Einheiten pro Takt und verdoppelt bzw. halbiert diese, um zum Double- bzw. Halftime zu gelangen. Das bedeutet, daß man bei der Verdoppelung und Halbierung immer im jeweils binären bzw. ternären Bereich bleibt. Dies ist bei binären Rhythmen selbstverständlich. Wenn aber die Basis-Time-Ebene (bzw. das Basis-Metrum) ternär ist, müssen die Halftime- und Doubletime-Ebenen definitionsgemäß ebenfalls ternär sein. Wie wir jedoch später noch sehen werden, ist es möglich, beim Wechsel auf die Halftime- bzw. Doubletime-Ebene von einer binären zu einer ternären Unterteilung zu wechseln oder umgekehrt.

Binäres Doubletime und Halftime

Wir nehmen als Beispiel einen binären 4/4-Takt mit Achtel- Mikrotime in Tempo 120. Ein Takt hat also die Dauer von 2 Sekunden. Wenn man diesen binären 4/4-Takt nun in Halftime umwandeln möchte, halbiert man die Anzahl der Mikrotime-Einheiten (8) und erhält 4 Mikrotime- Einheiten. Diese entsprechen den Achtelnoten des binären Achtel-Mikrotimes eines 4/4-Takts in Tempo 60. Ein Takt in der Halftime-Ebene nimmt nun die Zeit von 4 Sekunden in Anspruch, was genau der Dauer von zwei Takten in der Basis-Time-Ebene entspricht. In der nachfolgenden Übung 107 entspricht also ein halber Takt in der Halftime-Ebene einem ganzen Takt in der Basis-Time-Ebene.

Wenn man in die Doubletime-Ebene wechseln möchte, verdoppelt man die Mikrotime-Einheiten auf 16 und erhält zwei binäre 4/4-Takte mit Achtel- Mikrotime im Tempo 240. Ein Takt dauert nun 1 Sekunde, was der Hälfte eines Taktes in der Basis-Time-Ebene entspricht. Zwei Takte im Doubletime entsprechen also einem Takt in der Basis-Time-Ebene. Vier Takte im Doubletime entsprechen also auch einem Takt im Halftime.

107

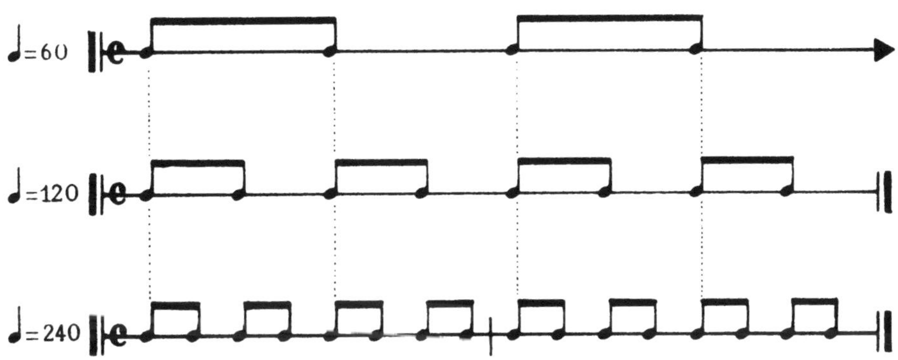

1. Für die obenstehende Übung stellt man das Metronom wie oben beschrieben auf das Tempo 120 ein und stellt sich das Ticken des Metronoms als die vollen Zählzeiten vor.

2. Nun zählt man das binäre Achtel-Mikrotime dazu: Eins-und-Zwei-und-Drei-und Vier-und.

3. Die Füße treten abwechselnd die Halben (auf Eins und Drei).

4. Mit den Händen schlägt man nun synkron mit dem Zählvokabular im Wechselschlag die Achtelnoten mit.

5. Ohne das Tempo der Hände und des Zählens zu verändern, wechselt man nun das Zählvokabular. Statt Eins-und-Zwei-und-Drei-und-Vier-und zählt man nun: Ei-ne-un-de- Zwei-je-und-de etc. Hiermit wird das Achtel-Mikrotime in Sechzehntel- Mikrotime umgedeutet, um den Wechsel zur Halftime-Ebene vorzubereiten.

6. Als nächstes betonen wir alle vollen Zählzeiten sowie alle Zählzeiten "und". Die 2. und 4. Sechzehntelnote jeder Zählzeit werden also beim Zählen nicht betont.

7. Nun läßt man die 2. und 4. Sechzehntel beim Zählen weg und erhält das binäre Achtel-Zählvokabular: Eins-und-Zwei-und-Drei-und-Vier-und.

8. Die Hände schlagen im Wechselschlag synkron mit der Stimme die Achtel mit. Wir haben mit diesem Schritt die Halftime-Ebene erreicht.

9. Nun geht man die Schritte 8 bis 5 rückwärts durch, bis man wieder auf der Basis-Time-Ebene angelangt ist, die in Punkt 1 bis 4 beschrieben wird.

10. Wir bereiten nun den Übergang zur Doubletime-Ebene durch Verdoppelung des Zählrhythmus vor. Wir zählen nun: Ei-ne-un-de-Zwei-je-und-de etc. Das Metronom tickt nach wie vor auf den vollen Zählzeiten, die Füße treten die Halben.

11. Wir schlagen nun mit den Händen im Wechselschlag synkron mit der Stimme die Sechzehntel mit.

12. Ohne das Tempo der Hände und des Zählens zu verändern, wechselt man nun das Zählvokabular. Statt Ei-ne-un-de-Zwei-je-und-de etc. zählt man nun: Eins - und- Zwei- und- Drei- und- Vier- und- Zwei- und- Zwei- und- Drei- und- Vier-und. Hiermit wird das Sechzehntel-Mikrotime in Achtel- Mikrotime umgedeutet, um den Wechsel zur Doubletime-Ebene zu vollziehen.

13. Als letzten Schritt vollzieht man nun die Schritte 12 bis 10 rückwärts, um zur Basis-Time-Ebene zurückzukehren.

Ternäres Doubletime und Halftime

Für ternäre Rhythmen gelten im Prinzip dieselben Regeln. Auch hier bleibt man beim Wechsel von der Basis-Time-Ebene in die Doubletime- bzw. Halftime-Ebene im ternären Bereich, indem man die Mikrotime-Einheiten pro Takt verdoppelt bzw. halbiert. Zwei ternäre 4/4-Takte im Tempo 60 dauern 8 Sekunden und haben insgesamt 24 Mikrotime-Einheiten im ternären Achtel-Mikrotime. Wenn man diese Anzahl halbiert, erhält man 12 Mikrotime-Einheiten, die nun einen Takt im Halftime ausfüllen. Wir erhalten also einen 4/4-Takt mit ternärem Achtel-Mikrotime in Tempo 30, der ebenfalls 8 Sekunden dauert. Zwei Takte in der Basis-Time-Ebene entsprechen also einem Takt in der Halftime-Ebene.

Dasselbe Verfahren wird angewandt, um zum ternären Doubletime zu gelangen: man verdoppelt die Anzahl der Mikrotime-Einheiten auf 48, und erhält vier 4/4-Takte mit ternärem Achtel-Mikrotime in Tempo 120. Vier Takte in der Doubletime-Ebene entsprechen also zwei Takten in der Time- Ebene und einem Takt in der Halftime-Ebene.

108

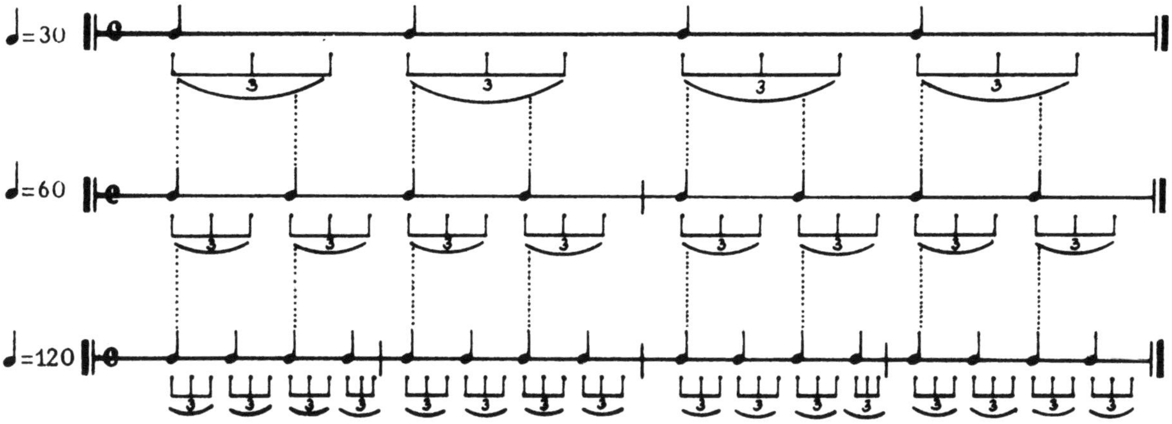

1. Für die obenstehende Übung stellt man das Metronom auf das Tempo 60 ein und stellt sich das Ticken des Metronoms als die vollen Zählzeiten vor.

2. Nun zählt man das ternäre Achtel-Mikrotime dazu: Eins-und-die- Zwei- und- die- Drei- und- die- Vier- und- die.

3. Die Füße treten abwechselnd die Halben (auf Eins und Drei).

4. Mit den Händen schlägt man nun synchron mit dem Zählvokabular im Wechselschlag die Triolenachtel mit.

5. Um nun zur Doubletime-Ebene zu gelangen, verdoppelt man den Rhythmus der Hände. Dadurch bekommt man Sextolen.

6. Das Zählvokabular wird nun an das Tempo der Hände angepaßt: **Eins**- und- die- Zwei- und- die- Drei- und- die- Vier- und- die- **Zwei**- und- die- Zwei- und- die- Drei- und- die- Vier- und- die. Die Füße treten im Doubletime auf die Zählzeiten Eins und Drei.

7. Nun geht man die Schritte 6 und 5 rückwärts, bis man wieder auf der ursprünglichen Basis-Time-Ebene angelangt ist, die in Punkt 1 bis 4 beschrieben wird.

8. Bevor man den Übergang zum ternären Halftime übt, sollte man erst in der Lage sein, die polyrhythmische Übung "Zwei gegen Drei und Drei gegen Zwei" *(S. 127ff)* auszuführen. Dies ist erforderlich, weil die Metronomschläge und die Mikrotime-Einheiten im ternären Halftime sich im Verhältnis von 2 : 3 (2 gegen 3) zueinander befinden.

9. Das ternäre Halftime erreicht man, indem man zunächst die Triolenachtel der Basis-Time-Ebene mit den Händen im Wechselschlag schlägt. Wenn man nun eine der beiden Hände wegläßt, halbiert man dadurch das Mikrotime. Dies entspricht dem ternären Achtel-Mikrotime der Halftime-Ebene. Man sollte hierbei darauf achten, das Schlagen derjenigen Hand zu unterbinden, die nicht auf der Zählzeit Eins schlägt. Mit anderen Worten: es schlägt nur noch die Hand, die auf der Zählzeit Eins zu schlagen beginnt. Das Metronom (2) und die Hand (3) stehen im Verhältnis 2:3 zueinander, vollziehen also miteinander den Polyrhythmus "Drei gegen Zwei".

10. Nun vollzieht man den Schritt Nummer 9 wieder rückwärts, indem man die zweite Hand wieder einsetzt und dadurch das Mikrotime verdoppelt, um zur Basis-Time-Ebene zurückzukehren.

Binäres und ternäres Mikrotime bei Double- und Halftime

Beim Wechsel auf die Doubletime- bzw. Halftime-Ebene hat man zusätzlich zu den oben beschriebenen Verdoppelungen und Halbierungen der Mikrotime-Einheiten die Möglichkeit, zwischen **binärem** und **ternärem Doubletime** bzw. **Halftime** zu wählen. Dies erweitert die zur Auswahl stehenden Möglichkeiten beträchtlich. Wichtig ist, daß man sich auch hier immer am Mikrotime orientiert. Die folgende Tabelle soll einen Überblick über die 4 verschiedenen Arten von binärem und ternärem Mikrotime geben, die einem in der Doubletime- und Halftime-Ebene zur Verfügung stehen.

109

TIME		MIKROTIME	
Double-Double-Time	Tempo 200	ternär	= Tempo 600
		binär	= Tempo 400
Double-Time	Tempo 100	ternär	= Tempo 300
		binär	= Tempo 200
Basis-Time-Ebene	Tempo 50	ternär	= Tempo 150
		binär	= Tempo 100
Half-Time	Tempo 25	ternär	= Tempo 75
		binär	= Tempo 50
Half-Half-Time	Tempo 12.5	ternär	= Tempo 37.5
		binär	= Tempo 25

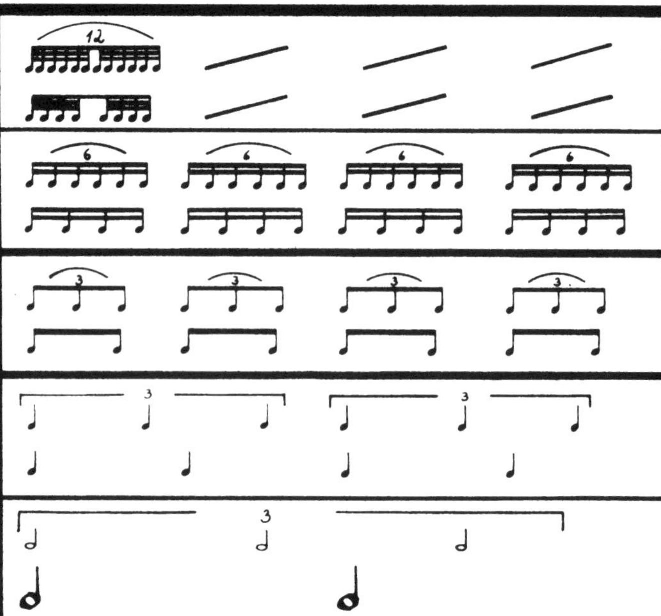

Der Wechsel von der Basis-Time-Ebene in die verschiedenen binären und ternären Doubletime- und Halftime-Ebenen soll anhand des Beispiels einer ternären Ballade im 4/4-Takt in Tempo 50 erläutert werden. Um hierbei von der Basis-Time-Ebene in eine der Doubletime- oder Halftime-Ebenen flüssig wechseln zu können, sollte man sich die zu erreichende Ebene bereits vorstellen können, während man sich noch in der Basis-Time-Ebene befindet. Bevor man also auf dem jeweiligen Instrument ins Doubletime oder Halftime geht, sollte man sich auf die nachfolgend beschriebene Art und Weise geistig vorbereiten. Dies hilft Temposchwankungen und andere Unsicherheiten zu vermeiden.

1. Wir stellen das Metronom bei dieser Übung auf das Tempo 50 ein. Das Ticken des Metronoms entspricht den vier vollen Zählzeiten eines 4/4-Takts. Die Viertelnoten in der ternären Ballade haben also das Tempo 50. Die Halftime-Ebene hat demnach Tempo 25, die Doubletime- Ebene Tempo 100. Mit diesen (großgedruckten) Tempoangaben in der Spalte "Time" ist die Anzahl der Viertelnoten pro Minute gemeint *(siehe S. 22)*. In einer ternären Ballade in Tempo 50 muß man sich zunächst das ternäre Achtel-Mikrotime vorstellen, um die rhythmische Schwingung der Basis-Time-Ebene richtig aufnehmen und die gespielten Töne, Akkorde oder Schläge danach ausrichten zu können. Die 12 einzelnen Triolenachtel des ternären Achtel-Mikrotimes folgen quasi im Tempo 150 aufeinander. Mit diesen kleingedruckten Tempoangaben ist nicht die Anzahl der Viertelnoten pro Minute, sondern die Anzahl der jeweiligen Mikrotime-Einheiten pro Minute gemeint.

2. Dieselbe Time-Ebene kann auch binär aufgefaßt werden. Hierzu teilt man die Viertelnoten in binäres Achtel-Mikrotime ein. Das Erreichen dieser Time-Ebene ist bereits im Zusammenhang mit der Pyramide geübt worden *(S. 41 ff)*.

3. Nun wechseln wir in die ternäre Halftime-Ebene über. Hierzu ist es zunächst erforderlich, das ursprüngliche ternäre Achtel-Mikrotime (12 Triolenachtel) zu halbieren. Man erhält von der Basis-Time-Ebene aus gesehen quasi 6 Triolenviertel, die in Triolenachtel umgewandelt werden müssen, um die Halftime-Ebene zu erreichen. Die einzelnen Triolenachtel des ternären Halftime-Achtel-Mikrotimes folgen also im Tempo 75 aufeinander. Die Viertelnoten haben jetzt das Tempo 25. Das Erreichen der ternären Halftime-Ebene ist oben bereits erklärt worden *(S. 115)*. Um zur Basis-Time-Ebene (Tempo 50) zurückzukehren, muß man lediglich die ternären Mikrotime-Einheiten wieder verdoppeln.

4. Das Erreichen der binären Halftime-Ebene ist bereits weiter oben beschrieben worden *(S. 113/114)*.

5. Nun wechseln wir auf die Ebene des binären Doubletime über, wie in Übung 107 beschrieben *(S. 113/114)*.

6. Das Erreichen (und Verlassen) der ternären Doubletime-Ebene soll so vollzogen werden wie in Punkt 5 bis 7 von Übung 108 *(S. 113/114)*.

7. Die Doubletime-Ebene kann nun ihrerseits wieder als Basis-Time- Ebene angesehen werden, um von hier aus ein doppeltes Doubletime (Double-Doubletime) zu erreichen. Es gibt ebenso wie beim Doubletime binäres und ternäres Double- Doubletime-Mikrotime. Hierbei vollzieht man dieselben, oben bereits beschriebenen Schritte.
8. Die Halftime-Ebene kann nun ihrerseits als Basis-Time-Ebene dienen, um die halbe Halftime-Ebene (Half-Halftime) zu erreichen. Die Half-Halftime-Ebene kann ebenfalls in binäres und ternäres Half- Halftime-Mikrotime unterteilt werden.

Die Verdoppelung und Halbierung des harmonischen Rhythmus

Die Akkordwechsel (engl.: Changes) einer Komposition können ebenfalls rhythmisch erfaßt werden. Wenn in jedem neuen Takt eines Stücks ein neuer Akkord erscheint, spricht man von **ganztaktigen** Akkordwechseln. Darüberhinaus gibt es **viertaktige, zweitaktige, halbtaktige** und **vierteltaktige** Akkordwechsel. Diese rhythmische Abfolge von Akkorden (oder Harmonien) nennt man den **harmonischen Rhythmus** einer Komposition.

Dieser harmonische Rhythmus kann parallel oder entgegengesetzt zum Wechsel der rhythmischen Time-, Halftime- oder Doubletime-Ebenen laufen. Am Beispiel der klassischen Jazz-Ballade "Misty" von Errol Garner soll aufgezeigt werden, wie der harmonische Rhythmus im Verhältnis zu den verschiedenen Time-Ebenen sowohl gleichbleiben als sich auch verändern kann. Es ist sowohl im Doubletime als auch im Halftime möglich, den harmonischen Rhythmus beizubehalten, oder ihn - parallel zu der rhythmischen Vergrößerung bzw. Verkleinerung - ebenfalls zu vergrößern oder zu verkleinern. Man nennt diese Verkleinerungen und Vergrößerung die **Halbierung, Verdoppelung** und **Vervierfachung** des harmonischen Rhythmus.

R1

Doubletime mit Verdopplung des harmonischen Rhythmus

‖ E♭maj7 | B♭m7 E♭7 | A♭maj7 | A♭m7 D♭7 | E♭j7 Cm7 | Fm7 B♭7 | 1. Gm7♭5 C7 | Fm7 B♭7 ‖

Doubletime-Ebene

‖ E♭maj7 | % | B♭m7 | E♭7 | A♭maj7 | % | A♭m7 | D♭7 |

Basis-Time-Ebene

‖ E♭maj7 | B♭m7 E♭7 | A♭maj7 | A♭m7 D♭7 |

Halftime-Ebene

‖ E♭maj7 / B♭m7 E♭7 | A♭maj7 / A♭m7 D♭7 |

Halftime mit Halbierung des harmonischen Rhythmus

‖ E♭maj7 / / / | B♭m7 / E♭7 / |

Ein weiteres Beispiel soll zeigen, wie dieses Wissen in der Praxis Anwendung finden kann. Ich möchte dem Leser hiermit die Ballade "Blue in Green" vorstellen, die Miles Davis im Jahre 1958 auf der Platte "Kind of Blue" aufgenommen hat. Diese wegweisende Platte stellt einen Meilenstein in der Geschichte des Jazz dar. Sie ist in vielerlei Hinsicht sehr interessant, hier soll es jedoch nur um die Kombination von Time und Doubletime mit der Verdoppelung und Vervierfachung des harmonischen Rhythmus gehen.

R2

(Ballade)

Blue in Green

– Miles Davis

Gm^{6}	A$^{7/alt.}$	Dm^{7} D$^{\flat 7}$	Cm^{7} F^{7}
B$^{\flat}$maj 7	A$^{7/alt.}$	Dm^{7}	E$^{7/alt.}$
Am^{7}	Dm$^{maj 7}$		

1. Intro: 4 Takte
   Klavier spielt Takt 3 bis 10 der Form mit Verdoppelung des harmonischen Rh.
2. Thema: 10 Takte. Trompete
3. Trompetensolo
4. Klaviersolo: 10 Takte
5. Saxophonsolo: 10 Takte
   2x die Form (harm. Rh. verdoppelt)
6. Klaviersolo: 5 Takte
   2x die Form. Vervierfachung des harmonischen Rhythmus. Klavier und Baß spielen ternäres Doubletime.
7. Thema: 20 Takte, Trompete
8. Schluß: rubato
   Klavier 2x die Form.
   Baß streicht die Grundtöne.

Die Intro hat eine Länge von 4 Takten. Sie beginnt in Takt 3 der 10- taktigen Form. Diese Form wird allerdings im verdoppelten harmonischen Rhythmus gespielt. sodaß die 8 Takte der Form (Takt 3 bis 10) nun den Raum von 4 Takten einnehmen. Von der Basis-Time-Ebene in Tempo 56 aus gesehen. stellt sich die Intro folgendermaßen dar:

R3

Intro (♩ = 56)

‖ Dm^{7} D$^{\flat 7}$ Cm^{7} F^{7} | B$^{\flat}$maj7 A$^{7/alt.}$ | Dm^{7} E$^{7/alt.}$ | Am^{7} Dm^{maj7} ‖

Nach der Intro spielt die Trompete das Thema (einmal die Form) in der Basis-Time-Ebene (Tempo 56) im **harmonischen Basis-Rhythmus** mit hauptsächlich ganztaktigen Akkordwechseln. Dieselben rhythmischen und harmonischen Ebenen herrschen beim Trompetensolo vor, welches ebenso wie das Thema 10 Takte lang ist. Beim anschließenden ersten Klaviersolo wird die Form zweimal gespielt, allerdings wird hier der harmonische Rhythmus verdoppelt, sodaß die Akkorde hauptsächlich halbtaktig wechseln und dadurch die Länge des Solos ebenfalls insgesamt 10 Takte beträgt. Beim Saxophonsolo herrschen dieselben Gegebenheiten wie im vorherigen Klaviersolo vor.

Das zweite Klaviersolo ist besonders interessant: bei einer Halbierung der Taktanzahl geschieht eine Vervierfachung des harmonischen Rhythmus und ein Wechsel in die ternäre Doubletime-Ebene. Der Pianist spielt also quasi zweimal die Form in der Hälfte der Anzahl der Takte. Von der Basis-Time-Ebene aus gesehen stellen sich die Akkordwechsel nun wie folgt dar:

R4

<u>Klaviersolo</u> (♩ = 56)

|| Gm^{6} $A^{7/alt.}$ Dm^{7} $D\flat^{7}$ Cm^{7} F^{7} | $B\flat maj^{7}$ $A^{7/alt.}$ Dm^{7} $E^{7/alt.}$ |

| Am^{7} Dm^{7} Gm^{7} $A^{7/alt.}$ | Dm^{7} $D\flat^{7}$ Cm^{7} F^{7} $B\flat maj^{7}$ $A^{7/alt.}$ |

| Dm^{7} $E^{7/alt.}$ Am^{7} Dm^{7} ||

Das Schlußthema wird wieder genau wie das Anfangsthema gespielt, also im harmonischen Basis-Rhythmus und in der Basis-Time-Ebene. Der Schluß wird vom Klavier unter Aufhebung des Metrums (rubato) gespielt.

Erwähnenswert ist vielleicht noch, daß diese relativ komplizierten Verhältnisse für die ausführenden Musiker leicht erfaßt werden können, da jeder einzelne Musiker immer zweimal die Form zu spielen hat. Die Trompete spielt jeweils eine Form lang das Thema und ein Solo. Der Pianist Bill Evans spielt zweimal die Form (allerdings mit einer Verdoppelung des harmonischen Rhythmus), der Saxophonist John Coltrane in seinem nachfolgenden Saxophonsolo ebenfalls. Das zweite Klaviersolo geht ebenfalls über zwei Formteile (mit einer Vervierfachung des harmonischen Rhythmus), ebenso wie das Schlußthema und die nachfolgende Extro (bzw. der Schluß).

III. Teil

Die Polyrhythmik

Rhythmische Sonderzeichen

In dieser Schule finden die folgenden rhythmischen Sonderzeichen Verwendung. Sie geben bei den körperbezogenen rhythmischen Koordinationsübungen die jeweils gemeinten Körperteile wie Hände, Füße oder Stimme an. Weitere rhythmische Sonderzeichen stehen für das Metronom, die ternäre Mikrotime- Unterteilung und für die Umdeutung des Mikrotime in der Polyrhythmik zur Verfügung.

C 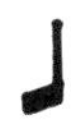 Metronom

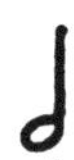 Stimme und Mikrotime

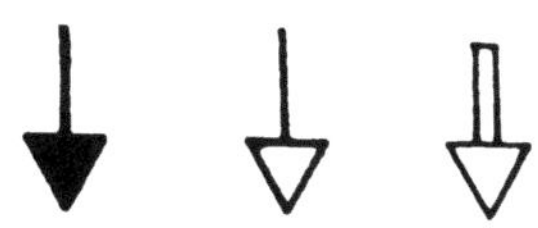 Hände

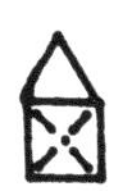 Füße

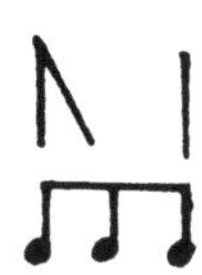 ternäre Achtel-Unterteilung

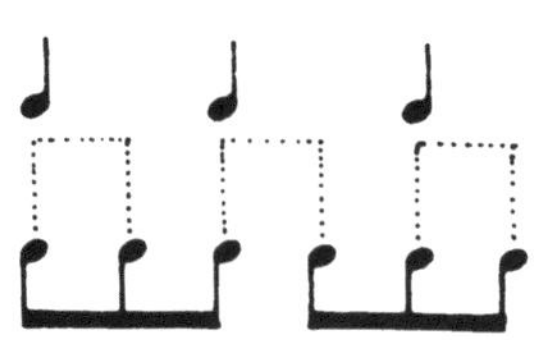 Umdeutung des Mikrotime (in der Polyrhythmik)

9. **Kapitel**

Polyrhythmen und Verschiebungen

Überlagerungen

Der Begriff der "**Polyrhythmik**" wird traditionell für die **Überlagerung** mehrerer rhythmischer Ebenen verwendet (Poly~ lat.: Viel~). Polyrhythmik entsteht, wenn mindestens zwei verschiedene rhythmische Ebenen gleichzeitig vorhanden sind. Man erhält durch die Anwendung von Polyrhythmik die Möglichkeit, beim Spielen eines Stücks vom Basis-Metrum in andere, überlagerte rhythmische Ebenen umzuschalten und die gespielten Töne wahlweise auf das Basis-Metrum oder auf die zweite überlagerte rhythmische Ebene zu beziehen. Durch die Verwendung mehrerer Metren gleichzeitig entsteht ein rhythmisches Geflecht unterschiedlicher Pulsationen, welches jederzeit mehr zu dem einen oder anderen Metrum tendieren kann. Hierdurch entsteht eine ständig vorhandene rhythmische Spannung zwischen den gespielten Tönen und dem zugrundeliegenden Metrum. Diese Spannung läßt sich wieder auflösen, indem man die gespielten Töne wieder auf das Basis-Metrum bezieht. Es ist also wie beim Umgang mit Melodien und Harmonien ebenfalls mit Rhythmen möglich, das **Prinzip von Spannung und Entspannung** anzuwenden.

Die einfachste Art, dem Basis-Metrum eine zweite rhythmische Ebene zu überlagern, erhält man durch die Verdoppelung oder Halbierung des Basis- Metrums, wodurch ein Doubletime-Feel bzw. ein Halftime-Feel entsteht, wie im 8. Kapitel bereits beschrieben *(S. 111 ff)*. Die gleichzeitige Verwendung des Basis-Metrums und der Doubletime- oder Halftime-Ebene fällt jedoch nicht unter den Begriff der Polyrhythmik. Man betrachtet das Doubletime und Halftime, sowie das Doubletime- und Halftime-Feel vielmehr als eine Erweiterung der rhythmischen Möglichkeiten innerhalb des Basis-Metrums. Unter den Begriff der Polyrhythmik fallen also genaugenommen nur die Überlagerungen von Rhythmen, die nicht aus der Verdoppelung bzw. Halbierung des Basis-Metrums entstehen.

Rhythmische Modulation

Mit dem Begriff der **rhythmischen Modulation** bezeichnet man den Wechsel von einer Unterteilungsart einer Viertelnote zu einer anderen. Dies wurde im Zusammenhang mit der Pyramide (vgl. S. 39f) bereits erläutert und geübt. Wenn man beispielsweise von der binären Unterteilungsart zur ternären Unterteilungsart wechselt, wechselt man damit von zwei Unterteilungen einer Viertelnote zu drei Unterteilungen. Dies ist bereits als rhythmische Modulation anzusehen.

Jeder Wechsel von einer Mikrotime-Ebene in der Pyramide zu einer beliebigen anderen ist eine rhythmische Modulation. Spielt man beispielsweise ein Stück im Vier-Viertel-Takt im Tempo 60 mit Sechzehntel-Mikrotime und wechselt für eine bestimmte Anzahl von Takten oder einzelnen Schlägen (bzw. Vierteln) zu einer Unterteilung mit Sechzehntel-Quintolen-Mikrotime, bedeutet dies ebenfalls eine rhythmische Modulation. Besonders wichtig ist in diesem Zusammenhang, daß die einzelnen Viertel nach wie vor im Tempo 60 aufeinanderfolgen.

Metrische Modulation

Der Begriff **metrische Modulation** bezeichnet hingegen immer eine Umdeutung des Mikrotime. Bei der Überlagerung zweier Rhythmen innerhalb eines Takts fällt die Zählzeit Eins beider rhythmischen Ebenen zusammen. Die einzelnen Takte der beiden rhythmischen Ebenen sind demnach genau gleich lang, weshalb auch die Taktstriche genau untereinander stehen. Die beiden rhythmischen Ebenen werden durch Mikrotime-Einheiten der jeweiligen Metren miteinander verbunden. Dies kann nur geschehen, wenn beide rhythmischen Ebenen die gleiche Anzahl von Mikrotime-Einheiten pro Takt aufzuweisen haben.

Wenn man zwei verschiedene Metren miteinander kombinieren möchte, muß man die Taktzähler beider Metren miteinander multiplizieren, um die Anzahl der Mikrotime-Einheiten für einen Takt zu erhalten. Diese Mikrotime-Einheiten werden anschließend in beiden Metren in gleichlange Gruppierungen eingeteilt. Diese Gruppierungen können zwei bis neun (oder auch mehr) Mikrotime-Einheiten enthalten.

S1

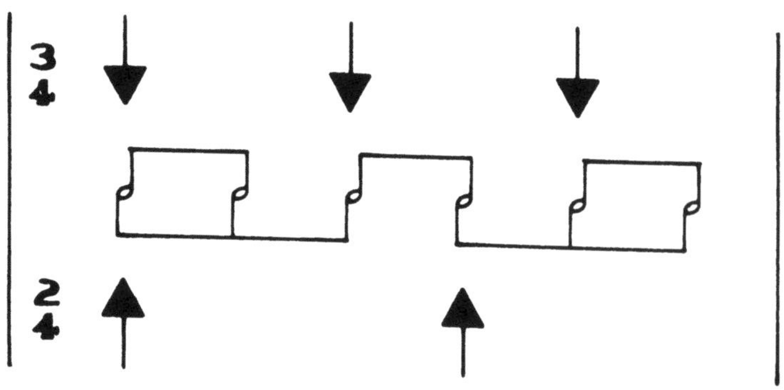

Eine der beiden rhythmischen Ebenen wird als **Basis-Metrum** festgelegt. Die andere rhythmische Ebene wird dagegengesetzt. Sie wird als **"überlagertes Metrum"** bezeichnet. Das Basis-Metrum wird bei allen folgenden polyrhythmischen Übungen in die untere Zeile geschrieben. Die obere Zeile stellt also immer das überlagerte Metrum dar. Beim obenstehenden Beispiel ist also der 2/4-Takt in der unteren Zeile als Basis-Metrum anzusehen. Der in der oberen Zeile stehende 3/4-Takt wird diesem 2/4-Takt überlagert. Dieser Polyrhythmus muß demnach als **"Drei gegen Zwei"** bezeichnet werden. Wäre hingegen der 3/4-Takt das Basis- Metrum, müßte dieser Polyrhythmus **"Zwei gegen Drei"** heißen. Das Basis-Metrum wird also in der Formel zur Bezeichnung von Polyrhythmen immer an letzter Stelle genannt.

Bevor man sich mit den verschiedenen polyrhythmischen Übungen auseinandersetzt, sollte man sich mit dem Prinzip der metrischen Modulation vertraut machen. Anhand des Beispiels S2 können die verschiedenen Möglichkeiten der Einteilung von zwölf Mikrotime-Einheiten abgelesen werden. Diese zwölf Mikrotime-Einheiten können einem 4/4-Takt, einem 6/4-Takt, einem 3/4-Takt und einem 2/4-Takt zugeordnet werden. Dies kann mit Hilfe der im folgenden beschriebenen polyrhythmischen Vorübungen in die Praxis umgesetzt werden, die alle ohne Metronom gezählt und geübt werden sollen.

S2

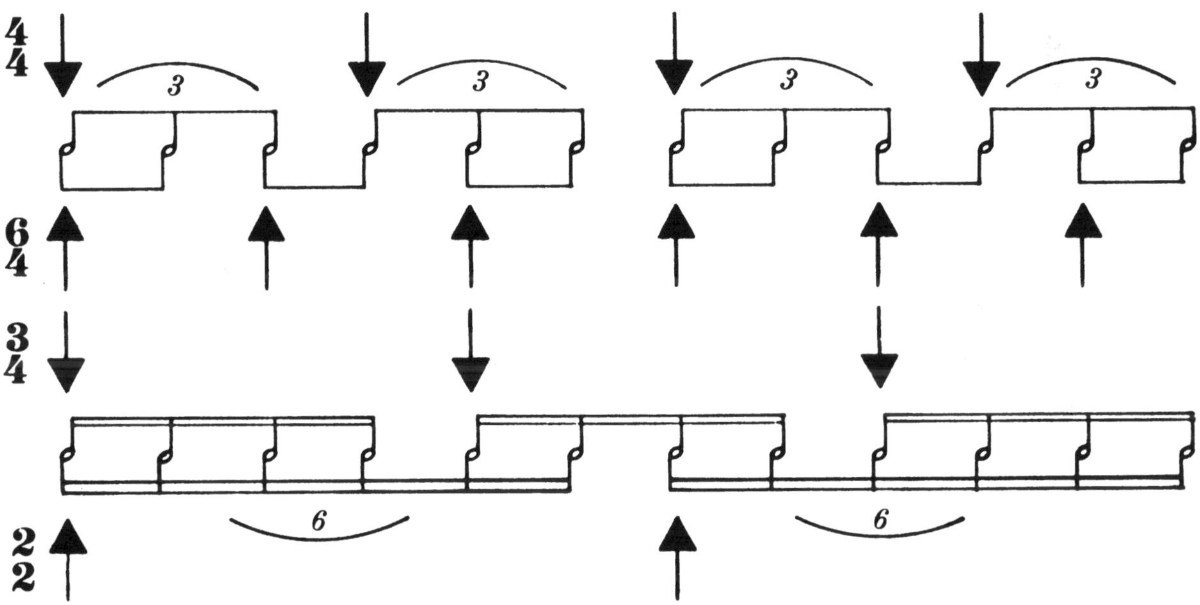

Wichtig ist, daß die Geschwindigkeit der Mikrotime-Einheiten bei diesen Vorübungen konstant bleibt. Zuerst sollte man die verschiedenen Mikrotime-Arten zählen lernen. Ohne das Zähltempo zu verändern, sollte man also in der Lage sein, das Zählvokabular für diese zwölf Mikrotime-Einheiten zu wechseln:

Eins-und-die-Zwei-und-die-Drei-und-die-Vier-und-die
Eins-und-Zwei-und-Drei-und-Vier-und-Fünf-und-Sechs-und
Ei-ne-un-de-Zwei-je-un-de-Drei-je-un-de
Eins-zwei-drei-vier-fünf-sechs-Zwei-zwei-drei-vier-fünf-sechs

Die verschiedenen Arten des Zählens sollten alle miteinander abgewechselt werden, wobei man immer die jeweils vollen Zählzeiten durch einen Akzent betonen sollte.

Nun sollte man die Füße hinzunehmen. Sie treten immer auf die erste und siebte Mikrotime-Einheit, also auf die Zählzeiten "Eins" und "Drei" im 4/4-Takt (und entsprechend auf die Zählzeiten "Eins" und "Vier" im 6/4-Takt, auf die Zählzeiten "Eins" und "Zwei und" im 3/4-Takt und auf die Zählzeiten "Eins" und " Zwei" im 2/2-Takt).

Die Hände schlagen nun im Wechselschlag alle Mikrotime-Einheiten mit den entsprechenden Akzenten, während man von einer Ebene zur nächsten wechselt. Di e Füße treten dabei auf der ersten und siebten Mikrotime-Einheit.

Als nächstes kann man dazu übergehen, drei verschiedene Metren gleichzeitig zu spielen, die alle über zwölf Mikrotime-Einheiten verfügen. Es gibt insgesamt 48 verschiedene Kombinationsmöglichkeiten, wenn man drei Metren in den Füßen und in der linken und rechten Hand gleichzeitig spielen möchte. Man schlägt also nicht die Mikrotime-Einheiten im Wechselschlag, sondern die jeweiligen Viertel (im 4/4-, 3/4- und 6/4-Takt) bzw. die Halben (im 2/2-Takt) entweder mit den Füßen oder mit der linken bzw. mit der rechten Hand. Dies kann den nachfolgenden Tabellen entnommen werden.

Die Kombinationstabellen für metrische Modulationen

S3

Füße	2					
linke Hand	3	4	3	6	4	6
rechte Hand	4	3	6	3	6	4

Füße	4					
linke Hand	2	3	2	6	3	6
rechte Hand	3	2	6	2	6	3

Füße	3					
linke Hand	2	4	2	6	4	6
rechte Hand	4	2	6	2	6	4

Füße	6					
linke Hand	2	3	2	4	3	4
rechte Hand	3	2	4	2	4	3

Drei gegen Zwei

Wir kombinieren als erstes zwei Metren mit den Taktzählern Zwei und Drei miteinander. Wir bestimmen zunächst den 2/4-Takt als Basis-Metrum, wie in Beispiel S 1.

Man multipliziert zunächst die beiden Taktzähler (Zwei und Drei) miteinander und erhält die Zahl Sechs. Man teilt nun den 2/4-Takt in 6 Mikrotime-Einheiten ein und erhält 2 Dreiergruppen von Mikrotime- Einheiten. Dies entspricht einem ternären Achtel-Mikrotime. Teilt man diese 6 Mikrotime-Einheiten durch 3, erhält man 3 Zweiergruppen, was einem binären Achtel-Mikrotime entspricht. Wir erhalten demnach einen ternären 2/4-Takt und einen binären 3/4-Takt, die genau übereinanderliegen. Dieser rhythmische Tatbestand ist beispielsweise gegeben, wenn wir in einem 2/4-Takt eine Vierteltriole zu spielen haben.

T1

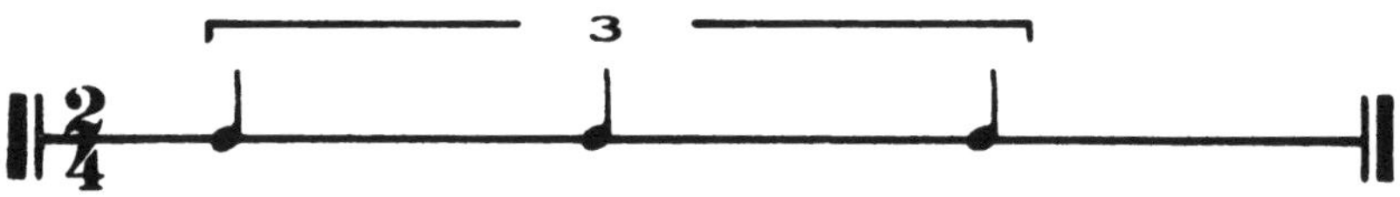

110

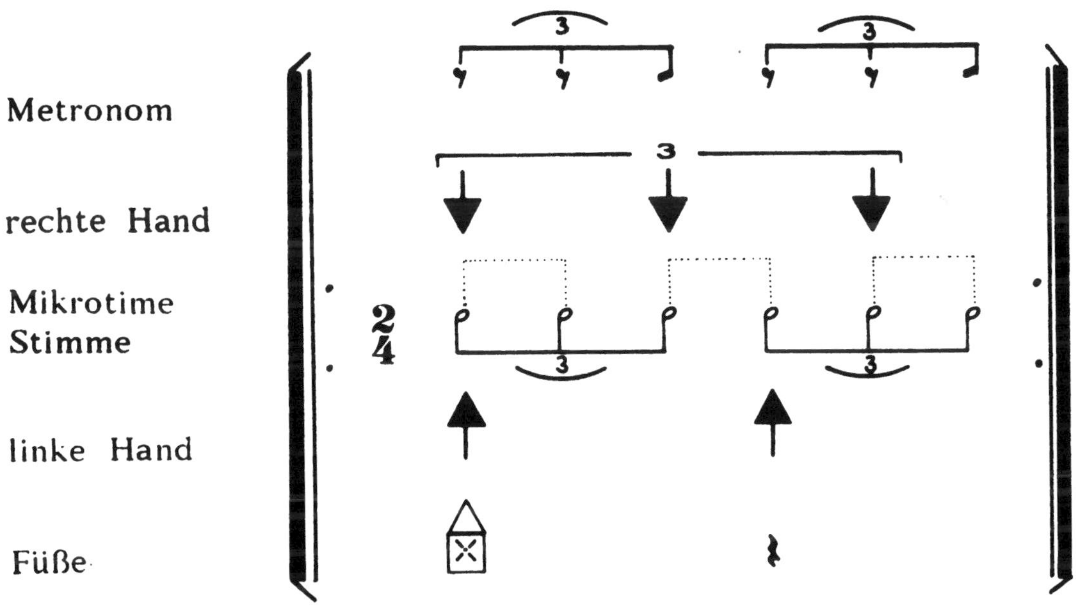

Nun zu den einzelnen Sektionen:

1. Wir stellen unser Metronom auf das Tempo 60 ein, und hören das Ticken als drittes Triolenachtel in einem 2/4-Takt.

2. Wir zählen das ternäre Mikrotime eines 2/4-Takts dazu: "Eins-und-die-Zwei-und-die".

3. Mit den Füßen treten wir nun auf die Eins.

4. Wir schlagen mit der linken Hand die beiden Viertel des 2/4-Takts.

5. Mit der rechten Hand schlagen wir die 3 Triolenviertel dazu.

6. Nun wechselt man mit den Händen. Das bedeutet, daß die linke Hand die Rolle der rechten Hand übernimmt und umgekehrt. Auch dieser Wechsel sollte fließend vollzogen werden können, während man gleichzeitig zählt und die Füsse auf die Eins tritt. Man sollte immer mindestens zwei Takte hintereinander üben, bevor man mit den Händen wechselt.

Dieselbe Übung kann auch in einem 2/2-Takt (entspricht einem 4/4-Takt alla breve) geübt werden. In der musikalischen Praxis wird dies folgendermaßen notiert:

T2

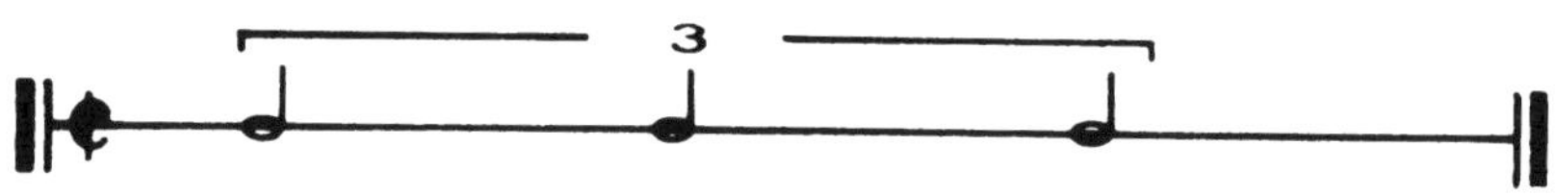

An der Ausführung ändert sich dadurch nichts, wie man an der folgenden Übung sehen kann, die mit Übung 110 identisch ist. Es ändert sich lediglich die Schreibweise.

111

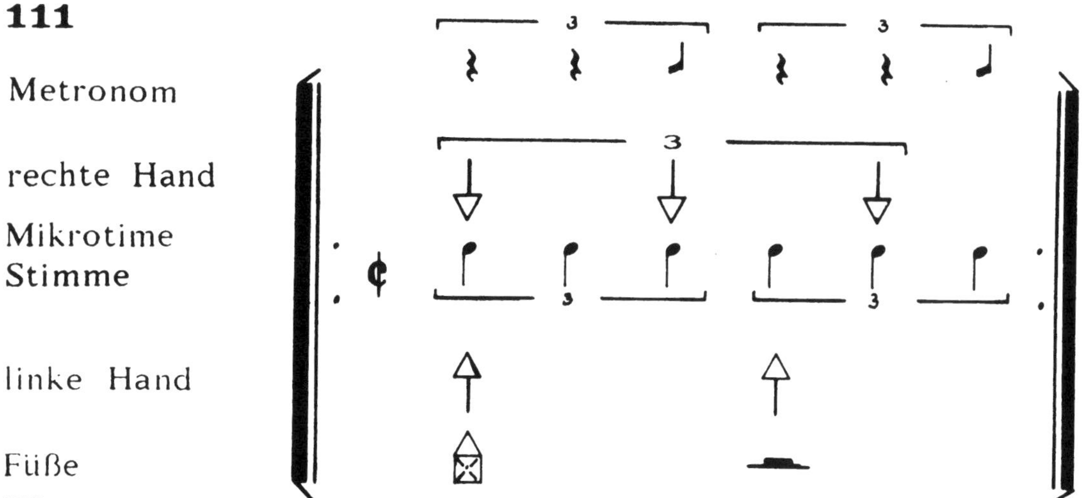

Zwei gegen Drei

Nun bestimmen wir den 3/4-Takt als Basis-Metrum und betrachten den 2/4-Takt als überlagertes Metrum. Dieser Tatbestand ist beispielsweise gegeben, wenn man in einem 3/4-Takt eine Halbe-Duole bzw. punktierte Viertelnoten zu spielen hat.

U

Um die häufig angewendete Zweiteilung eines 3/4-Takts fühlen, bzw. punktierte Viertel genau ausführen zu lernen, sollte man sich die folgende polyrhythmische Übung "Zwei gegen Drei" anschauen und üben.

112

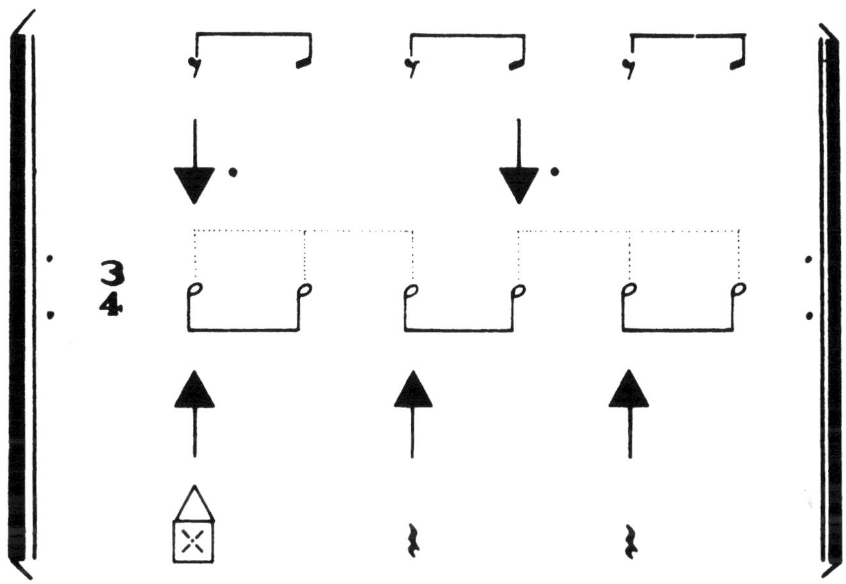

1. Wir stellen das Metronom auf das Tempo 88 ein. Das Ticken stellt den binären Offbeat dar.

2. Wir zählen das binäre Achtel-Mikrotime.

3. Mit den Füßen treten wir auf die Eins.

4. Nun schlagen wir mit der linken Hand die 3 Viertelnoten.

5. Mit der rechten Hand schlagen wir die 2 punktierten Viertel (bzw. die Halbe-Duole).

6. Nun wechselt man mit den Händen.

Komplementär-Polyrhythmen

Die polyrhythmischen Übungen "Drei gegen Zwei" und "Zwei gegen Drei" werden wegen ihrer Umkehrbarkeit **Komplementär-Polyrhythmen** genannt. Es gehören immer zwei polyrhythmische Übungen zusammen, die zu einer Einheit werden, indem man fließend von einem Basis-Metrum zum anderen wechselt. Das Wechseln vom Basis-Metrum zur überlagerten rhythmischen Ebene und zurück wird mit dem Begriff **"Umschalten"** beschrieben. Dies soll in der folgenden Übung anhand des Beispiels der Polyrhythmen "Drei gegen Zwei" und "Zwei gegen Drei" *(siehe S. 127 ff)* beschrieben werden.

1. Wir gehen zunächst vom ternären 2/4-Takt aus. Das Metronom tickt in Tempo 60 auf dem ternären Offbeat.

2. Wir zählen dazu das ternäre Achtel-Mikrotime.

3. Die Füße treten auf die Eins.

4. Die linke Hand schlägt die 2 Viertelnoten.

5. Die rechte Hand schlägt die 3 Vierteltriolen.

6. Danach wechseln wir in das binäre Mikrotime eines 3/4-Takts über, ohne die Zählgeschwindigkeit zu verändern. Wir zählen also anstatt "**Eins**-und-die-**Zwei**-und-die" nun "**Eins**-und-**Zwei**-und-**Drei**-und". Das Ticken des Metronoms fällt nun beim 3/4-Takt mit der Zählzeit "Zwei" (2) und dem Offbeat der Zählzeit "Drei" (3 +) zusammen. Während also das Metronom weiterhin auf dem dritten Triolenachtel des ternären Mikrotime in einem 2/4-Takts tickt, schaltet man in das binäre Zählvokabular eines 3/4-Takts um. Der Übergang (bzw. das Umschalten) vom ternären Zählvokabular des 2/4-Takts zum binären Zählvokabular des 3/4-Takts und zurück sollte nahtlos ineinanderübergehen.

113

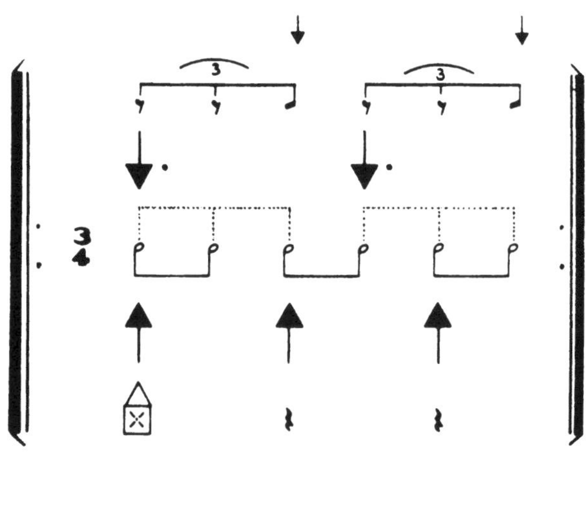

7. Während man einen ternären 2/4-Takt zählt, muß man nun die 2 Viertel in der linken Hand durch stärkeres Schlagen betonen. Danach wechselt man zum Zählvokabular eines binären 3/4-Takts über und betont gleichzeitig die in der rechten Hand liegenden 3 Viertelnoten.

8. Als nächstes geht man wieder zum Zählvokabular des ternären 2/4- Takts zurück und betont abwechselnd (für die Dauer von mindestens 2 Takten) die 2 Viertel in der linken Hand und die 3 Triolenviertel in der rechten Hand. Dies kann man durch akzentuiertes Zählen unterstützen: "**Eins**-und-die-**Zwei**-und-die" (für die Viertelnoten) bzw. "**Eins**-und-**Die**-zwei-**Und**-die" (für die Triolenviertel).

9. Gleiches gilt auch für den binären 3/4-Takt: Man betont abwechselnd die 3 Viertelnoten in der rechten Hand und die punktierten Viertelnoten in der linken durch akzentuiertes Schlagen und Zählen: "**Eins**-und-**Zwei**-und-**Drei**-und" bzw. "**Eins**-und- zwei-**Und**- drei-und".

10. Nun wechselt man mit den Händen. Das bedeutet, daß die linke Hand die Rolle der rechten Hand übernimmt und umgekehrt. Auch dieser Wechsel sollte fließend vollzogen werden können, während man gleichzeitig zählt und die Füsse auf die Eins tritt. Man sollte immer mindestens zwei Takte hintereinander üben, bevor man mit den Händen wechselt.

11. Nun wiederholen wir die ganze Übung, mit dem Unterschied, daß wir nun den binären 3/4-Takt als Basis-Metrum betrachten. Das Metronom tickt dabei in Tempo 88 auf dem binären Offbeat. Wenn man zum 2/4- Takt wechselt, tickt das Metronom auf die Taktzeiten "Eins **Und**" (1+), "Zwei" (2) sowie "Zwei und **Die**" (2 + **d**). Wir haben es hier mit dem umgekehrten Fall des unter Punkt 6 beschriebenen Sachverhalts zu tun: zu einem Metronom, das auf dem binären Offbeat eines 3/4-Takts tickt, zählen wir das ternäre Mikrtoime eines 2/4-Takts.

114

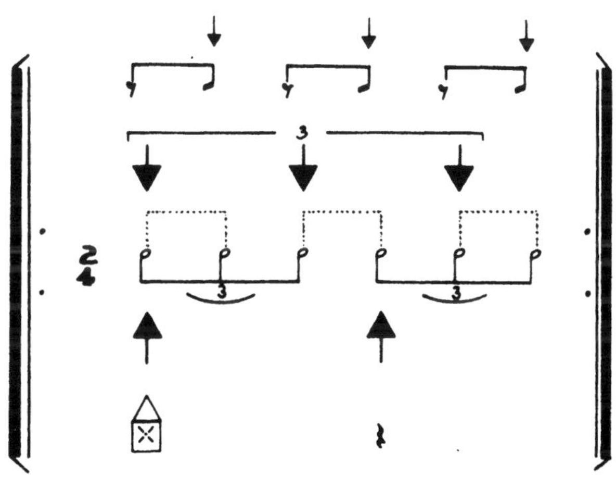

Sechs gegen Vier und Vier gegen Sechs

Das nächste Paar komplementärer Polyrhythmen ist "Sechs gegen Vier" und "Vier gegen Sechs". Es handelt sich bei diesen beiden Polyrhythmen um eine Verdoppelung der beiden oben bereits behandelten Polyrhythmen "Drei gegen Zwei" und "Zwei gegen Drei".

Die einzelnen Sektionen der folgenden Übungen sind mit den Sektionen der obenstehenden polyrhythmischen Übungen "Drei gegen Zwei" und "Zwei gegen Drei" identisch. Lediglich das Zählvokabular muß entsprechend verlängert werden: "Eins-und-die-Zwei-und-die-Drei-und-die-Vier-und-die" (für den 4/4-Takt) sowie "Eins-und-Zwei-und-Drei-und-Vier-und-Fünf-und- Sechs-und" (für den 6/4-Takt). Alle Sektionen der Übungen "Drei gegen Zwei" und "Zwei gegen Drei" *(S. 127 ff)* sollen auf die Polyrhythmen "Sechs gegen Vier" und "Vier gegen Sechs" übertragen werden. Hierbei sollte man insbesondere auf das flüssige Umschalten achten, da dieses der Schlüssel zur sicheren Anwendung in der musikalischen Praxis ist.

115

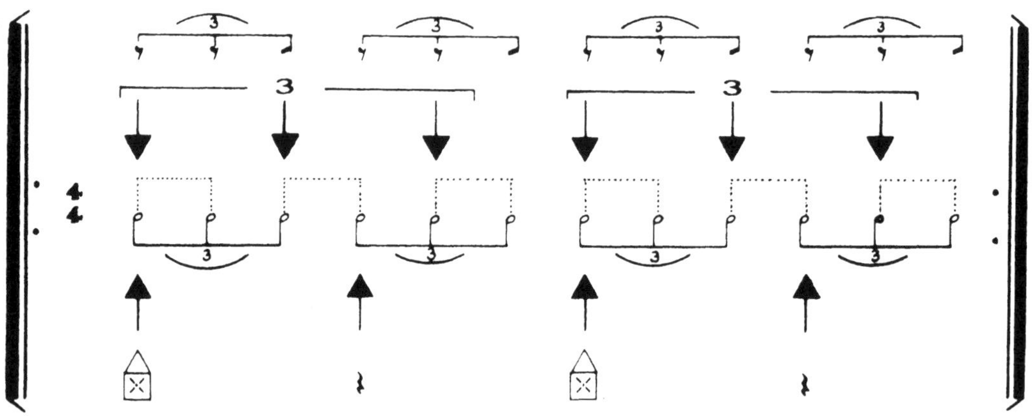

116

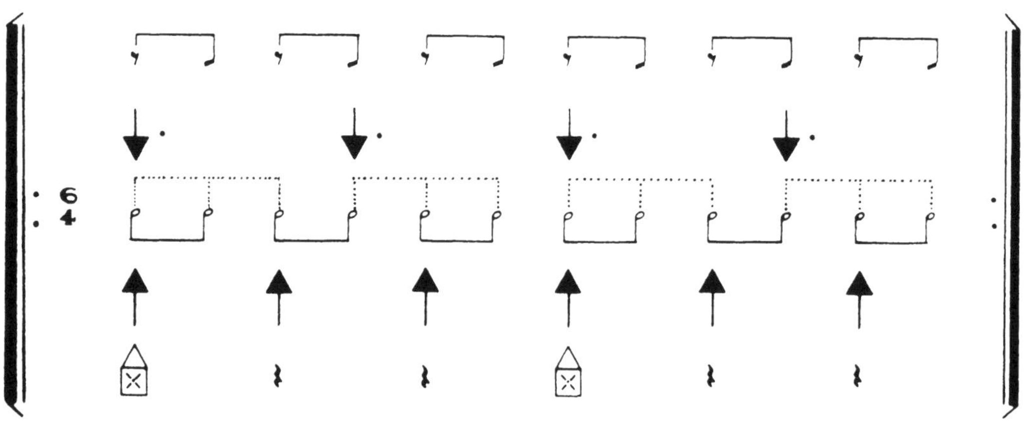

Akzentverschiebungen mit überlagerten Rhythmen

Bei allen Polyrhythmen besteht die Möglichkeit, die überlagerten Metren um eine bis acht (oder mehr) Mikrotime-Einheiten zu verschieben. Dadurch erreicht man Akzentverschiebungen, die für zusätzliche rhythmische Spannung sorgen können. Anhand der oben gelernten Polyrhythmen "Sechs gegen Vier" und "Vier gegen Sechs" soll dies in den folgenden Übungen praktiziert werden.

Wenn man die nachfolgenden Notenbeispiele betrachtet, erkennt man sicherlich nicht auf Anhieb, daß es sich hierbei im Prinzip um den Polyrhythmus "Sechs gegen Vier" handelt. Der überlagerte Sechser ist lediglich um eine Mikrotime-Einheit (in diesem Fall ein Triolenachtel) verschoben. Im nachfolgenden Beispiel sehen wir vier verschiedene Schreibweisen für ein und dieselbe polyrhythmische Figur.

V 1

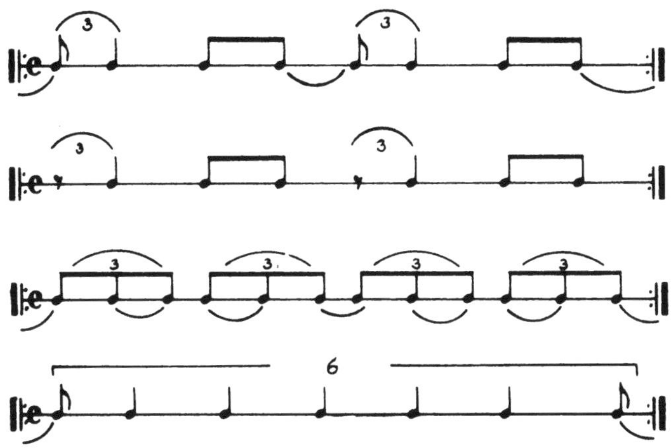

Nun zur Ausführung der obenstehenden polyrhythmischen Figur: die Sektionen 1 bis 5 der polyrhythmischen Übung "Sechs gegen Vier" *(S. 133)* sollen zunächst ausgeführt werden, bevor die in der rechten Hand liegenden Vierteltriolen um ein Triolenachtel verschoben werden können.

117

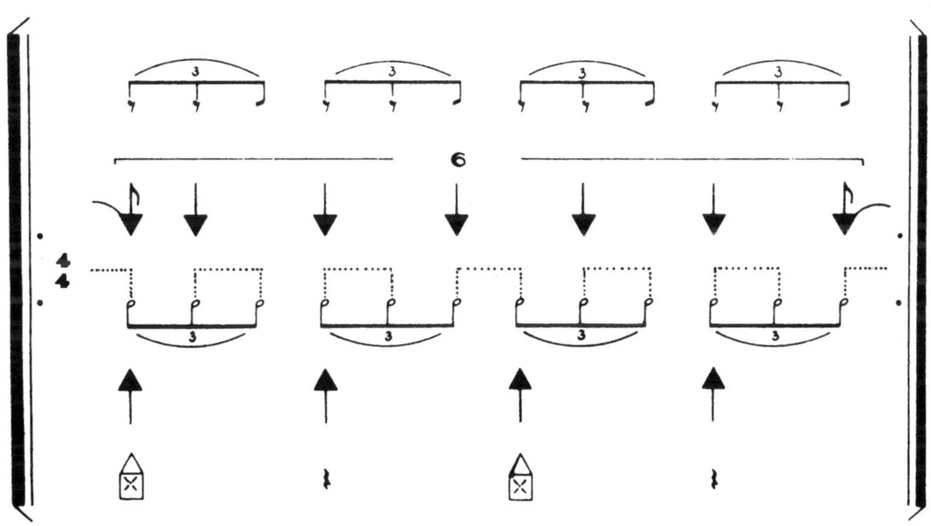

Man wechselt nun die beiden Teile dieser Übung taktweise miteinander ab. Hierbei ist zu beachten, daß man den Wechsel von den Vierteltriolen *(Übung 118)* zu den um ein Triolenachtel verschobenen Vierteltriolen *(Übung 119)* mit Hilfe von Pausen oder Bindebögen auf zwei verschiedene Arten vollziehen kann *(Übung 120 und 121)*.

118

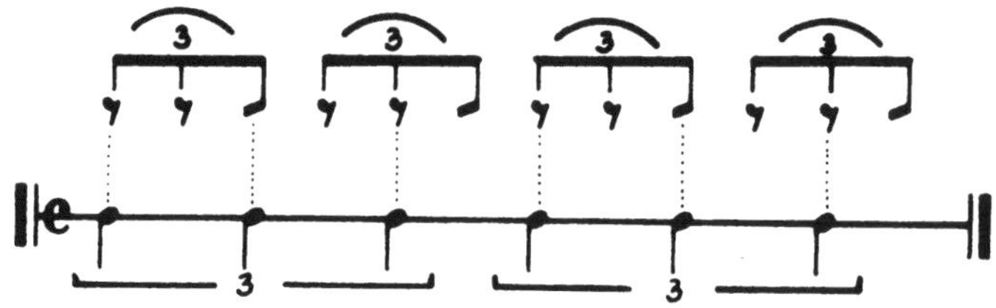

119

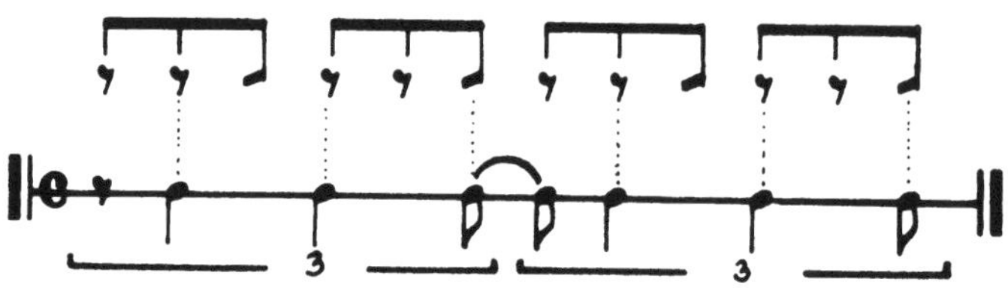

120

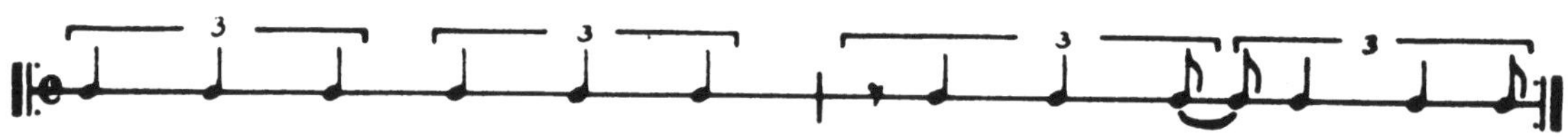

121

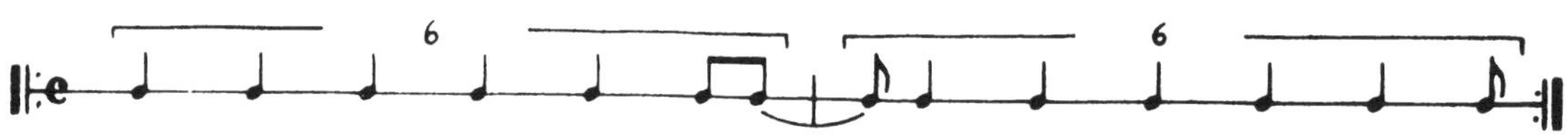

Dasselbe Prinzip läßt sich auch auf den Polyrhythmus "Vier gegen Sechs" übertragen. Der überlagerte Vierer kann um eine Mikrotime-Einheit (in diesem Fall eine binäre Achtelnote) verschoben werden. Es besteht darüberhinaus noch die Möglichkeit, den überlagerten Vierer um zwei Mikrotime-Einheiten zu verschieben, weil jeder Schlag des überlagerten Rhythmus drei Mikrotime-Einheiten des Basis-Metrums zugeordnet bekommt.

Daraus läßt sich die folgende Regel ableiten: Wenn man bei Polyrhythmen den überlagerten Rhythmus verschieben möchte, muß man von der Anzahl der Mikrotime-Einheiten ausgehen, die jedem Schlag des überlagerten Rhythmus zugeordnet werden. Diese Zahl entspricht der Anzahl der Polyrhythmen, die sich inclusive aller möglichen Akzentverschiebungen ergeben.

Die überlagerte rhythmische Figur beim Polyrhythmus "Vier gegen Sechs" besteht aus punktierten Vierteln. Diese können um eine Mikrotime-Einheit verschoben werden und werden in einem Notentext wie folgt notiert:

V2

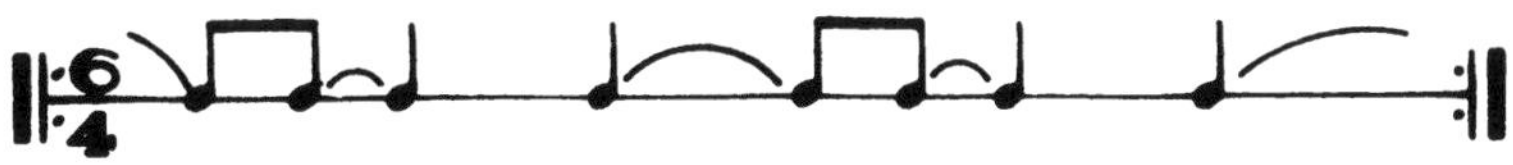

Daraus entsteht die folgende polyrhythmische Übung "Vier gegen Sechs (um eine Mikrotime-Einheit verschoben)".

122

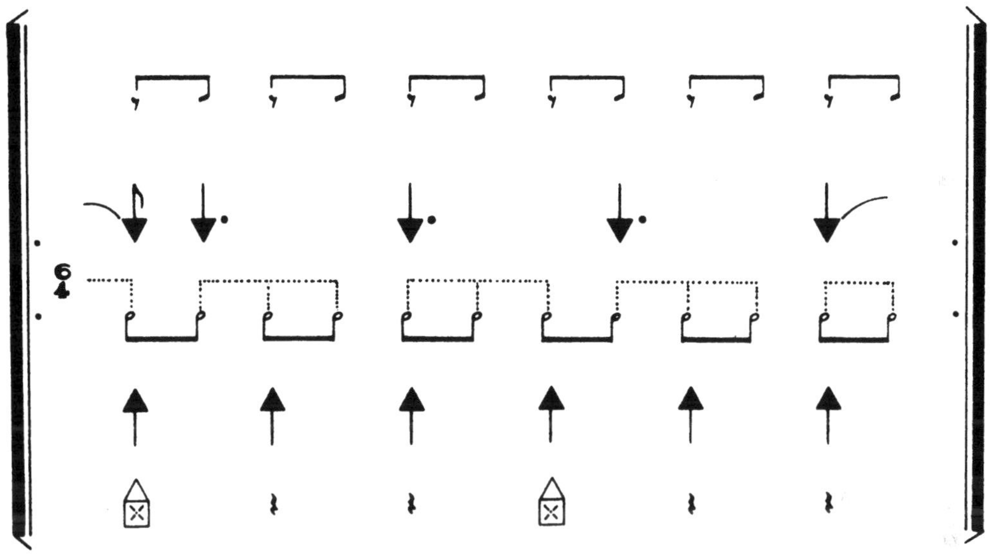

Wenn die punktierten Viertel um zwei Mikrotime-Einheiten verschoben werden, müssen sie folgendermaßen notiert werden:

V3

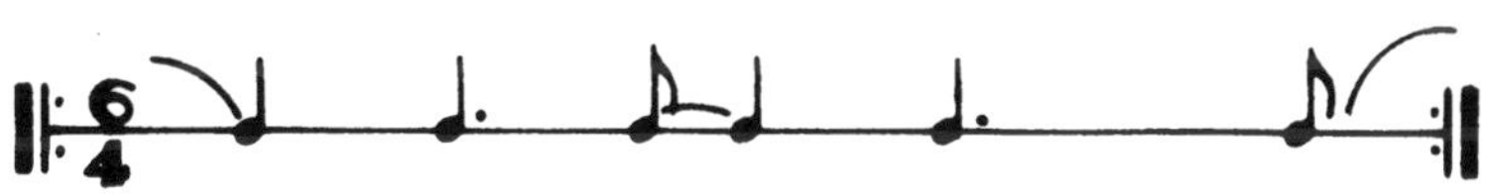

123

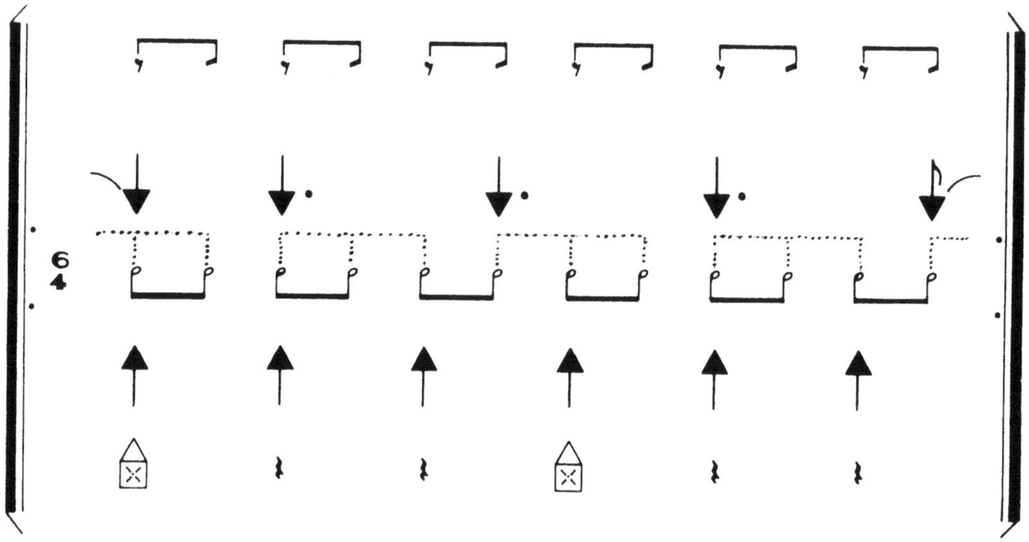

Die beiden Übungen 122 und 123 können nun mit der polyrhythmischen Übung "Vier gegen Sechs" *(Übung 116 . S. 133)* zu einer Übung zusammengefaßt werden. Sie soll mit dem Metronom auf Tempo 60 so geübt werden, daß die einzelnen Teile sich doppeltaktig oder viertaktig abwechseln.

Diese drei Übungen können auf unterschiedliche Art und Weise miteinander kombiniert werden. Man kann dies mit Hilfe von Bindebögen oder Pausen tun, um auch an den **Nahtstellen** zwischen zwei verschiedenen eintaktigen Rhythmen für Abwechslung zu sorgen. Als Vorbild für die Anwendung von Bindebögen und Pausen an solchen Nahtstellen dienen die Übungen 120 und 121 *(S. 135).*

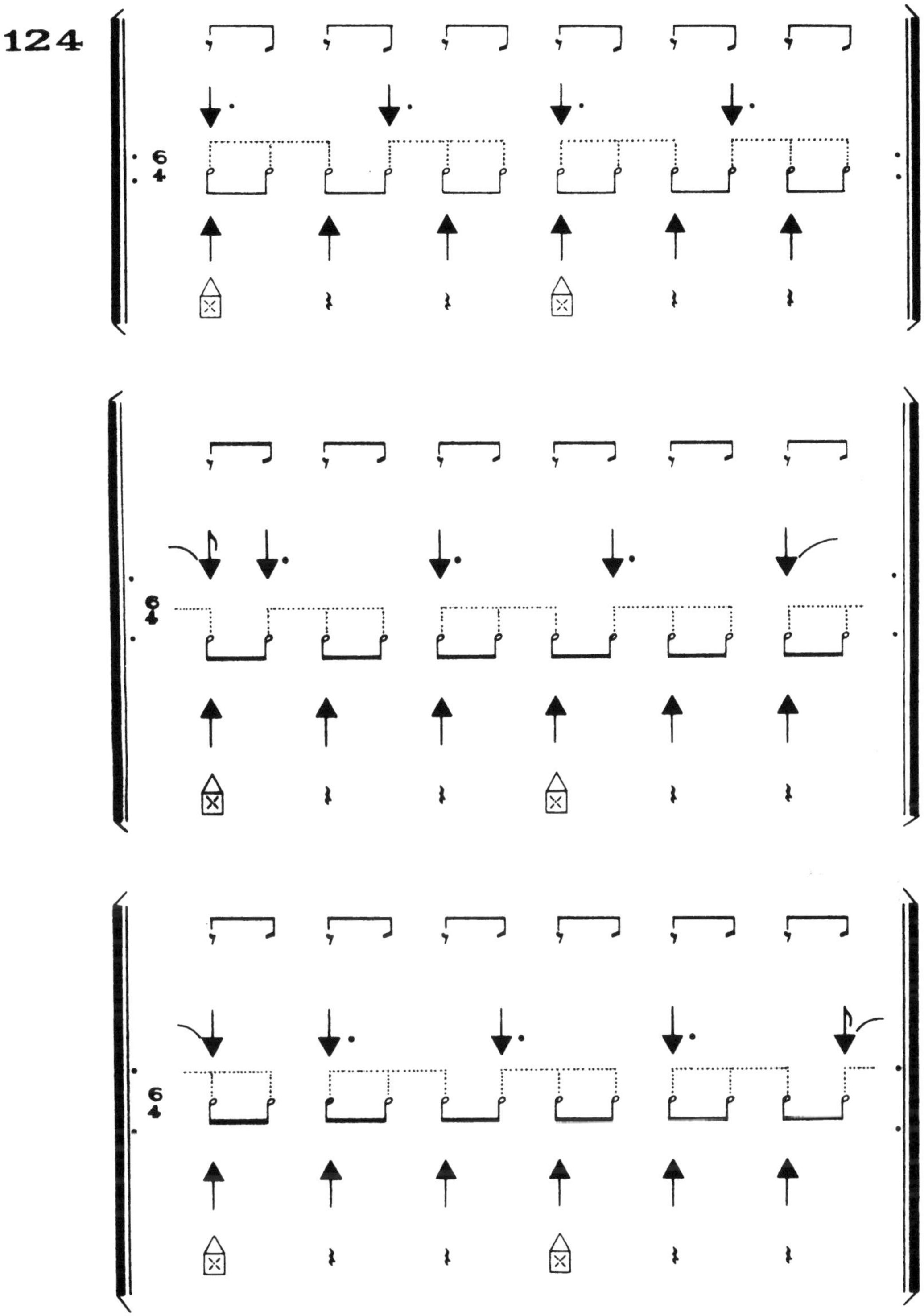
124
6
4

Die Anwendung polyrhythmischer Figuren in anderen Metren

Die bei Polyrhythmen entstehenden überlagerten rhythmischen Figuren können prinzipiell auch auf andere Metren übertragen werden. Durch die Wahl anderer Metren für dieselben rhythmischen Figuren verschieben sich jedoch meistens die Taktgrenzen, wodurch sich diese rhythmischen Figuren erst nach Ablauf einiger Takte auflösen. Die Auflösung der rhythmischen Spannung erfolgt erst, wenn die Zählzeit Eins nach einigen Takten wieder erreicht wird. Man befindet sich demnach bereits im Bereich der Polyrhythmik B *(S. 125/126)*, wo die Überlagerung von Rhythmen über meherere Takte hinweg geschieht.

Die bei dem Polyrhythmus "Sechs gegen Vier" entstehende überlagerte rhythmische Figur besteht aus zwei Vierteltriolen. Diese Vierteltriolen können auch einem 3/4-, 5/4-, 6/4-Takt oder 7/4-Takt überlagert werden. Bei Taktarten mit ungeraden Taktzählern wird eine gemeinsame Taktzeit Eins der beiden rhythmischen Ebenen erst nach zwei Takten erreicht. Überlagert man einem 6/4-Takt drei Vierteltriolen, erhält man einen neuen Polyrhythmus "Neun gegen Sechs". Dieser Polyrhythmus entspricht einer Verdreifachung von "Drei gegen Zwei".

125

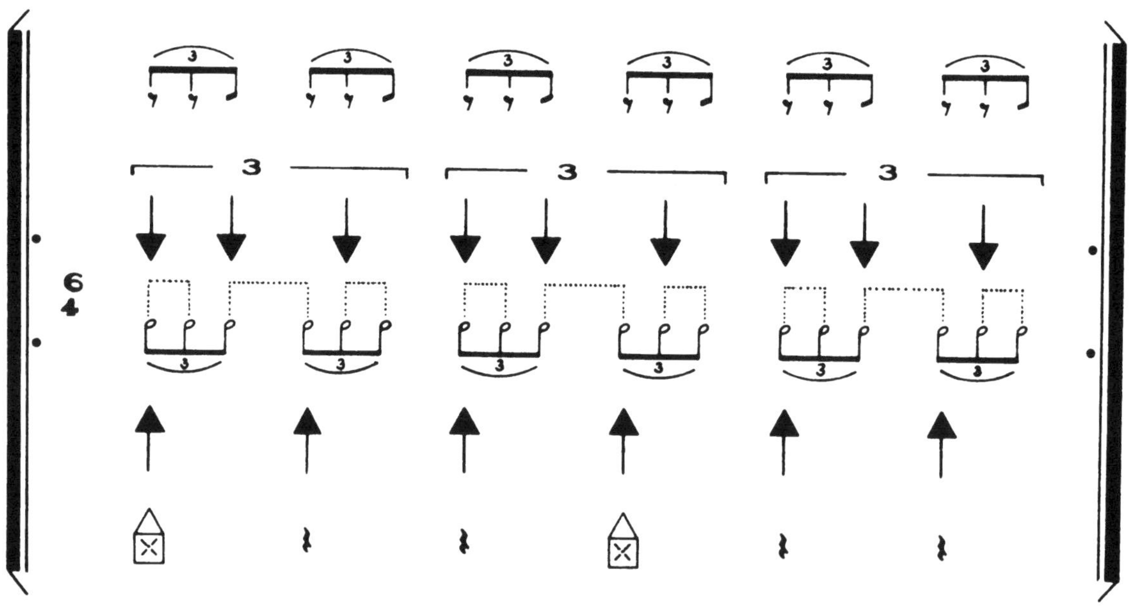

Nimmt man beispielsweise ein Stück mit einem ternären 5/4-Takt (wie zum Beispiel Dave Brubecks bekannte Komposition "Take Five") und spielt dazu Vierteltriolen, erhält man zwei 5/4-Takte (also 10 Viertel) mit überlagerten Vierteltriolen mit insgesamt 15 Triolenvierteln. Man erhält im Prinzip den Polyrhythmus "Fünfzehn gegen Zehn", was einer Verfünffachung von "Drei gegen Zwei" entspricht.

W

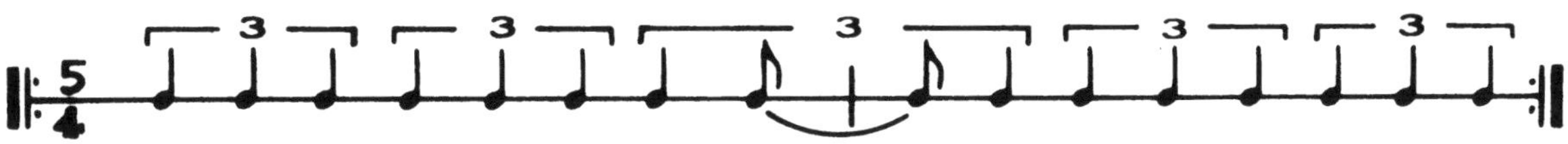

126

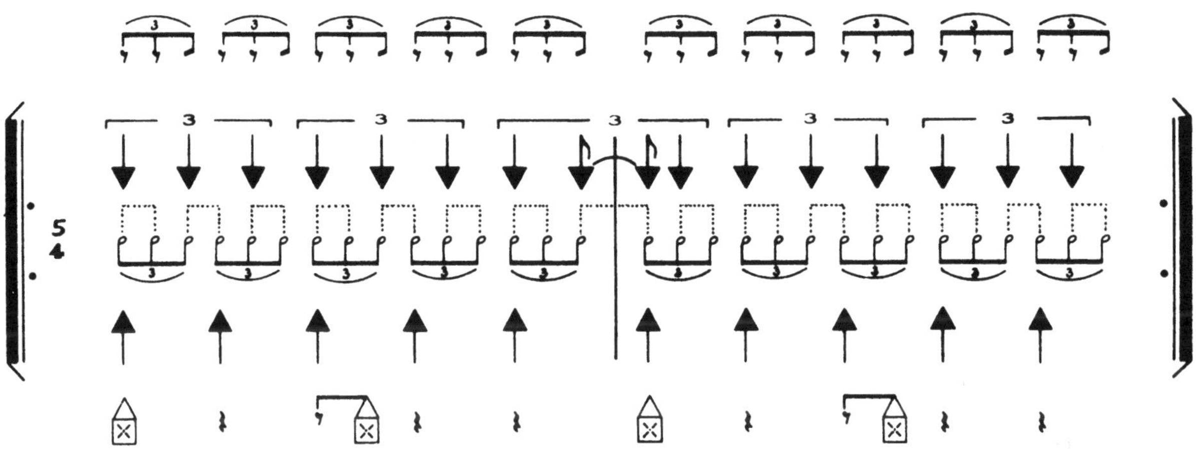

Aus der oben abgebildeten polyrhythmischen Übung "Fünfzehn gegen Zehn" lassen sich weitere Polyrhythmen bilden. Die obenstehende Übung beinhaltet beispielsweise den Polyrhythmus "Fünfzehn gegen Vier", der aus dem Verhältnis zwischen der rechten Hand (15) und den Füßen (4) entsteht. Die linke Hand (10) und die Füße (4) ergeben den Polyrhythmus "Zehn gegen Vier". Bei dieser Übung kann die rechte Hand weggelassen werden. Spielt man dann nur einen Takt, erhält man "Fünf gegen Zwei". Am besten übt man diese Übung zunächst ohne Füße. Als nächstes übt man nur die linke Hand mit den Füßen, bevor man alle Sektionen ausführen lernt.

Die beim Polyrhythmus "Vier gegen Sechs" im überlagerten Vierer entstehenden punktierten Viertelnoten können auf einen 3/4-Takt (wie beim Polyrhythmus "Zwei gegen Drei"), oder auf einen 4/4-, 5/4- oder 7/4-Takt übertragen werden. Spielt man in einem 4/4-Takt punktierte Viertelnoten, erreicht man im vierten Takt wieder die Taktzeit Eins. Man benötigt also 8 punktierte Viertel, um drei 4/4-Takte auszufüllen.

127

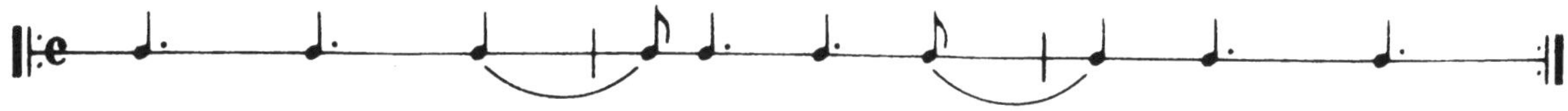

Vier gegen Drei

Wir kombinieren nun zwei Metren mit den Taktzählern Vier und Drei. Durch Multiplikation dieser beiden Taktzähler miteinander erhalten wir zwölf Mikrotime-Einheiten, die wir in drei Vierergruppen oder in vier Dreiergruppen unterteilen können. Wir wenden uns nun dem Polyrhythmus "Vier gegen Drei" zu, dessen häufigstes Erscheinungsbild die Viertelquartole in einem 3/4-Takt ist.

X1

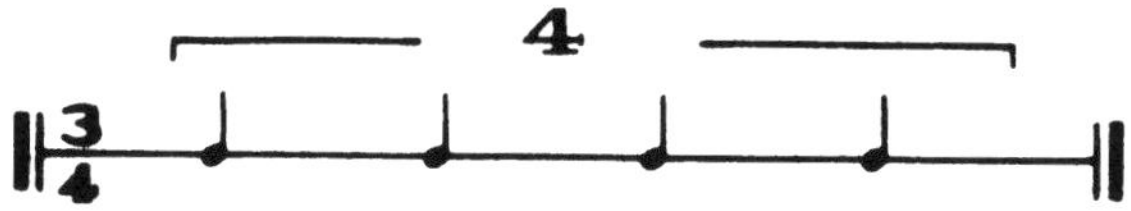

128

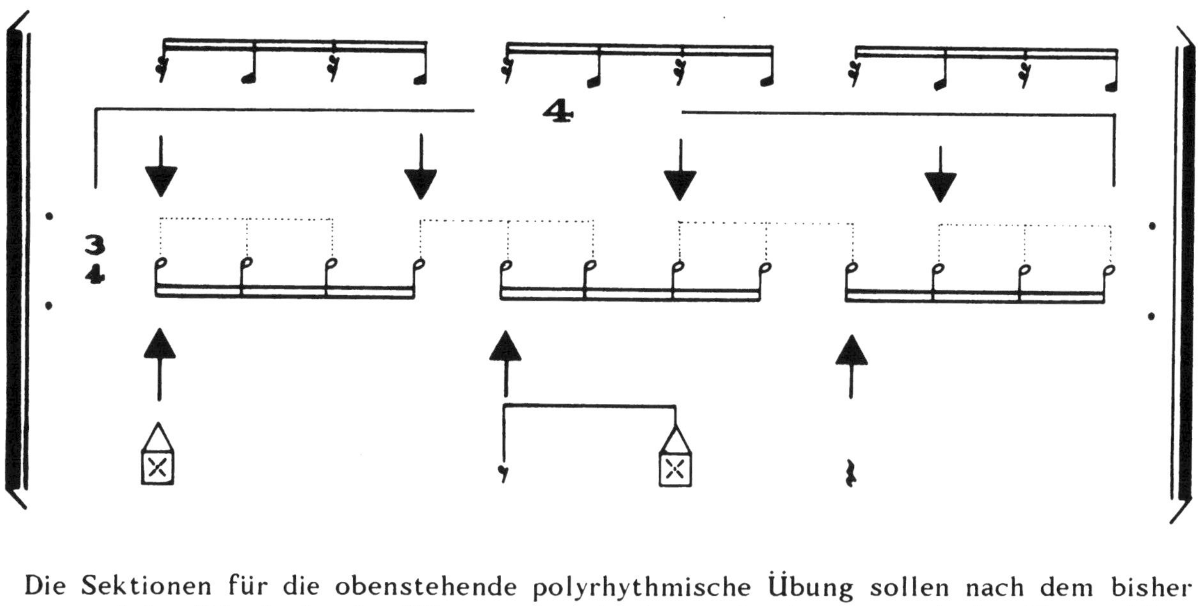

Die Sektionen für die obenstehende polyrhythmische Übung sollen nach dem bisher angewendeten Prinzip durchgeführt werden. Am besten beginnt man mit dem Tempo 92 für die Zwischenkontrolle auf dem 2. und 4. Sechzehntel.

Nun verschieben wir die überlagerte Viertel-Quartole zunächst um eine, und danach um zwei Mikrotime-Einheiten. Zuletzt sollen die drei Übungen 128, 129 und 130 jeweils für die Dauer von vier, zwei oder einem Takt ohne Unterbrechung hintereinander geübt werden.

X2

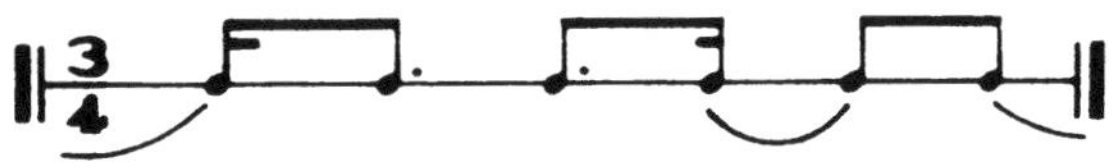

129

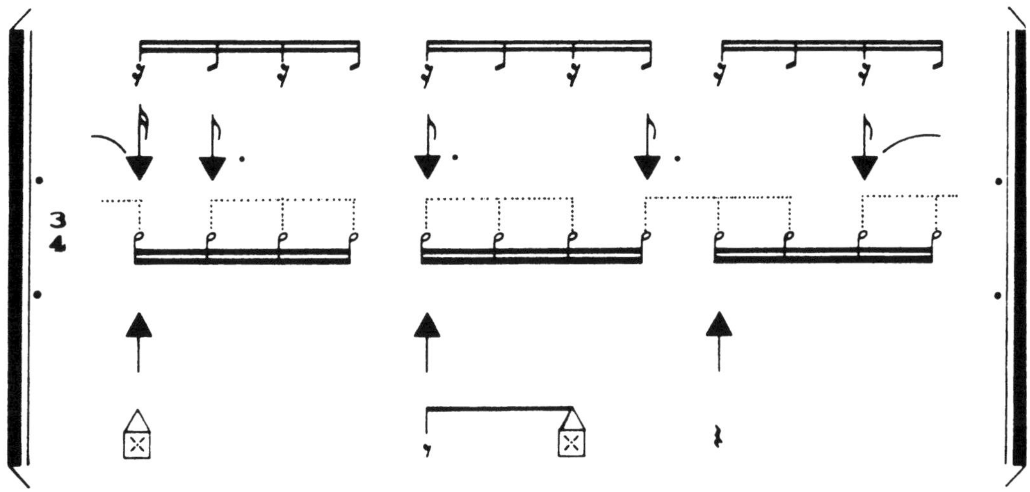

X3

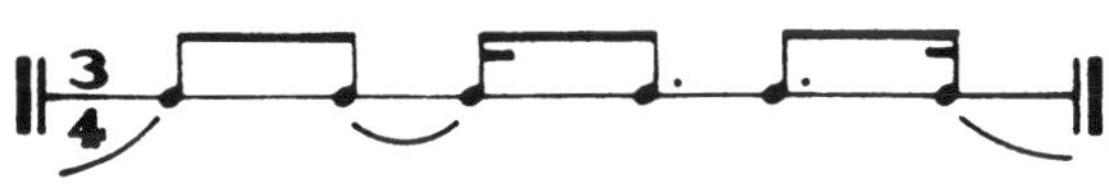

130

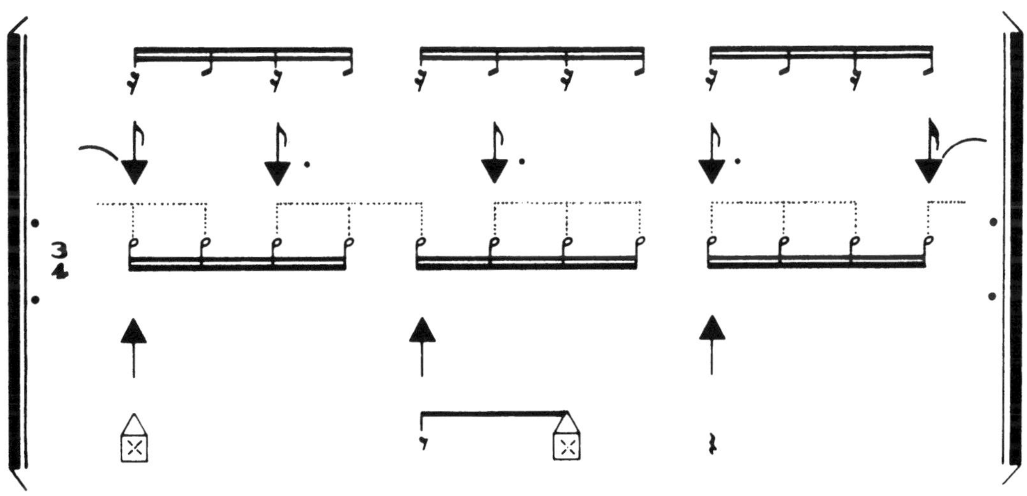

Drei gegen Vier

Nun wenden wir uns dem Komplementär-Polyrhythmus von "Vier gegen Drei" zu: "Drei gegen Vier". Auch hier ist es möglich, den Überlagerten Vierer um zunächst eine, und dann zwei Mikrotime-Einheiten zu verschieben. Das jeweilige rhythmische Erscheinungsbild dieser Polyrhythmen ist den einzelnen polyrhythmischen Übungen vorangestellt. Diese Übungen sollen am besten in Tempo 66 geübt werden.

X4

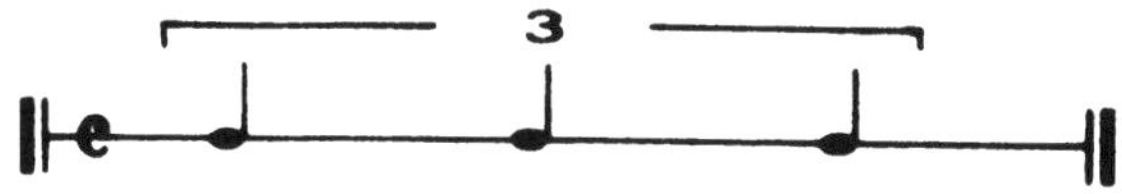

131

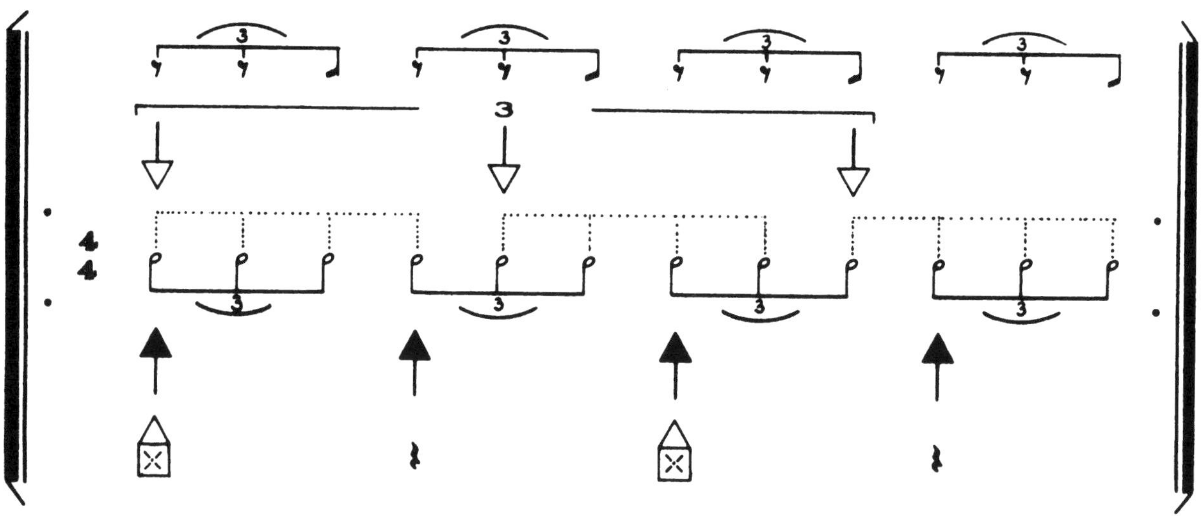

X5

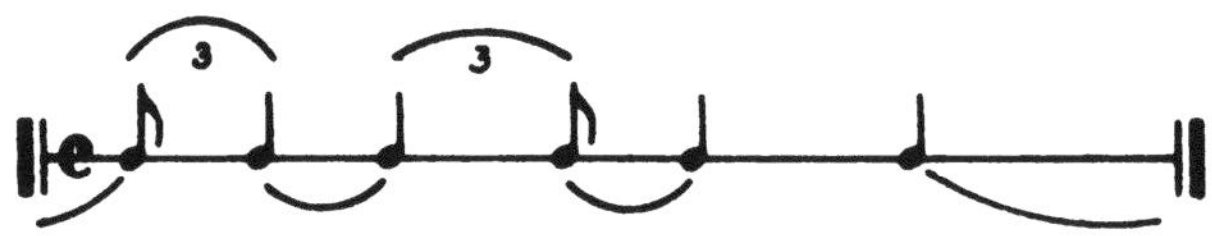

132

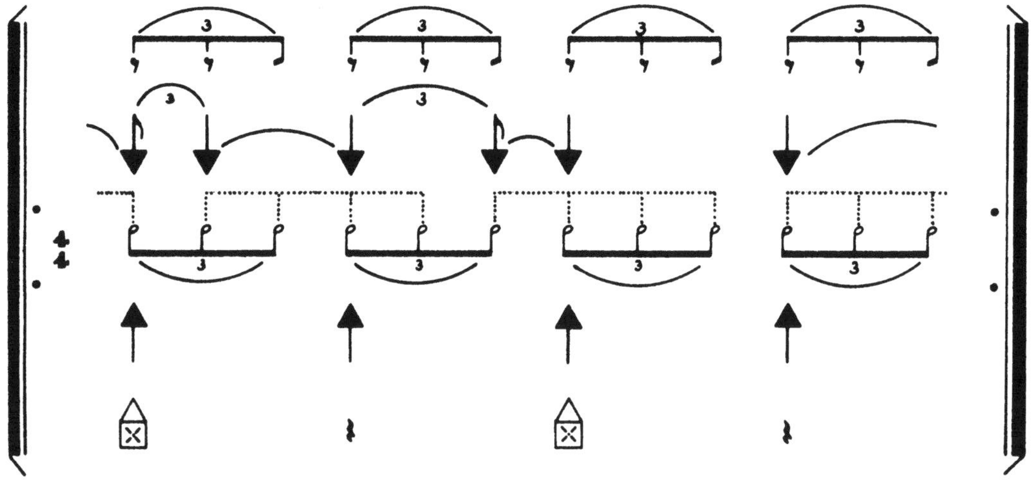

X6

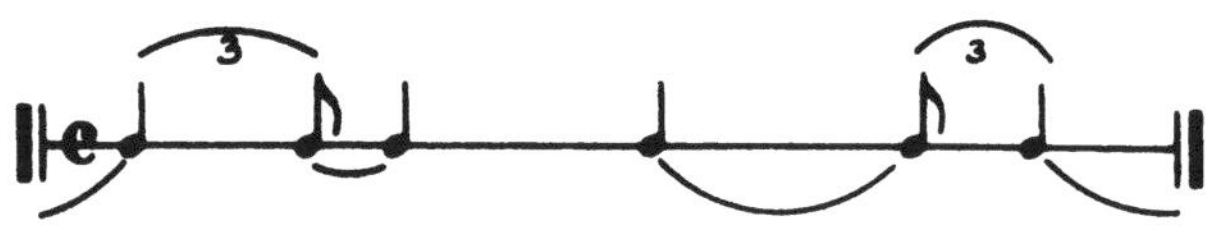

133

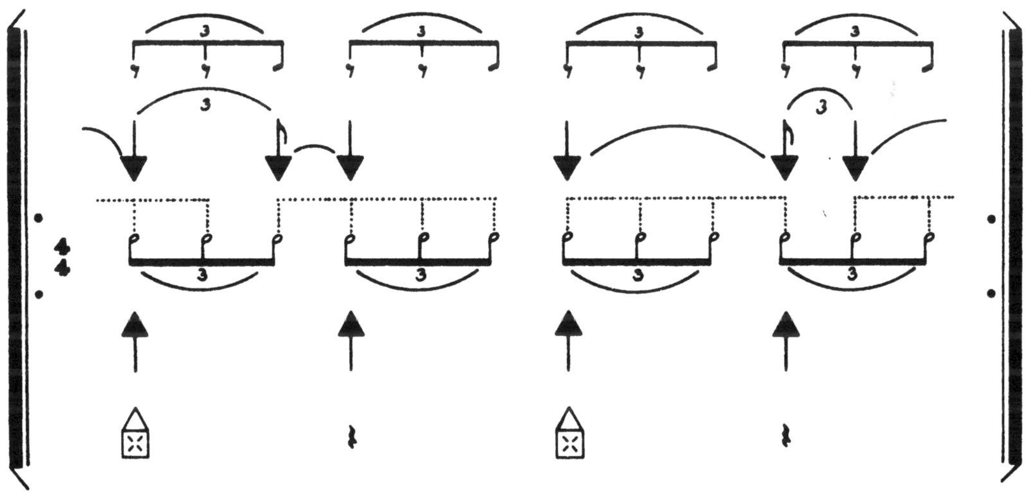

Fünf gegen Zwei

Wir kombinieren nun die beiden Metren mit den Taktzählern Zwei und Fünf. Wir haben also 10 Mikrotime-Einheiten, die wir in zwei Fünfergruppen oder in fünf Zweiergruppen unterteilen können. Wir beginnen mit dem Polyrhythmus "Fünf gegen Zwei" und der Akzentverschiebung mit dem überlagerten Fünfer. Wir stellen das Metronom auf das Tempo 80 ein. Das Ticken hören wir auf jeder zweiten Mikrotime- Einheit. Wir haben es hier zum ersten Mal mit einem Sechzehntelquintolen-Mikrotime zu tun.

Y1

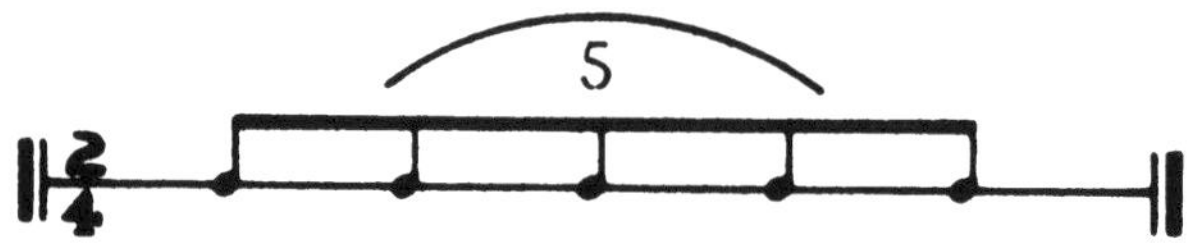

134

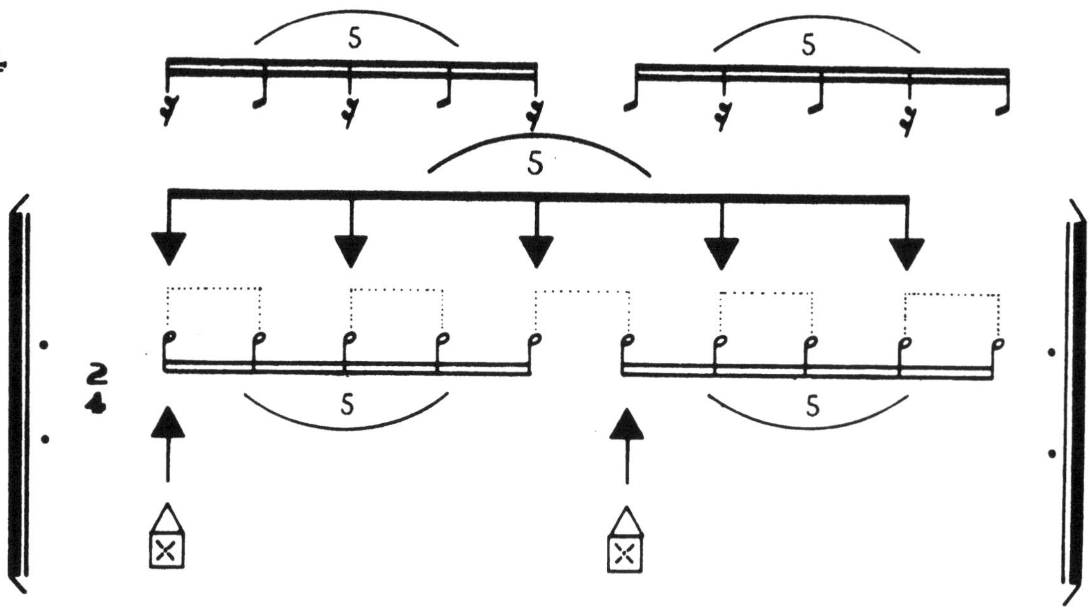

Y2

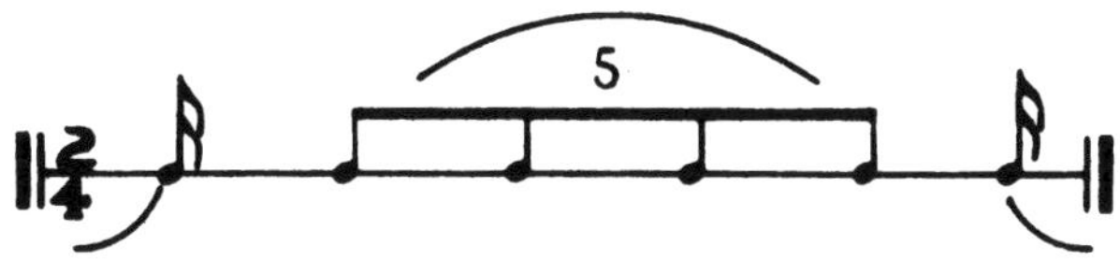

135

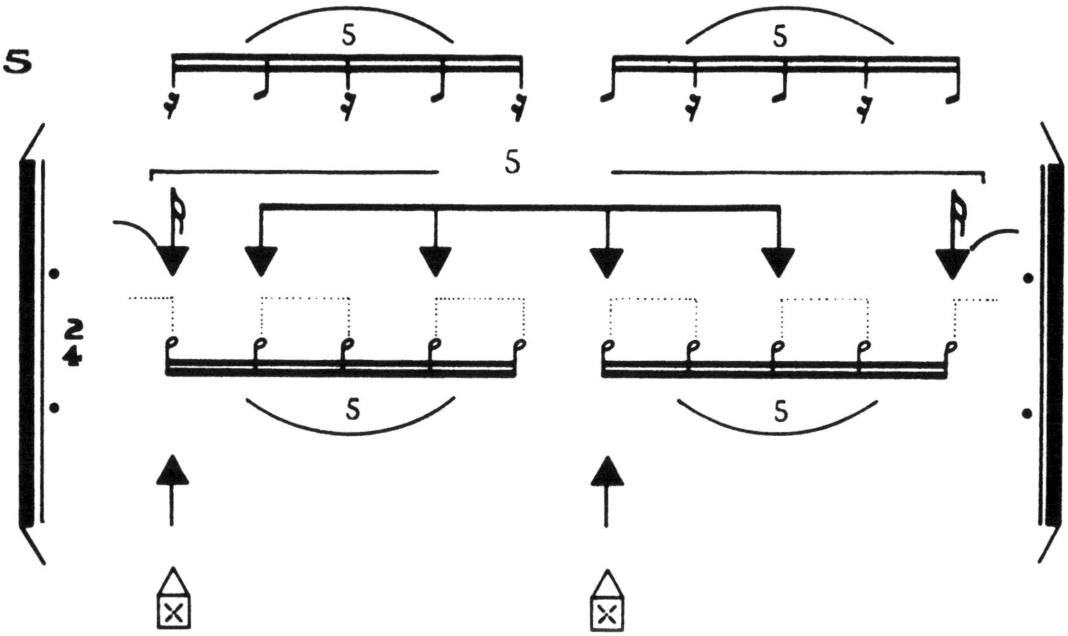

Nun spielen wir die beiden obenstehenden Übungen hintereinander. Dies geschieht, indem man den um eine Mikrotime-Einheit (in diesem Fall eine Sechzehntelquintolen-Sechzehntel) verschobenen überlagerten Fünfer auf den Offbeat der Zählzeit Fünf vorzieht. Es handelt sich also hier um eine vorgezogene Eins *(siehe S. 108 ff)*.

136

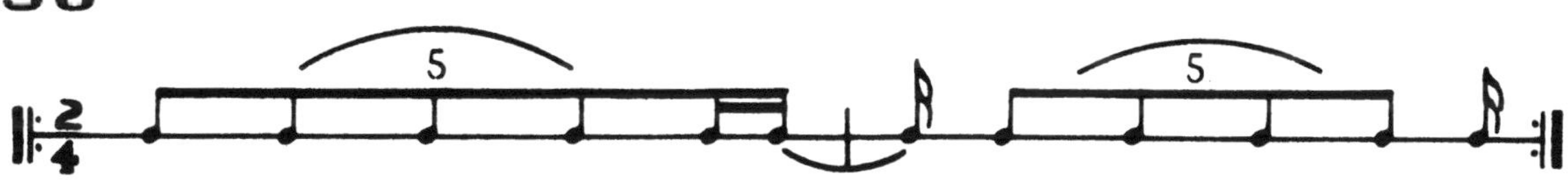

Zwei gegen Fünf

Nun wenden wir uns dem Komplementär-Polyrhythmus "Zwei gegen Fünf" zu. Wir stellen das Metronom auf Tempo 100 ein und betrachten das Ticken als Offbeat des binären Achtel-Mikrotime.

Y3

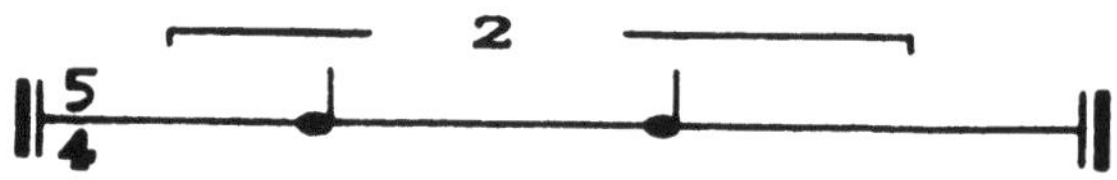

137

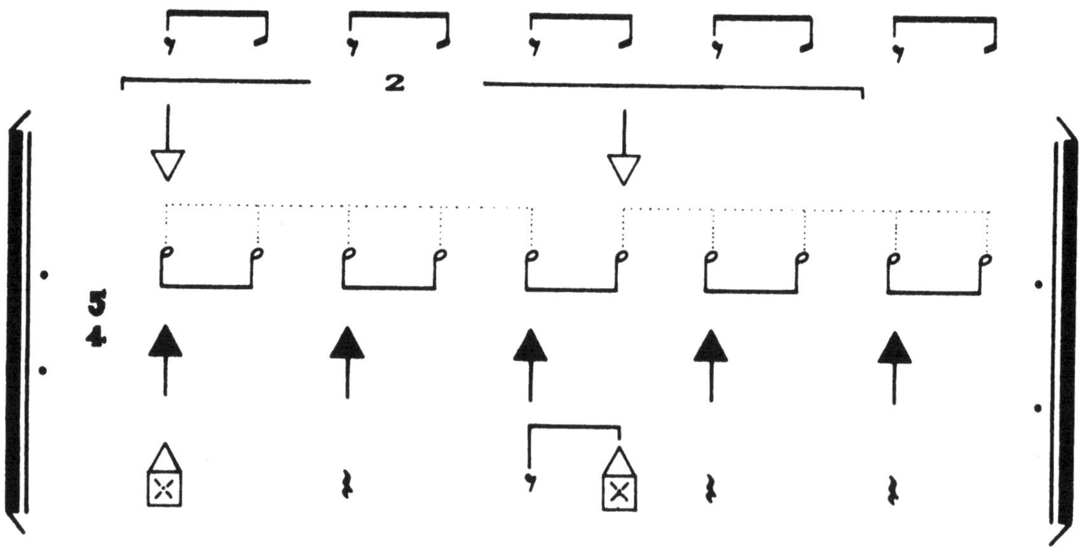

Sieben gegen Zwei und Zwei gegen Sieben

Z1

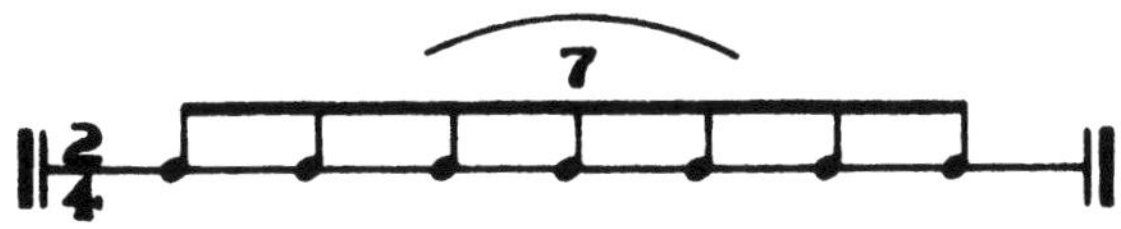

138

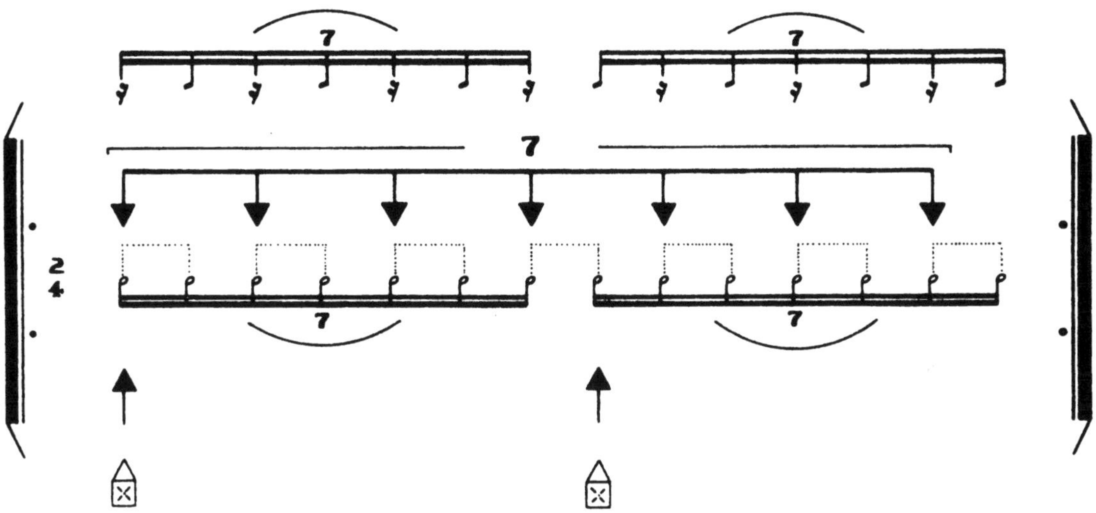

Z2

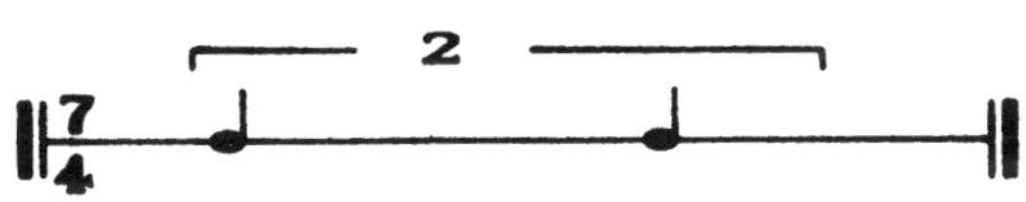

139

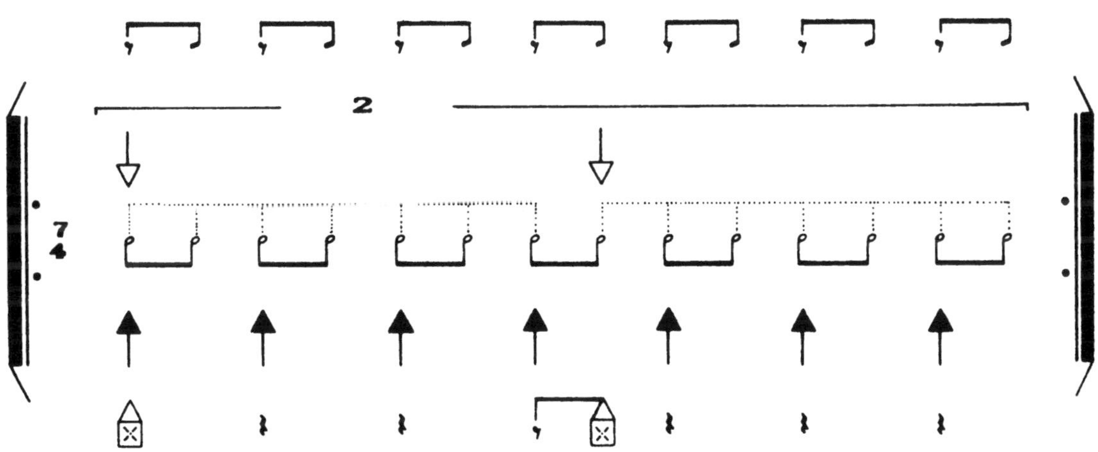

Neun gegen Zwei und Zwei gegen Neun

Z3

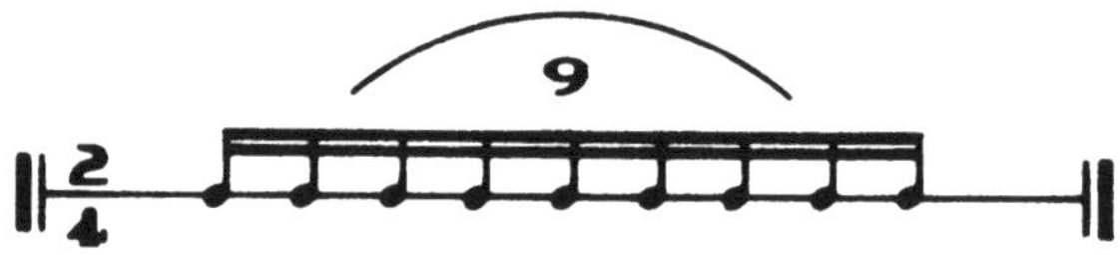

140

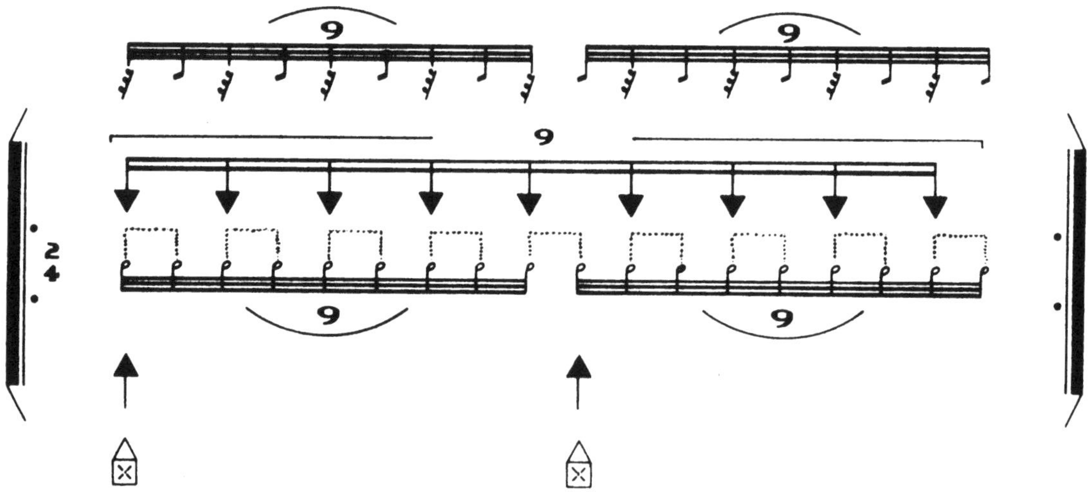

Z4

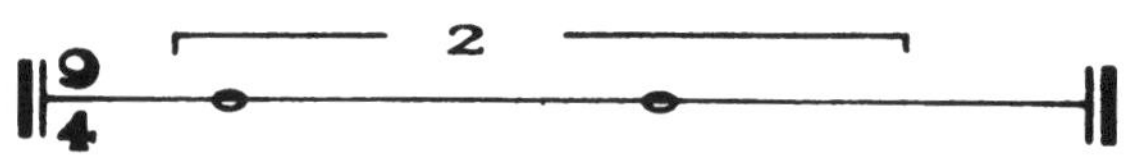

141

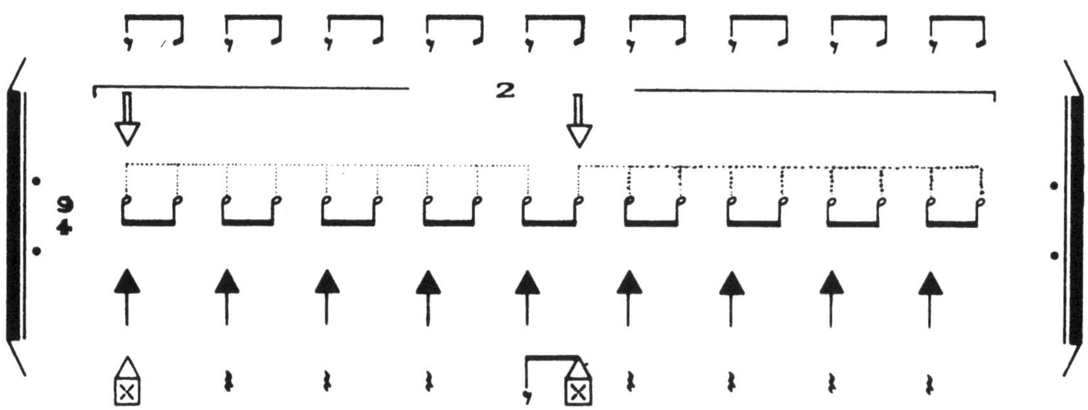

Fünf gegen Drei und Drei gegen Fünf

Z5

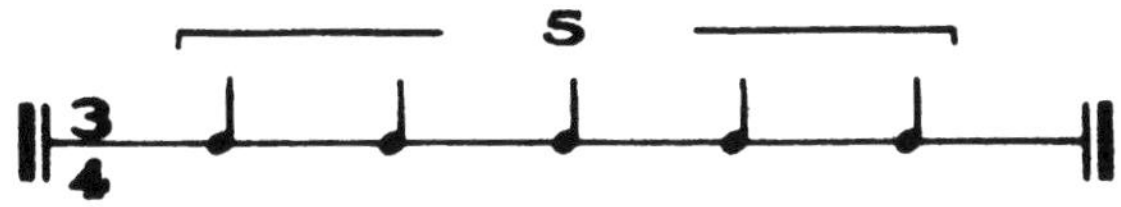

142

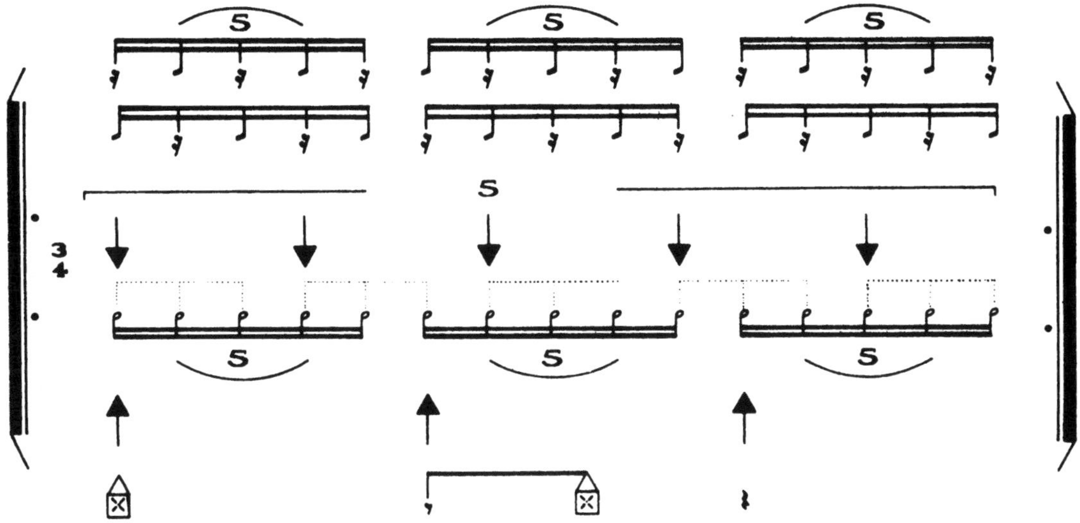

Z6

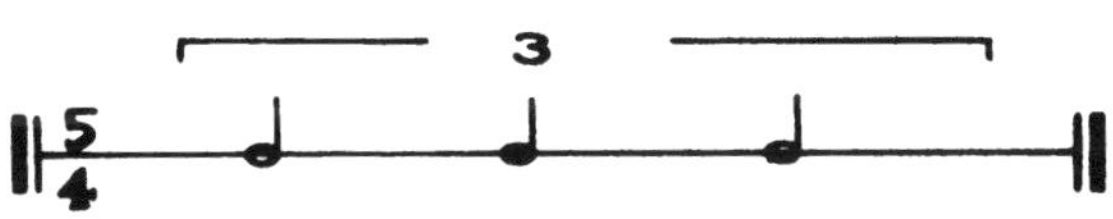

143

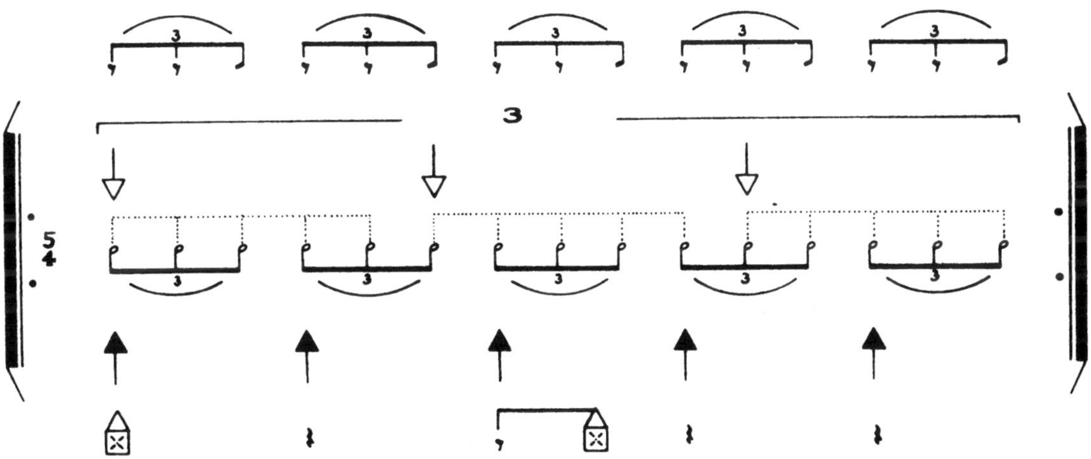

Fünf gegen Vier und Vier gegen Fünf

Z7

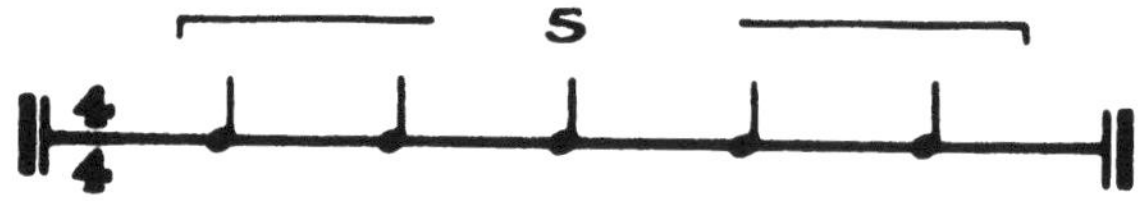

144

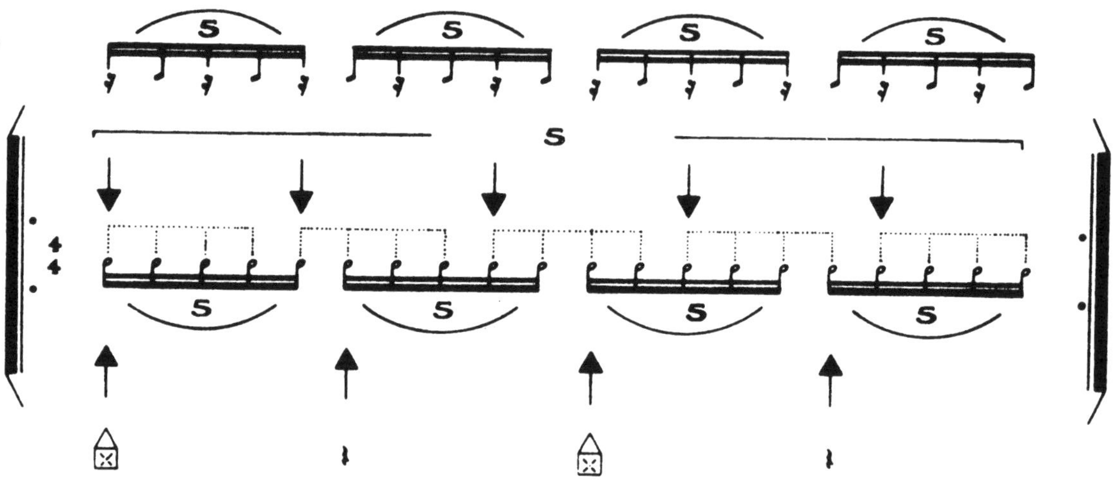

Z8

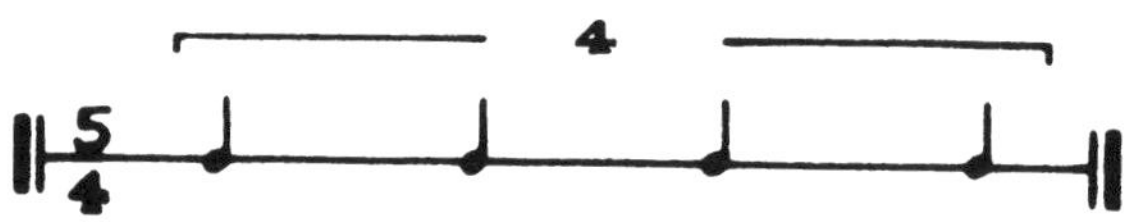

145

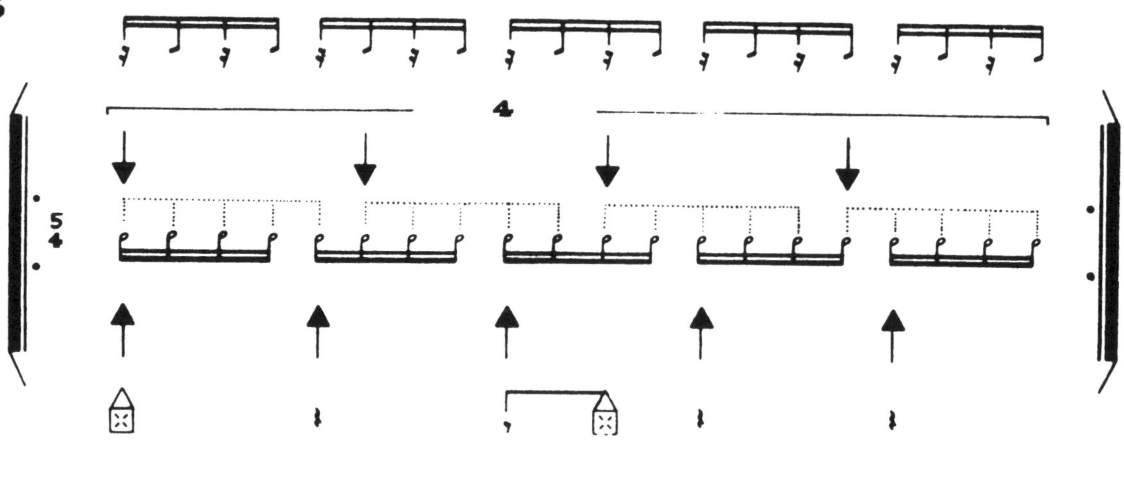

Sieben gegen Drei und Drei gegen Sieben

Z9

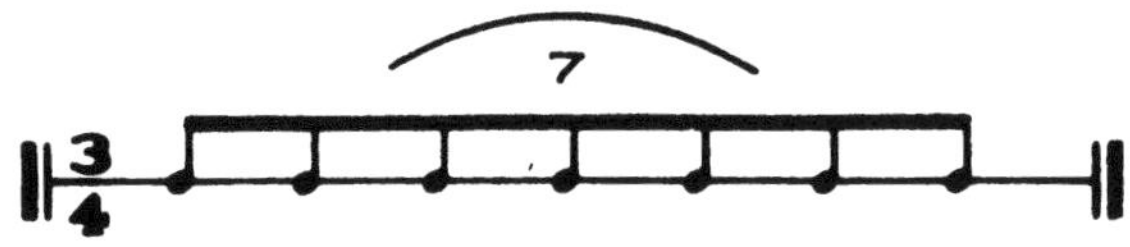

146

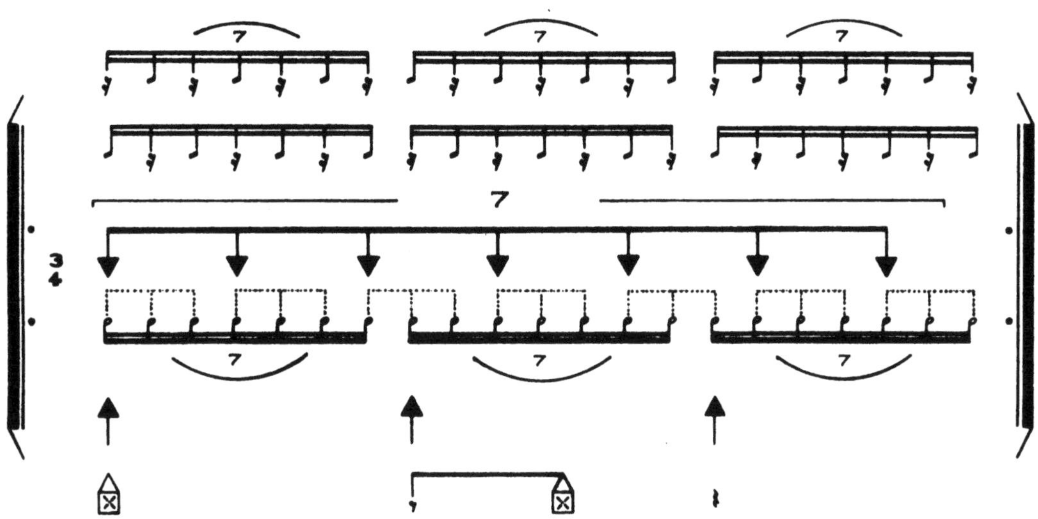

Z10

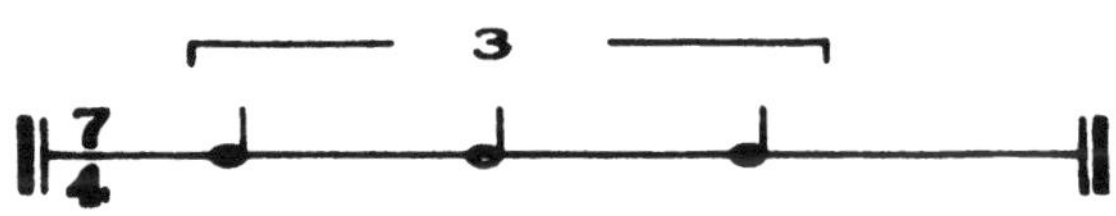

147

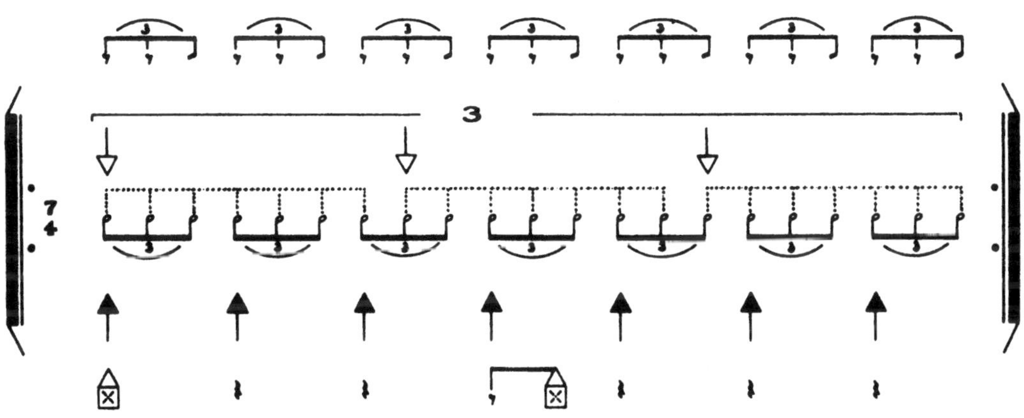

Sieben gegen Vier und Vier gegen Sieben

Z11

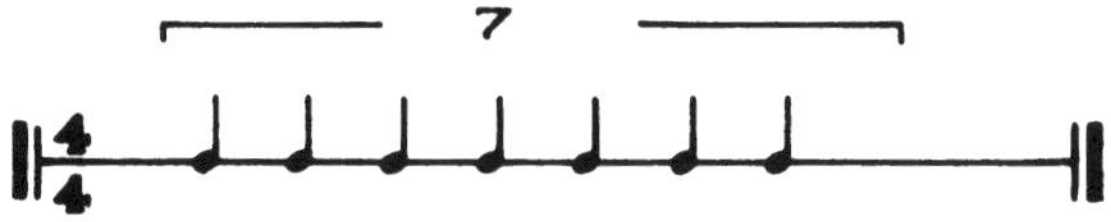

148

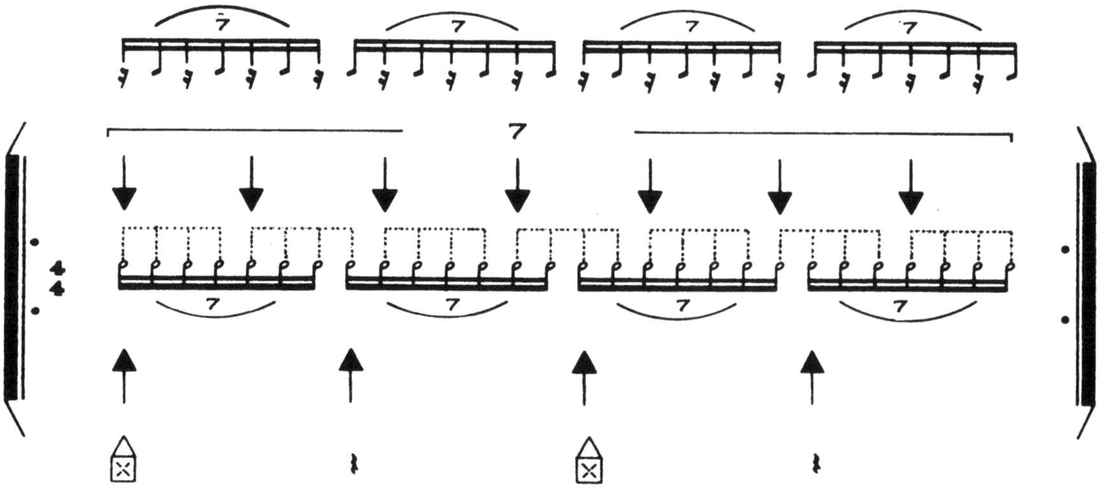

Z12

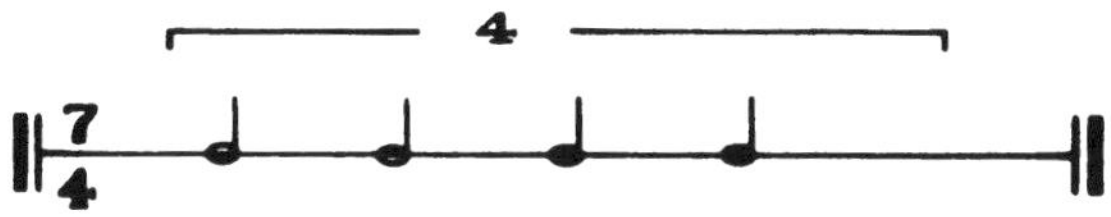

149

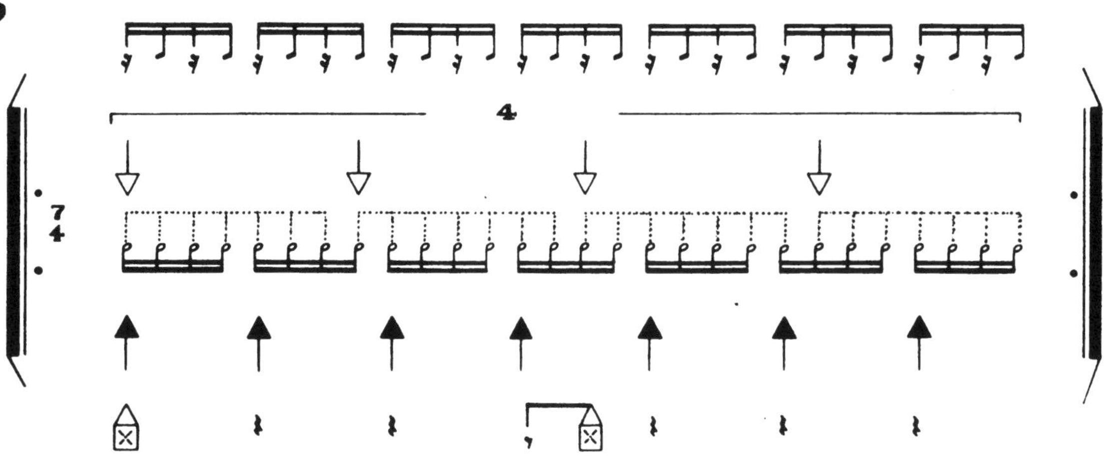

Neun gegen Vier und Vier gegen Neun

Z13

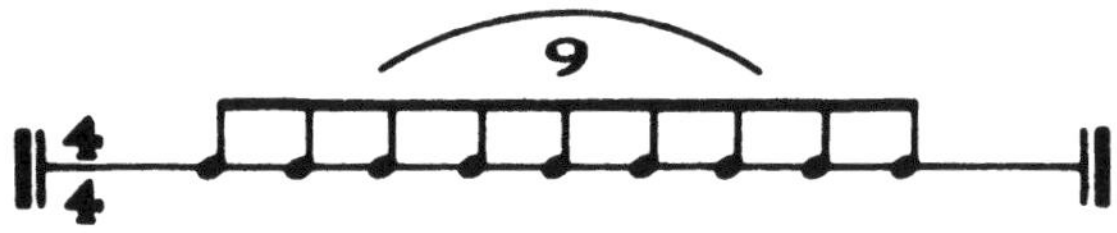

150

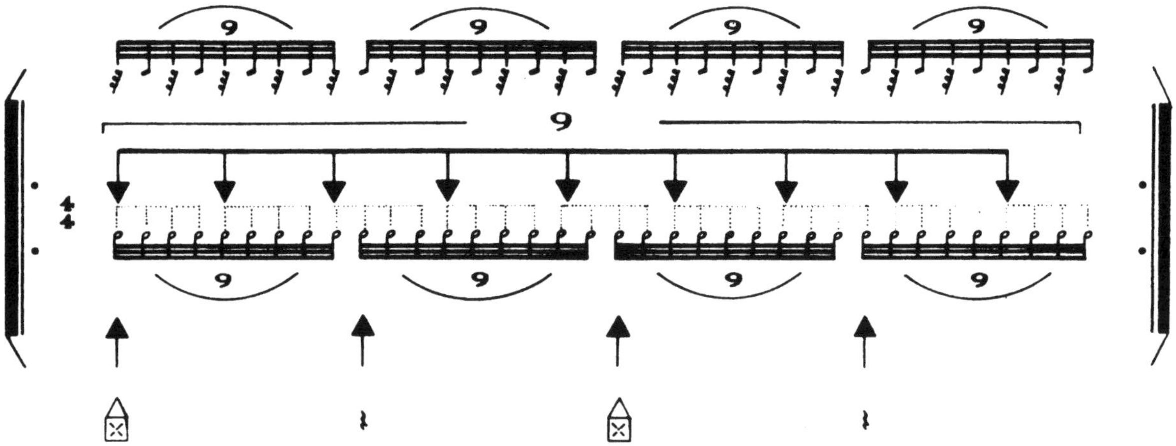

Z14

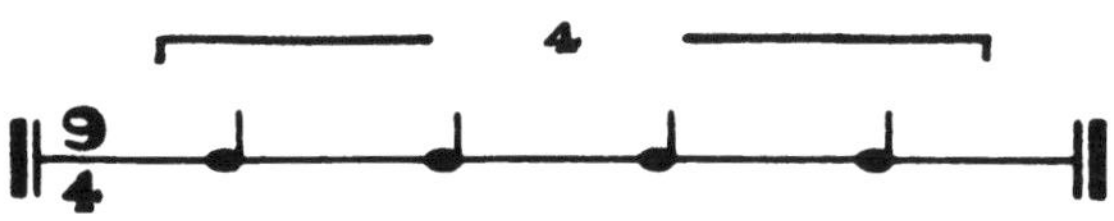

151

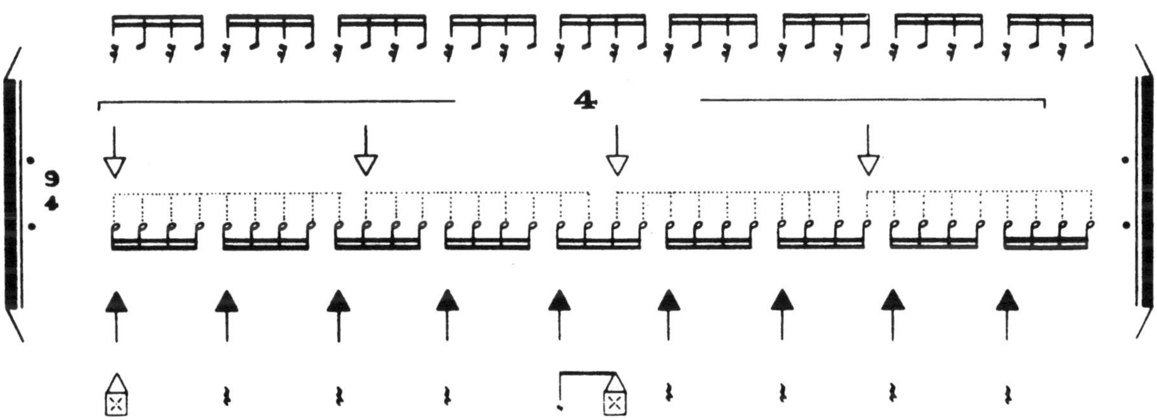

Dreidimensionale Polyrhythmen

Die bisher behandelten Polrhythmen können als nächstes zu dreidimensionalen Polyrhythmen zusammengestellt werden. Als Beispiel soll hier die Kombination der Polyrhythmen Neun gegen Sechs *(S. 139)* und Sechs gegen Vier *(S. 133)* zu einer neuen polyrhythmischen Übung abgebildet werden. die den Namen "Neun gegen Sechs gegen Vier"erhält. Die polyrhythmische Übung "Fünfzehn gegen Zehn" *(S. 140)* ist ebenfalls eine dreidimensionale polyrhythmische Übung. Sie heißt "Fünfzehn gegen Zehn gegen Vier".

152

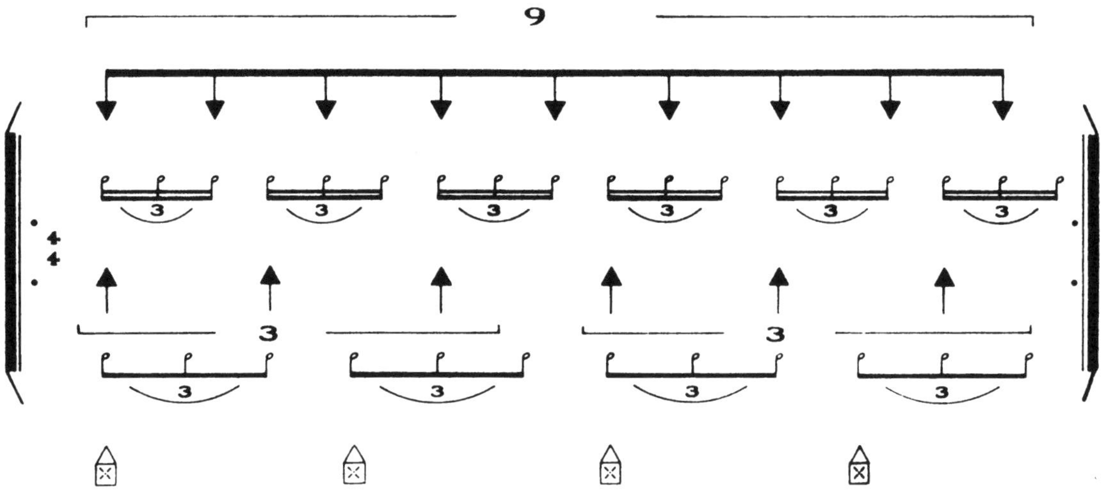

Aus der rhythmischen Praxis von Jazz, Rock und Pop

AABA	Die am häufigsten vorkommende Form im Jazz. Die einzelnen Formteile haben in der Regel acht Takte (Beispiele: "Oleo", "You don't know what love is"). Der letzte A-Teil kann auch um vier Takte verlängert sein (wie z.B. bei "All the things you are" oder "My funny Valentine"). Auch der B-Teil kann verlängert werden. Üblich sind 16-taktige B-Teile (wie z.B. bei "The Girl from Ipanema"). Weitere Varianten sind möglich (wie z.B. bei "Meditation": A-Teil 16 Takte, B-Teil 8 Takte).
AB	Eine ebenfalls häufig vorkommende 32-taktige Form. A- und B-Teil weisen jeweils 16 Takte auf. Der B-Teil wiederholt eine bestimmte Anzahl von Takten des A- Teils (meist vier bis acht). Beispiele: "There will never be another you", "The Days of Wine and Roses", "Beautiful love".
ABAC	Eine verhältnismäßig seltene Form ("Green Dolphin Street").
Acht-Acht	Alle acht Takte wechselt der im Vordergrung stehende Solist. Meist handelt es sich um einen Dialog zwischen zwei Instrumentalisten mit achttaktigen Phrasen, Rhythmen oder Melodien. Fast immer ist das Schlagzeug beteiligt.
Attack	(engl.: Angriff) bezeichnet den harten, explosiven Tonansatz im Jazz.
Bounce	(engl.: Hüpfen) bezeichnet eine federnde Spielweise im Swing, meist in mäßig schnellem Tempo.
Break	bezeichnet eine Unterbrechung des rhythmischen Flußes, meist mit einer solistischen (oder kollektiven) Einlage.
Bridge	(engl.: Brücke) Bezeichnung für den B-Teil oder Mittelteil eines Stücks.

Chorus — steht ursprünglich für die ganze Form einer Komposition, bezeichnet aber meistens den Teil eines Stücks, über den improvisiert wird. Die Anzahl der "Chorusse" gibt an, wie oft der improvisierende Musiker diese Form als Grundlage seiner Improvisationen verwendet.

Comping — (engl., abgeleitet von accompanying: begleiten), bezeichnet die Begleitung eines Solisten oder eines Themas durch ein Harmonie-Instrument (meist Klavier oder Gitarre), welches den Solisten oder das Thema mit Akkordeinwürfen unterstützt und ergänzt.

Drive — steht für die vorwärtstreibende Spielweise im Jazz.

Einsteigen — (oder engl.: to sit in) bezeichnet das Hinzukommen eines Musikers in eine bereits spielende Gruppe (meist bei Jam Sessions).

Einstieg — Bezeichnung für die ersten gespielten Töne eines Chorus, meist im Solo-Break.

Extro — bezeichnet den Schlußteil (Coda) eines Musikstücks. Oft mit der Intro indentisch.

Fade out — steht für ein langsames Leiserwerden, meist am Ende eines Stücks.

Fill in — Das Setzen von rhythmischen oder melodischen Akzenten in Pausen (oft auch im Break).

Four Beat — steht im Gegensatz zum Two Beat. Alle vier Viertelnoten eines 4/4-Takts sollen von der Rhythm Section gespielt werden. Abgekürzt einfach "Fours".

Interlude — bezeichnet einen Zwischenteil (lat. interludus: Zwischenspiel).

Intro — steht für die Einleitung.

Jam Session — bezeichnet eine improvisierte Musizierform im Jazz, bei der die beteiligten Musiker zwanglos (oft auch ohne Publikum) zusammenkommen und über bestimmte Stücke (meist Standards) improvisieren.

Melody Section — steht im Gegensatz zur Rhythm Section. Teil der Big Band, der aus der Brass Section (Blechbläser) und der Reed Section (Holzbläser) besteht.

on cue	auf Zeichen
Rhythm Section	(Rhythmus Gruppe), Teil einer Band oder Big Band, welche traditionell aus Klavier, Gitarre oder Vibraphon (Harmonie-Instrumente), Kontrabaß, E-Baß oder Tuba (Baß-Instrumente) und Schlagzeug oder Perkussion besteht.
Solist	bezeichnet den Musiker, der ein Solo macht.
Solo	der begleitete Vortrag (Chorus) eines einzelnen Musikers.
Solo-Break	bezeichnet einen meist zweitaktigen Break am Ende eines Themas, mit dem das Solo eines Musikers eingeleitet wird. Meist beginnt der betreffende Musiker in diesen Break hinein zu spielen.
Stop-Chorus	Ein Chorus, in dem Stop Time praktiziert wird.
Stop Time	plötzliches Unterbrechen des Rhythmusverlaufs bei allen Instrumenten. Zwischen den mehrere Viertelnoten überbrückenden Pausen werden von der Rhythmusgruppe einzelne Schläge gesetzt.
Thema	bezeichnet die (ganze) Melodie einer Komposition.
Two Beat	steht im Gegensatz zum Four Beat. Von der großen Trommel (bassdrum) und dem Baß oder der Tuba werden nur die Zählzeiten Eins und Drei gespielt, wohingegen die übrigen Instrumente der Rhythmusgruppe alle vier Zählzeiten eines 4/4-Takts verklanglichen. Der Two Beat Jazz ist traditioneller Jazz, der die Stilrichtungen Dixieland, Ragtime, New Orleans und Chicago umfaßt.
Umsteigen	bezeichnet den Tatbestand, wenn einer oder mehrere Musiker auf eine andere Eins "umsteigen", d.h. eine andere als die ursprünglich festgelegte Taktzeit Eins als Eins empfinden.
Vamp	ein Vamp ist eine meist zwei- oder viertaktige Groove, über die auch improvisiert werden kann. Findet oft auch als Intro und Extro Verwendung.
Vier-Vier	siehe Acht-Acht
Zwei-Zwei	siehe Acht-Acht
Zwölf-Zwölf	siehe Acht-Acht, kommt vor allem beim Blues vor.

Verzeichnis der Beispiele

A	23	Phrasierungs- und Artikulationszeichen
B	23	Die dynamischen Bezeichnungen
C	26/122	Rhythmische Sonderzeichen
D	29	Die klassischen Tempobezeichnungen
E1	29	Anwendungsmöglichkeiten des Metronoms
E2	30	Viertel-Zwischenkontrolle
F1 / F2	34	Mikrotime-Zählvokabular
G1	35	Anzähler 4/4-Takt
G2	35	Anzähler 3/4-Takt
H	36	Die 5 Grundsektionen
I	42	Zählvokabular der Pyramide
J1	47	Binäre Unterteilung
J2	48	Ternäre Unterteilung
J3	48	Ternäre Unterteilungsbeispiele
J4	50	Bestimmungstabelle Binär/Ternär
J5	50	Notationszeichen für ternäre Unterteilung
K	54	Binäre visuelle Zählhilfe
L	67	Binäre Unterteilungsmöglichkeiten einer Viertelnote
M1	79	Binäre und ternäre Offbeats
M2	80	Metronom auf ternärem Offbeat
M3	80	Ternäre visuelle Zählhilfe
N	86	Ternäre Unterteilungsmöglichkeiten einer Viertelnote
O1	100	Annäherung binärer und ternärer Phrasierung

O2	101	Zeitlicher Abstand zwischen binärem und ternärem Offbeat
P1	108	Vorgezogene Einsen
P2/P3	109	Girl from Ipanema
P4/P5	110	Tenor Madness
Q	112	Doubletime- und Halftime-Tabelle
R1	118	Harmonischer Rhythmus (Misty)
R2	119	Blue in Green
R3	119	Intro von Blue in Green
R4	120	Klaviersolo Blue in Green
S1	124	Mikrotime als Bindeglied
S2	125	Metrische Modulation
S3	126	Die Kombinationstabellen
T1	127	Vierteltriole
T2	128	Halbetriole
U	129	Halbeduole und punktierte Viertel
V1	133	Vier Schreibweisen für eine polyrhythmische Figur
V2	135	Notationsbeispiel "4 gegen 6" (um eine Mikrotime-Einheit verschoben)
V3	135	Notationsbeispiel "4 gegen 6" (um zwei Mikrotime-Einheiten verschoben)
W	139	Fünfzehn gegen Zehn
X1	140	Viertelquartole
X2	141	Notationsbeispiel "Vier gegen Drei" (um eine Mikrotime-Einheit verschoben)
X3	141	Notationsbeispiel "Vier gegen Drei" (um zwei Mikrotime-Einheiten verschoben)

Index

AABA 155
AB 155
ABAC 155
Abstand, zeitlicher 100/101
accelerando 24
Acht-Acht 155
Achteltriole **12**, 43, 48, 83, 86
Achtel-Mikrotime 47/48, **57**, 61, 80, 89, 99, 108, 113ff, 117, 127, 129 /130, 146
Achtel-Novemole 153
Achtel-Quintole 144
Achtel-Septole 147
Achtel-Zwischenkontrolle **57ff**, 79/80, 98
adagio 29
Akkord 24, 27,31,109,117/118, 120
Akkordwechsel 109, 118, 120
Akzent **23**, 63ff, 82ff, 133, 144, 156
akzentuiertes Zählen 61, 63ff, 82ff, 131
Akzentverschiebungen, binäre 63ff
Akzentverschiebungen, ternäre 82ff
Akzentverschiebungen mit Polyrhythmen 133ff
alla breve **24**, 129
allegretto 29
allegro 29
andante 29
andantino 29
Anfangstempo 53
Annäherung (der Phrasierung) 100/101
Antonio Carlos Jobim 108/109
Anzählen 35
Artikulation 22, **23**
Artikulationszeichen 22/23
Attack 155
Aufteilung 47/48, 86

Ballade 50, 100, 117ff
Basis-Metrum **111**, 112, 123ff, 134
Beat 19
Betonung **18**, 19, 22/23, 48, 55, 64, 82/83, 104/105, 114, 131
binär 53ff
binärer Offbeat **47**, 57, 62, **70**, 80, **100**/101, 129, 131, 146
binäres Double-Doubletime 116

binäres Doubletime 112ff
binäres Half-Halftime 116
binäres Halftime 113/114, 116/117
Blue in Green 119/120
Blues 49/50, 109/110
Bounce 155
Bossa Nova 50, 108/109
Break 155
Bridge 155
Brubeck, Dave 139

Cassettenrecorder 53
Chorus 156
Comping 156
crescendo 23

Da Capo 24
Dal Segno 24
Davis, Miles 119
D.C. 24
D.C. al fine 24
decrescendo 23
Doppelpunkt 10
Doppelstrich 10
doppelt punkierte Noten 16
Double-Doubletime 116
Doubletime 111ff, **112**
Doubletime-Ebene **111**, 112
Doubletime-Feel 22, **111**
Doubletime-Mikrotime 113ff
Dreidimensionale Polyrhythmik 154
Dreier-Unterteilungen 97/98
Drei gegen Fünf 149
Drei gegen Sieben 151
Drei gegen Vier 142/143
Drei gegen Zwei 127/128
Dreiteilung (von Notenwerten) 12
Drei-Viertel-Takt 12, 19, 35, 86, 127, 129ff, 140
Drive 156
Drumcomputer 27/28, 47
D.S. 23
D.S. al fine 24
Duodezimolen-Mikrotime 112, 116
Duolen 13, 129, 146, 147, 148
Dynamik 21, 22

Ebene, rhythmische 42ff, 111, 123ff
Eingabefenster 28
Eins, vorgezogene 108/109
Einsteigen 156
Einstieg 156
Einteilung 15, 20, 47ff, 86, 123
Einteilungsmöglichkeiten 47, 86
Ellington, Duke 51
erste Klammer 10
even eights 50
Extro 120, **156**

Fermate 23
fill in 25, 156
Fine 23
Finger 35, 54, 57, 80
Form 10, 119ff, 155/156
forte 23
fortepiano 23
fortissimo 23
Four Beat 156
Fünf gegen Drei 149
Fünf gegen Vier 150
Fünf gegen Zwei 144
Fünf-Viertel-Takt 10, 139, 146, 149, 150
Fünfzehn gegen Zehn 139
Füße 26, 33, 36, 43, 53, 55ff, 60/61, 63, 69, 72, 81/82, 89, 92, 98/99, 104/105, 113ff, 128, 129/130,139
Funk 50

Garner, Errol 118
Gefühl 22, 25, 31, 33, 36, 57
Genauigkeit 27, 53
Generalpause 24
Gesamtklangbild 36
Geschwindigkeit 53
Girl from Ipanema 108/109
Groove 22
Grundschlag 9
Grundsektionen 36

Hände 26, 33, 36, 43, 53, 59ff, 63ff, 72, 81ff, 89, 92, 98/99, 104/105, 113ff, 128, 129, 130, 131

Halbe-Duole 13, 129, 146, 147
Halbetriole 129, 142, 149, 151
Halbe-Quartole 152, 153
Halbierung 57, 112, 116, 118, 120, 123
Halftime 111ff
Halftime-Ebene 111
Halftime-Feel 22, **111**
Halftime-Mikrotime 113ff
Haltebogen 17
Harmonie 9, 30, 109, 118, 123, 156, 157
harmonischer Rhythmus 118ff
Haupt-Unterteilungsarten 47ff

Intro 119/120, 156

Jam Session 156
Jazz 50, 51, 118, 119, 155, 156, 157
Jazz-Ballade 50, 117ff
Jobim, Antonio Carlos 108/109

Kind of Blue 119
Klang 22, 36
Klammer 10, 12, 13
Klick 39, 54, 57
Kombinationen 22, 69, 86, 89, 119, 153
Komplementär-Polyrhythmen 130ff
Koordinationsübungen, binäre 62
Koordinationsübungen, ternäre 81
Kopf 24
kurz 23

laid back 22
lang 23
larghetto 29
largo 29
Latin 50, 108
legato 17, **23**, 33
Legato-Akzent 23
Legatobogen 17
Lernhilfe 62

Mälzel-Metronom 27
Maßeinheit 9
Melodie 25, 30, 31,72, 89, 109, 123, 155, 157
Melody Section 156
metrische Modulation 124ff
mezzoforte 23
mezzopiano 23
Mikrotime **20**, 26, 47ff, 57, 59ff, 69, 79ff, 89, 98/99, 101, 104/105, 108, 112, 113ff, 124ff, 130ff, 133ff, 140, 141
Mikrotime-Einheiten 112, 113ff, 123ff, 133ff, 141ff
Mikrotime-Silben 34, 63, 104/105
Mischformen 101ff
Misty 118/119
Metronom 26, **27**ff, 33, 36, 39, 54ff, 59, 61ff, 69, 72, 79ff, 86, 98, 130/131
Metrum 9, 22, 111ff, 120, 123ff, 134
moderato 29

Nahtstellen 134, 136
N.C. 24
Neun gegen Vier 153
Neun gegen Zwei 148
Neun gegen Sechs 133
Neun gegen Sechs gegen Vier 154
Notentext 23, 49, 50, 61, 67, 69, 72, 108, 112, 135
Notenwerte 11ff
Novemolen 13/14

Offbeat **19**, 30, 47, 48, 57, 61, 62, 79, 80, 100/101, 108/109, 130, 145
Oktolen 13
Oleo 51/52
on cue 157
on top 22
Orientierungspunkte **22**, 111
ostinato 25

Parker, Charlie 51
Pausenzeichen 14ff
Phrasierung 22, **23**, 49, 98, 100/101
Phrasierungszeichen 22
pianissimo 23
piano 23
Polyrhythmen 123ff

polyrhythmische Figuren	138ff
portato	23
prestissimo	29
presto	29
Puls	9
Pulsation	108, 123
Punkt	15/16
punktierte Noten	15/16
Pyramide	39ff
Quartolen	13, 140, 150, 152/153
Quartz-Metronom	27
Quintolen	14, 144/145, 150
rallentando	25
Riff	25
ritardando	25
Rollins, Sonny	51
rubato	25
rhythmische Modulation	123ff
rhythmische Selbständigkeit	30/31
rhythmische Sonderzeichen	26
Rhythm Section	157
Rhythmus, harmonischer	118
Samba	50
Satin Doll	51
Sechs-Achtel-Takt	9/10, 30
Sechs gegen Vier	132
Sechs-Viertel-Takt	19, 132, 135ff
Sechzehntel-Mikrotime	**20**, 69, 98, 108, 113, 114
Sechzehntelnovemole	14, 148
Sechzehntelquintole	14, 42
Sechzehntelquintolen-Mikrotime	144, 145, 149, 150
Sechzehntelseptole	14, 42
Sechzehntelseptolen-Mikrotime	147, 151, 152
Sechzehntelsextole	13, 42
Sechzehntelsextolen-Mikrotime	112, 116
Sechzehnteltriolen-Mikrotime	154
Sechzehntel-Zwischenkontrolle	**59**, 61/62, 98
Segno	23

Sektionen **36**, 43, 53ff, 63, 89, 98, 100, 104/105, 128, 132, 133, 139, 140
Selbstdiagnose 53
Septolen 14, 42, 147, 151, 152
Sextolen 13, 42, 44, 45, 115, 133, 134
sforzato 23
Sieben gegen Drei 151
Sieben gegen Vier 152
Sieben gegen Zwei 147
Sieben-Viertel-Takt 147, 151, 152
Solist 155, 156
Solo 120, 155, 157
Solo-Break 157
Sonderzeichen, rhythmische 26
Sound 22
staccato 23
Staccato-Akzent 23
Standard-Figuren, binäre 69ff, 97
Standard-Figuren, ternäre 89ff
Stimme 9, 26, 33, 36, 43, 56, 59, 64, 83, 89, 98, 114
Stop-Chorus 157
Stop Time 157
straight eights 50
Swing 50
synchron 54, 56, 64, 80, 83, 89, 98, 113ff
Synkopen 19

Take Five 139
Takt 9/10, 17, 22, 23, 24, 28, 30/31, 35, 39ff, 54/55, 57, 65ff, 69, 84, 86, 89, 99, 108, 109, 111ff, 117, 118ff, 138ff, 155ff
Taktarten 9/10, 18, 124, 138
Taktnenner 9
Taktpause 24
Taktschwerpunkte 19, 108, 123, 124
Taktstrich 9ff, 17, 108, 123, 124
Takt-Wiederholungszeichen 24
Taktzähler 9, 18, 124/125, 138, 139, 144
Taktzeiten 18, 19, 35, 108, 109, 131, 138/139, 155
Tempo 20, 29/30, 35, 39ff, 49, 100, 101, 113ff
Tempoangabe 28/29, 53, 117
Tempo-Bezeichnungen 29
Tenor Madness 109/110
ternär 79ff
ternärer Offbeat **48, 79,** 80, 86, **100**/101, 130
ternäres Double-Doubletime 116
ternäres Doubletime 114ff

ternäres Halftime 114ff
ternäres Half-Halftime 116
Thema 35, 109, 119, 156, 157
Ticken (des Metronoms) 30/31, 36, 43, 54, 57, 95, 61, 63, 69, 80, 86, 89, 98
Time **20/21**, 111, 117, 119, 157
Time-Ebene 111ff
Timefeeling **20/21**, 101
Timing 20/21
Triolen 12/13, 33, 48, 79ff, 82ff, 97, 101, 115ff, 128, 130ff, 139
Two Beat 157

Überlagerte Rhythmen 123ff, 130, 133, 138ff, 144/145
überlagertes Metrum **127**, 129, 133ff, 138
Überlagerung 123ff
Umdeutung des Mikrotime 124
Umschalten **130**, 132
Umsteigen 157
Unabhängigkeit 53
unisono 43
Unterteilung 26, 39, 43, 47ff, 61, 72, 92, 97, 101, 105, 111, 112
Unterteilungsarten 47ff, 67, 79, 98
Unterteilungsmöglichkeiten 39, 44, 67, 86, 97

Varianten 59, 67, 69, 86, 89, 155
Vergrößerung 39
Verdoppelung 55, 57, 112, 114, 116, 118, 119, 121, 123, 132
Verkleinerung 39, 118
Verschieber 124
Verschiebung 123ff
Vervierfachung 118, 120/121
Vier gegen Drei 140/141
Vier gegen Fünf 150
Vier gegen Neun 153
Vier gegen Sechs 132
Vier gegen Sieben 152
Viertelquartole 13, 140, 150
Viertelquintole 149, 150
Viertelseptole 152
Viertelsextole 133/134
Vierteltriole 12/13, 116, 127, 128, 130ff, 138, 139
Viertel-Wiederholungszeichen 24
Viertel-Zwischenkontrolle 30, 54, 62, 98, 104, 105
Vierundsechzigstel 11

Vier-Vier 157
Vier-Viertel-Takt 9
Vom-Blatt-Spiel 67
vorgezogene Eins 108ff, 134, 139, 145
Vorzählen **35**, 53

Wechselschlag 43, 59ff, 69, 72, 83, 89, 92, 98, 104, 105, 113ff
Wiederholungszeichen 10

zählen 33ff, 39ff
Zähleinheiten 18, 43, 57
Zählhilfe, visuelle 54, 80
Zählsilben 39ff, 55
Zähltempo 55, 57
Zählvokabular 34, 39ff, 57, 59, 65, 69, 72, 84, 99, 113ff, 130ff
Zählzeiten 18, 19, 30, 31, 33, 43, 44, 48, 54ff, 61, 63, 72, 79, 81, 82, 89, 92, 98, 100, 104, 105, 113ff, 117, 157
Zeitabschnitt 20, 79
Zeiteinteilung 25
Zwei gegen Drei 115, 127, **129**, 130, 131, 132
Zwei gegen Fünf 146
Zwei gegen Neun 148
Zwei gegen Sieben 147
Zwei-Halbe-Takt 10, 129
Zweiteilung 13, 129
zweite Klammer 10
Zweiunddreißigstel 12
Zweiunddreißigstel-Mikrotime 112, 116
Zweiunddreißigstelnovemolen-Mikrotime 153
Zweiunddreißigstelsextole 13
Zweiunddreißigsteltriolen 13
Zwei-Zwei 157
Zwischenkontrolle **30**, 31, 54, 57, 61, 62, 80, 98, 104, 140
Zwölf-Achtel-Takt 10
Zwölf-Zwölf 157